电子商务文案策划与写作

主 编 卢海涛 夏 颖 黄璐云

副主编 夏 璐 罗新宇 易 静

中国水利水电出版社

www.waterpub.com.cn

·北京·

内 容 提 要

本书以电商文案策划与写作为核心，介绍了电商文案创作的思路及写作技巧。全书分为 9 章，包括电商文案基础、电商文案写作策划、电商文案卖点的创作技巧、电商文案的标题优化、电商文案的内文创作、展示类电商文案写作与策划、品牌类电商文案写作与策划、推广类电商文案写作与策划和软文类电商文案写作与策划。本书内容翔实，涵盖了多种类型的电商文案，以专业理论结合实际案例，循序渐进、深入浅出，具有较高的可读性和借鉴价值。

本书可作为应用型本科和职业院校市场营销、电子商务、企业管理、国际贸易专业策划和写作类课程的教材或教学参考用书，对电商文案策划和网络营销从业者也具有实战指导作用。

本书提供配套 **PPT、教学大纲、教案、参考答案、试题等丰富的教学资源，读者可访**问中国水利水电出版社网站（**www.waterpub.com.cn**）或万水书苑网站（**www.wsbookshow. com**）搜索本书免费下载。

图书在版编目（CIP）数据

电子商务文案策划与写作 / 卢海涛，夏颖，黄璐云
主编. -- 北京 : 中国水利水电出版社，2025. 9.
ISBN 978-7-5226-3618-4

Ⅰ. F713.36；H152.3

中国国家版本馆CIP数据核字第2025TK4059号

策划编辑：石永峰　　责任编辑：张玉玲　　加工编辑：黄卓群　　封面设计：苏敏

书　　名	电子商务文案策划与写作 DIANZI SHANGWU WEN'AN CEHUA YU XIEZUO
作　　者	主　编　卢海涛　夏　颖　黄璐云 副主编　夏　璐　罗新宇　易　静
出版发行	中国水利水电出版社 （北京市海淀区玉渊潭南路 1 号 D 座　100038） 网址：www.waterpub.com.cn E-mail：mchannel@263.net（答疑） 　　　　sales@mwr.gov.cn 电话：（010）68545888（营销中心）、82562819（组稿）
经　　售	北京科水图书销售有限公司 电话：（010）68545874、63202643 全国各地新华书店和相关出版物销售网点
排　　版	北京万水电子信息有限公司
印　　刷	三河市鑫金马印装有限公司
规　　格	184mm×260mm　16 开本　14.25 印张　365 千字
版　　次	2025 年 9 月第 1 版　　2025 年 9 月第 1 次印刷
印　　数	0001—2000 册
定　　价	49.00 元

前　言

党的二十大报告指出："加快发展数字经济，促进数字经济和实体经济深度融合。""非接触经济"的繁荣、新一代数字技术的突破创新、消费者需求和行为模式的变化，推动着电子商务行业从传统电商向"新电商"升级，新业态新模式不断涌现，技术层面的广泛渗透和应用层面的深度融合，催生出社交电商、直播电商、兴趣电商、信任电商、共享经济、反向定制等新模式。

新电商模式下，缩短消费决策链路，提高用户转化率和变现能力，成为提高交易效率的关键所在。那么，如何巧妙抓住并挖掘消费者的潜在心理需求，用内容激活用户潜在的消费需求，逐渐成为电商文案人员面临的新挑战。优秀的电商文案可以提高转化率，打造爆款，成就企业品牌，因此被认为是目前行之有效的网络营销推广方式之一。电商文案创作者不仅要熟悉不同类型文案的特点与写作技巧，更要学习电商文案策划与创作思维，站在客户的角度来创作文案，打造电商爆品文案，提升文案促购力。为了满足电子商务等相关学科专业及相关从业人员的需求，帮助读者全面、系统地掌握电商文案策划与写作的流程与技巧，切实提升文案创新思维能力，我们精心组织编写了本书。

本书共计 9 个章节，在编写过程中，始终秉持电子商务文案理论与实际写作操作相结合的原则，对每一章节的知识点进行了系统编排。第 1 章主要介绍了电商文案的定义、功能、类型、写作原则以及电商文案人员的岗位职责与职业素养。第 2 章到第 5 章系统阐述了电商文案策划流程，爆品文案卖点设计，电商文案标题、正文与结尾的写作技巧，帮助电商文案创作者从消费者的角度出发，明确写作目的，完善内容构思，找准切入点，掌握写作技巧，提升创新思维能力。第 6 章到第 9 章详细介绍了展示类、品牌类、推广类以及软文类等不同类型电商文案的写作特点以及创作技巧，以生动形象的实例和系统的训练提高读者的实际应用能力。

本书具有如下特色：

（1）系统全面，思路清晰。本书遵循认知规律，分类科学清晰，内容安排详略得当，由浅入深，层层递进，加强读者对知识的理解与应用。

（2）案例新颖，突出思政。章节开头以思政案例导入，正文知识点介绍辅以大量经典图片或者文字，具有较强的可读性和参考性，有助于提升学习兴趣，并启迪思考。

（3）理论够用，突出实践，通俗易懂。基于"以有用为标准、以实用为落脚点、以应用为中心"的原则，使用通俗易懂的语言，精准地讲解了电商文案策划与写作相关知识，同时精心设计了课后实训环节，旨在培养读者思考能力与运用能力。

本书由卢海涛、夏颖、黄璐云任主编，夏璐、罗新宇、易静任副主编，其中易静负责全书的统稿工作。本书为 2024 年武汉晴川学院校级一般教学研究项目"新文科背景下湖北民办高校"党建+思政"协同育人路径探究"（项目编号：JY202425）的研究成果之一。本书编者长期从事教学工作，具有丰富的跨境电子商务理论与实践经验。在本书编写过程中，湖北省楚商联合会、湖北省跨境电商产教联盟的诸多行业导师以及中国水利水电出版社的编辑提供了大量的意见和建议，隋东旭老师进行了仔细的审读。在此，向各位一并表示感谢！

电子商务行业日新月异，新鲜事物不断涌现，本书所涉及的观点可能会有些滞后，同时由于编写时间周期要求和编者水平有限，书中难免存在遗漏和不妥之处，敬请广大读者批评指正。

编　者

2025 年 4 月

目　　录

第1章 电商文案基础

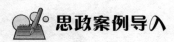

思政案例导入

鸿星尔克为什么火了？

鸿星尔克火了，"野性消费"频繁上热搜。"大国品牌，鸿星尔克""鸿星尔克立志成为百年品牌，不然对不起网友送的会员。"这背后是什么原因呢？2021年7月21日，鸿星尔克发布了一条为河南洪灾捐赠5000万元物资的微博，原本是平平无奇的企业操作，却意外得到网友们的怜惜。"你都快倒闭了，还捐这么多钱。""鸿星尔克！自己野性捐款还想让我们理性消费，做梦去吧！让你缝纫机都踩冒烟！""鸿星尔克把羽绒服上架，我开空调穿，如果没有原材料，就给我上几只鸭子，我自己拔毛。""鸿星尔克像老一辈人省吃俭用一分一毛攒起来的存款，小心翼翼存放在铁盒子里。一听说祖国需要，立马拿出铁盒子，哗～全给倒了出来。"这些神评论让人既觉得好笑又心疼，这无疑是品牌最好的宣传文案。热梗之下，鸿星尔克呼吁大家理性消费，这种亲民的作风，加深了大家对于国货品牌"憨憨"的定位印象，放大了品牌既具备民族感又努力的"反差萌"，让用户情绪"破防"。

鸿星尔克文案火了，很多消费者纷纷开启了抢购热潮。有关数据显示，截至2021年7月25日，抖音号"鸿星尔克品牌官方旗舰店"高居抖音涨粉榜第一，7天涨粉1268.4万，仅7月22日的直播就达成观看人次破2亿、销售额过亿元；7月23日至24日，淘宝直播间"鸿星尔克品牌官方旗舰店"的销售额突破1.07亿元，总销量64.5万件，直播间观看人次近3000万，目前直播间粉丝数1209万。而此前，直播间日常的人数峰值不过5000。

鸿星尔克成为"国货之光"，文案频频上热搜，这背后有哪些深刻的原因呢？一是鸿星尔克作为老牌国货品牌，"濒临破产却大义捐款"（后期品牌方否认濒临破产），极大程度激起网友的爱国情怀，于是消费者开始了全方位的全民帮扶品牌计划，开始"野性消费"；二是在互联网如此发达的今天，"野性消费""鸿星尔克立志成为百年品牌，不然对不起网友送的会员"这样具有个性化的电商文案在互联网上疯狂传播，能够直击消费者内心，引发强烈的情感共鸣，激发消费者购买行为。由此可见，优秀的电商文案能够树立良好的品牌形象，对企业的发展至关重要，本章将详细地介绍电商文案的基本知识。

学习目标

- 了解现代文案与传统文案的区别。
- 掌握电商文案的定义、功能、特征、类型。
- 熟悉电商文案岗位职责和职业要求。

1.1 认识文案

互联网技术的发展推动电子商务的快速进步，随着电子商务分工越来越明确，电商文案应运而生，并逐渐发展成一个新兴行业。要了解什么是电商文案，首先要弄清楚，什么是文案？文案按照历史发展顺序，可以分为古代文案和现代文案。

1.1.1 古代文案

古代商标广告

在中国古代，文案亦作"文按"。主要包括两层含义：一是指官衙中掌管档案、负责起草文书的幕友；二是官署中的公文、书信等。不难看出古代文案主要与政治相关。其实在古代商业活动中也有文案，被称为最早的商业广告文案。中国古代经济以农业为主，但农业社会也有商品经济的成分，于是产生了萌芽期的商业广告文案，主要包括口头广告文案、标记广告文案、实物广告文案和印刷广告文案。

1. 口头广告文案

口头广告文案也被称为叫卖广告文案，是指在古代贩卖商品时，通过吆喝来吸引买主。在现代商业活动中，这种古老的文案宣传仍然广泛存在，如商家循环播放喇叭来介绍产品信息等。

如图 1-1 所示，古代商贩在贩卖产品时，所吆喝的文案"哎——雪花酪，好吃不贵嘞——尝尝味道！"是最早的痛点式文案，突出产品物美价廉的特点。再如"给的就是多咧，盛的就是多咧——又凉又甜——又好喝"强调了产品分量足、品质好的特色。

图 1-1　古代口头广告文案

2. 标记广告文案

标记广告文案又称招幌广告文案。招幌是指招牌和幌子。招牌主要用于表示店铺的名称和记号，又称店标。招牌的形式比较固定；幌子主要表示商品不同类别或不同服务项目。

图 1-2 是古代招幌广告文案的一种形式，通常字体醒目，简洁明了。顾客通过招幌文案，能清晰地了解商家所售产品为茶叶，包括花茶、毛尖、龙井、铁观音等。在现代商业中，一些商家仍然会沿用古代招幌广告文案形式，如"百年老店""百年品牌"等，表明产品品牌历史悠久，源远流长。

图 1-2　古代标记广告文案

3．实物广告文案

实物广告是最古老的广告形式，它靠陈列商品来招揽客户，实物产品就是文案。实物广告至今仍是商业广告中最基本的形式，只是在展示设计水平上比过去要高超得多。

图 1-3 是古色古香的商品实物广告文案的一种形式，商品按照一定顺序整齐摆放。实物商品本身就是最生动的宣传文案，顾客能够通过亲身体验，直观感受瓷器的质地、色泽和尺寸等细节，从而挑选到真正满意的产品。这种沉浸式体验在当代商业中仍占据不可替代的地位，正如各大超市的促销专区都会设置实物展示区，让消费者与商品产生最直接的互动。

图 1-3　实物广告文案举例

4．印刷广告文案

印刷广告文案是古代广告文案中一种比较先进的形式。我国最先发明了印刷术和纸，其后发展出雕版印刷工艺，从而有了最早的印刷广告文案。

我国现存最早的印刷广告文案为北宋时期（公元 960—1127 年）济南刘家针铺的广告铜板文案，如图 1-4 所示。铜板四寸见方，上面雕刻有"济南刘家功夫针铺"的字样，中间是白兔抱铁杵捣药的图案，相当于商标。在图案的左右各有四字，"认门前白""兔儿为记"提醒人们认清白兔品牌。下面是关于商品及销售的说明文字，"收买上等钢条，造功夫细针，不误宅院使用"强调了产品质量好，按时交货；"客转为贩，别有加饶"清楚地告知客户订单量大从优，薄利多销；"请记白"明示客户白兔是防伪标志。由此可见我国早期的印刷广告文案，已兼具图文并茂的特点，并且蕴含了现代营销理念。

图1-4　济南刘家功夫针铺印刷广告文案

1.1.2　现代文案

现代文案主要涵盖广告领域里的广告语、推广软文、新闻稿、策划案等类型，同时也包括自媒体领域中的各种公众号文章、编辑评论等内容。也有人认为"文案"一词特指那些为广告创造概念和内容的人。

现代文案的表现形式丰富多彩。常见的有报纸广告、杂志广告、海报；企业样本、品牌样本、产品目录；日常宣传单页、宣传小册子；DM 直邮广告，包括信封、邮件正文；电视广告脚本，包括分镜头、旁白、字幕；广告歌词，或翻译外文歌词；网站命名及内部文案撰写；商店的橱窗或店内 POP 物料文案；软文、新闻式、故事式、评论式；活动策划书，或协助策划人员优化、润色方案文字等等。不同的文案适用于不同的场景，具有不同的用途。下面以《哪吒之魔童闹海》电影海报文案为例。

案例1：《哪吒之魔童闹海》电影"破亿"宣传海报

哪吒 2 破亿宣传
海报合集

2025 年春节档，一部名为《哪吒之魔童闹海》（以下简称《哪吒2》）的电影像一颗超级炸弹一样，在全球掀起惊涛骇浪。自大年初一上线以来，《哪吒2》断层领跑春节档，不断刷新中国影史春节档票房纪录，同时还打破 16 项影史纪录，可谓高开"飙"走。自 2 月 10 日起，《哪吒2》正式在海外 45 个国家和地区陆续上映，票房预售一抢而空，可谓是未播先火。2 月 18 日，上映 21 天的《哪吒2》票房超越迪士尼影片公司 2024 年出品的 3D 动画电影《头脑特工队2》，登顶全球动画电影票房榜榜首，位列全球影史票房榜第 8 名，成为全球票房最高的非英语动画片。可以说《哪吒2》以一己之力，打破了好莱坞电影在全球票房榜的垄断，成为全球影史榜前 30 名内唯一的一部亚洲电影。

在票房狂飙的同时，《哪吒2》的营销创意同样令人称道。导演饺子每破 1 亿票房即手绘一张海报。他围绕哪吒、敖丙等关键人物，绘制了一张张风格迥异、充满趣味的"小剧场"破亿海报。这些海报从水墨风到抽象涂鸦，每一张都融入了影片角色、剧情彩蛋或观众互动元素，还将电影角色特点和当下热点巧妙融合，如哪吒和敖丙化身电竞选手"开黑"，破 3 亿海报中李靖为哪吒梳头被吐槽等，创意满满。但是他手绘的速度根本赶不上电影票房破亿的速度，饺子导演手里的笔都要画冒烟了。有网友笑言：小哪吒的票房慢点涨，导演的手速要跟不上了！截至 2 月 19 日，破亿海报已经更新到 125 张，张张生动形象，幽默风趣，仿佛看了一本《哪吒2》的番外漫画。一起瞧瞧这些"番外"里的趣事吧。

事实上，一些高票房影片都采用类似的宣传手段，简单的数字，给人营造着一种紧张的氛围。但这种宣传手段特别要注意时效性，票房数字里程碑的变化越快，宣传效果越佳。"破亿文案"的使用要因时制宜，如果影片前期票房不佳，则不建议采用这种宣传方式，否则会起到适得其反的作用，观众看到电影火爆度不高，会直接影响其票房的贡献度。

1.2　认识电商文案

电商文案是现代文案的一种，是互联网迅猛发展的产物。随着互联网的普及和电子商务的快速发展，消费者的购物行为发生了深刻的变化。他们更倾向于通过线上渠道获取商品信息，并通过比较不同产品的特点、价格、评价等因素来做出购买决策。电商文案作为传递商品信息的重要载体，能够满足消费者对详细、准确、有吸引力的商品描述的需求，帮助他们更好地了解产品并做出明智的购买选择。同时，通过创意的促销文案、吸引人的活动描述等方式，电商文案还能够刺激消费者的购买欲望，提高销售额和转化率。

随着技术的不断迭代创新，电子商务领域的新技术应用和新模式推广层出不穷。人工智能、虚拟现实、大数据、小程序等新技术加快应用，驱动了消费体验升级；直播电商、社交电商、线上线下融合供应链、跨境电商海外仓等新模式更好地满足了消费者选择多元化、消费内容个性化的需求。电子商务的迭代变化给电商文案的进步与创新提出新的挑战与要求，电商文案只有适应潮流变化、不断创新，才能吸引消费者关注，满足其个性化需求。

1.2.1　电商文案的定义

电商文案作为一种商业文体，是指在电子商务平台或网络销售渠道中，为了宣传和推广产品、服务或品牌而编写的各种文字材料和图片。电商文案与产品密不可分，电商文案的目的在于提高商品点击率、转化率，促成产品交易，打造爆款，提升品牌价值。随着电商竞争日益激烈，文案个性化已经走向了电商竞争的第一线。电商文案无所不在，在各种电商购物平台（如淘宝、天猫、京东、唯品会、苏宁易购等），文案创作者各显神通，以吸引消费者眼球。同时，在各种社交社群媒体（如微博、微信朋友圈、小程序、淘宝直播、抖音等），也可以看到"带货"的文案，可以说电商文案已经成为人们生活的一部分。

每年的"520""618""双十一""双十二"、母亲节、父亲节、情人节、圣诞节、春节等一系列节日，更是充斥着浓重的"电商文案竞赛火药味"。例如京东 2020 年"双十一"主题为"只为热爱行动"，主题宣传片呈现了"不老骑士"王树青、知名 Coser 王奕萌、青年舞蹈家唐诗逸三位"热爱"代表为热爱出发、坚持、勇敢的故事，他们不惧年龄和外界的质疑，勇于为热爱行动的样子点燃了无数网友的热情。不少网友从他们的故事中看到了曾经充满热爱的自己，并且为这种正能量深深叹服。而京东也将"双十一"全面升级为"京东 11.11 全球热爱季"，希望每一位消费者在"双十一"都能为热爱行动。

案例 2：各购物平台"双十一"文案

京东："只为热爱行动。"热爱是不灭的火焰，让我们拥有一颗炙热的心，为我们驱散恐惧、伤痛和质疑，留下更多的勇气、希望和喜悦。热爱各有不同，是我们对美好的向往，让我们成为更好的自己，每一份热爱都值得用心对待。

天猫："1 起挺你，尽情生活。"早上好！新的一天来了！准备好了吗？尽情生活吧！说走就走，时间不是问题，年龄不是问题！想上天，就飞吧！想下海，就做条鱼吧！继续，腹肌就稳了！稳了，和朋友嗨！和所有人一起嗨！狂欢吧！想怎么燥，就怎么燥！今天，全世界的大牌好物都在这儿，天猫双十一全球狂欢季——1起挺你，尽情生活。

网易严选："双11要消费，不要消费主义。"每年这个时候都有人告诉我，你应该这样消费：要想让人嫉妒就要先拥有嫉妒；没有人能真正拥有这块表，只不过是为下一代保存；缔造传奇的路上，必须要有一个昂贵的行李箱；坚持敷一款面膜，就能改写命运；想让不可以能变成可能，先收藏一双好鞋……太吵了，我只想听听自己内心的声音，缔造传奇的不是出发的工具，而是出发的勇气；改变命运的不是外在，而是热爱；让不可能变可能的，不是脚上的鞋，而是脚下的路，是我感受的温度，是我留下的足迹，是我创造的味道，定义了独一无二的我。要我所热爱的生活，不由消费主义定义，由我定义。要消费，不要消费主义。

这三则"双十一"宣传文案各有特色。京东把鼓励消费者为"热爱"买单，为了成为最好的自己；天猫以"热情生活"的名义鼓励消费者消费，"1起"暗含"双十一"折扣力度大；网易严选另辟新径，文案是对现代广告语的一种反讽，"要想让人嫉妒，就要先拥有嫉妒"这句话是现代人超前消费的真实写照，是对盲目追求"大牌"的讽刺，仿佛不买品牌尖货，就跟不上潮流的脚步。网易严选从消费者被鼓动消费的角度入手，对消费主义发起了进攻，号召人们应该树立正确的消费观，不盲从，从自身出发，理性消费。

1.2.2　电商文案与传统文案的区别

传统文案是以报刊、广播、电视等传统媒介为依托进行信息传播。随着互联网技术的发展、新媒体时代的到来，电商作为新媒介的主要推动力，电商文案的传播媒介几乎覆盖了新媒介的所有分类，包括数据库、社会化媒体、互联网广告、手机客户端、分销平台、搜索引擎等。电商文案和传统文案主要区别见表1-1。

表1-1　电商文案与传统文案的对比列表

项目	电商文案	传统文案
传播范围	传播范围广。电商文案是依托互联网技术，贯穿整个网络平台，信息容易被复制、转载和分享，传播范围广，且传播速度快	传播范围有限。传统文案依托报刊、电视等传统媒介，传播时间与空间受限
互动性	互动性强。例如社交媒体上，用户"种草""拔草"心得文案等；直播带货中，买家可以与卖家进行实时互动等体现出强大的交互性	互动性差。传统文案对信息的垄断使信息传播具有单向性，互动性差的特点
语言风格	用语更加自由，网络化。电商文案可以使用网络中的新词、热词来"蹭热点"	用语更为正式，遵循文体要求
文案质量	电商文案质量参差不齐。容易跟风，信息来源不可靠，原创性较差	专业化运作。传统文案从信息采集、审读内容、润色文字等每一流程都有专业的技术人员为其把关，原创性、专业性较高
文案布局	电商文案布局比较随意，注重文案整体美观效果，更有设计感，鼓励创意化表达	传统文案要求正式，严格遵循文体类型布局
投放渠道	电商文案以网络媒体为主，动态	传统文案以纸质媒介为主，静态
存储寿命	永久	有限

图 1-5 所示的物鸣与"李焕英"联名文案，很好地体现了电商文案语言更自由、更网络化的特点，电商文案可以使用网络中的新词、热词来"蹭热点"。

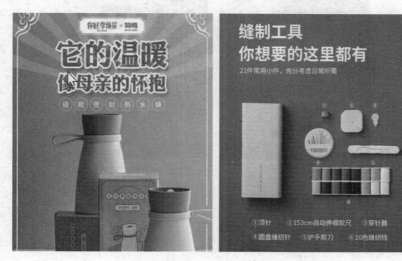

图 1-5　物鸣与"李焕英"联名文案

2020 年春节档电影《你好！李焕英》成为爆款后，"焕英光林""笑顺爸妈"成为热词，物鸣等各大商家借势联名，推广产品。"它的温暖像母亲的怀抱，多彩生活在物鸣"这些文案紧随热点，可以让消费者产生强烈的认同感，无形拉近消费者与品牌的距离。再如热水袋的文案中写道："李焕英联名热水袋，这款产品是从温暖人心出发，采用梯形平底袋型设计，灌水不倾倒，加厚内胆不爆裂。安全实用，耐高温耐低寒，就像母亲的爱，常伴常在。"语言亲切柔和，从而让消费者产生品牌认同感，促成购买行为。

1.2.3　电商文案的功能

由电商文案的定义，我们可以得知，文案本质上属于创作，价值在于传播产品的信息，最终目的是实现基于商品本身的销售目标。随着电商竞争的日渐激烈，文案也成功地走在了电商竞争的前端。接下来介绍电商文案的功能。

1. 建立信任，消费认同

电商文案是种带有销售性质的文案，它的主要目的是要快速抓住消费者眼球，让消费者信任文案中所描述的商品并产生购买欲望。电商文案本身就是一种销售行为，信任是消费的基础。文案中详细的商品信息展示、第三方评价或机构认证等都是很好的文案宣传素材，帮助快速建立消费者信任。因此文案内容的选择至关重要，从消费者角度出发，才能直击消费者内心需求，促成交易行为。不仅如此，好的文案还能激发出消费者平时没关注到的潜在需求，创造新的需求，引起消费者情感上的共鸣，促使消费者产生购买欲望。

图 1-6 所示的华为手机文案精准凸显了该机型高清摄像的核心优势，同时巧妙融入"月亮""心爱的人"等元素，既营造出浪漫诗意的氛围，又增添了童真趣味，这种视觉与情感的双重表达快速吸引了消费者关注并建立信任。值得注意的是，华为儿童手表的文案创作同样延续了这种将产品特性与文化符号相结合的巧妙构思。

图 1-6　华为 P40 手机及 3Pro 儿童手表文案

2. 整合互动，宣传营销

在如今的电商生态中，文案不再仅仅是一纸文字，而是成为了一种能够集结各方资源，引导用户参与，并最终实现销售转化的重要工具。电商企业通过整合资源，在不同平台上进行文案的推广与宣传，扩大文案的作用范围，形成全方位一体化的宣传态势，起到事半功倍的效果。例如，直播带货作为一种新型的电商营销方式，通过达人模式、秒杀模式、店铺自播、基地走播、产地直播等模式，创新了线上消费激发方式，深度挖掘了消费能力，提升了购买转化率和用户体验，成为获取流量和增加用户黏性的新渠道。一则优秀的直播文案不仅能够提升直播内容的吸引力，还可以增强买卖双方的互动性，拓展网络消费空间。

又如，小程序网络零售，能够深入用户社交生活与人脉圈，扩展线上销售与用户连接的触点。品牌企业通过小程序将线上平台与线下门店进行整合，打通多层级市场，扩展了线上销售渠道。因此，电商企业应该整合多种渠道模式，因地制宜撰写文案，才能扩大宣传影响，充分营销。

图 1-7 为美妆品牌花西子某款口红在不同平台的展示文案。左图为其在电商平台的宣传文案"雅致东方瓷，羽感哑雾唇"，突出其雅致陶瓷之美，强调了复刻传统浮雕技术结合现代研发工艺的传统与现代融合的卖点。文案中不仅详细描述了产品的材质、工艺、使用效果等关键信息，还充分利用了平台的图片、视频展示功能，通过精美的产品图片和生动的使用演示，让消费者对产品有更直观、更全面的了解。右图为该品牌主播在抖音直播间推荐口红产品时使用的文案"唇间中国色，不褪东方美"，并附上了色号、促销信息、售后服务等产品相关信息。相较于电商平台的文案，直播间文案更加简单直白，更注重情感沟通和互动参与，主要通过讲述品牌故事、分享使用心得、列举价格优惠等方式，传递出品牌的文化理念和价值观，引发消费者的情感共鸣。

图 1-7　花西子推广文案

3. 强化品牌，积累资产

首先要了解，什么是品牌资产。一般说来，品牌资产包括品牌认知、品牌形象、品牌联想、品牌忠诚度和附着在品牌上的其他资产。品牌认知即品牌的知名度，是指受众对该品牌的内涵、个性等有较充分的了解。品牌形象是指消费者对某一品牌的总体质量感受或在品质上的整体印象。品牌联想是指消费者对品牌或产品的联想，包括与产品有关的属性定义或服务功能的联想，或有关产品或服务购买或消费的外在联想。品牌忠诚度是指消费者在购买决策中，多次表现出来对某个品牌有偏向性的行为反应，它是一种行为过程，也是一种心理（决策和评估）过程。

企业品牌口号、品牌定位、品牌故事等等都属于电商文案撰写范畴，优秀的电商文案能够让消费者了解品牌的形成过程、企业所倡导的文化精神以及品牌所代表的意义等。电商文案的传播能快速提升品牌的形象，增加消费者对品牌的好感和信任度。长此以往，就可以逐渐积累起品牌的美誉度，使公众对于该品牌的质量可信度、社会公信力、市场竞争力、服务诚意、致力公益和回报社会等方面的综合评价有良好的印象。

案例 3：南方黑芝麻糊品牌故事

麻石小巷，黄昏，挑担的母女走进幽深的陋巷，布油灯悬在担子上，晃晃悠悠。小男孩挤出深宅，吸着飘出的香气，伴着木屐声、叫卖声和民谣似的音乐。男孩搓着小手，神情迫不及待，看着大锅里那浓稠的芝麻糊滚滚翻腾。大铜勺提得老高，往碗里倒芝麻糊。小男孩埋头猛吃，碗，几乎盖住了脸。研磨芝麻的小姑娘新奇地看着他。站在大人的背后，小男孩大模大样地将碗舔得干干净净，小姑娘捂着嘴笑。卖芝麻糊的母亲爱怜地又给他添了一勺，轻轻地抹去他脸上的残糊。小男孩抬头，露出羞涩的感激。画外音："一缕浓香，一缕温暖。"

人是在经历中成长的，对成长中的回忆有时可能会使人终身难忘，所宣传的产品如果能够引起人们的美好回忆，无疑是一个成功的广告。该广告画面朴实、温馨，几许乡情，几许温馨，几许关怀，几许回忆，涵盖于此。卖芝麻糊的母亲的微笑，买芝麻糊的儿童天真的眼睛，母亲与童心，关怀与成长溢出于画。卖糊的母亲所添的第二碗糊更是画龙点睛，一举使广告主题升华，此乃"卖非为卖"，由此预示着企业的生产是爱的奉献。最后主题广告语"一股浓香，一缕温暖。"给南方黑芝麻糊营造了一个温馨的氛围，深深地感染了每一个观众。当人们看到南方黑芝麻糊时，可能就会回忆起那片温情，极大程度刺激购买欲望。

1.2.4　电商文案的特征

优秀的文案总是给人赏心悦目的感觉，朗朗上口，让人印象深刻，在不经意间传递产品的独特性。例如看到王老吉凉茶，首先映入脑海里的就是"怕上火，喝王老吉"；提到脑白金，"今年过节不收礼，收礼只收脑白金"回绝于耳；戴•比尔斯"钻石恒久远，一颗永流传"；农夫山泉"我们不生产水，我们只是大自然的搬运工"；雪碧"透心凉，心飞扬"等等。优秀的文案，不仅具有可读性，还能形成品牌效应，提高产品大众接受度，甚至成为"国民品牌"。通常来说优秀的电商文案应该满足以下特征：

1．准确规范、通俗易懂

准确规范、通俗易懂是电商文案的基本要求，特别是在描述产品性能的详情页文案中，应当注意语言表达要规范完整，避免语法错误和表意不明，避免歧义，避免使用生僻字、错别字。电商文案的本质是传递商品信息，促成产品销售，因此文案需要通俗易懂，如果消费者在看到文案时还要去猜测电商文案表达的意思，不仅消耗消费者的时间，还会使消费者失去购买的欲望。

图 1-8 为某款男士剃须刀产品。在描述产品性能时用"稳""快""准""利"准确呈现该产品的特点，并辅以科学的解释："稳"是来自"智能恒控马达"；"快"是由于"风驰切割系统"；"准"是因为"5 向浮动科技"；"利"是源自"自动研磨刀片"。文案表达主题明确，结构工整，科学规范。

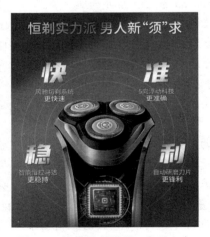

图 1-8　某款男士剃须刀产品文案

2．简明扼要、言简意赅

简明扼要、言简意赅是电商文案的核心。在互联网信息碎片化时代，消费者对信息的捕捉可能一闪而过。因此对于电商文案来说，需要在有限的时间和空间内尽可能地吸引消费者的注意力。言简意赅指以最少的文字精准传达产品特色，有助于广告受众快速阅读、理解并记忆广告信息，进而加深对品牌的信任。

图 1-9 为雪碧饮料的文案"透心凉，心飞扬"，"雪碧"两字中有纯洁、清凉的含义，使

人在炎热的夏季里联想到一片纷飞的白雪、一潭清澈的碧水，顿时有一种清凉之感，产生"挡不住的诱惑"。炎炎夏日，"透心凉"的感觉正是消费者所需要的。类似的广告文案还包括红牛的"你的能量超乎你想象"，东鹏特饮"累了困了，喝东鹏特饮"，格力的"好空调，格力造"等等。

图 1-9　雪碧饮料的文案

3．生动形象、图文并茂

生动形象、图文并茂是电商文案的关键。互联网时代的电商文案不能只有文字。据统计数据显示，在吸引注意力方面，文字与图像的占比分别为 35% 和 65%，合理布局文字与图片，图文并茂，才能更好地增强文案的表现力，符合广告受众的审美要求，激发消费者的购买欲。

图 1-10 为麦当劳某款汉堡文案。文字部分"0 油添加，板烧原味多汁"与中间醒目的图片搭配相得益彰，瞬间挑动消费者的味蕾，使其有购买的冲动。同时限时优惠的价格，进一步刺激消费者行为。

图 1-10　麦劳某款汉堡文案

4．创意新颖、激发互动

创意新颖、激发互动是电商文案的灵魂。创意是基于原有基础资源的一种组合表现方式；是把一个事物和想法进行延伸、组合、创新、创作；是基于学习、吸取他人的优点，结合自身实际需求、观点、想象空间，创作另一种不同的表现方式。对于文案工作而言，创意就是要摆脱"惯性思维"的束缚，打破常规，引发消费者兴趣，激发互动，带来全新的感受。

案例4：支付宝系列文案

支付宝作为移动电商时代主要的支付工具之一，其文案一直保持高水平。文案创意十足，激发情感共鸣。支付宝 9.9 版本上线时，推出一组海报文案，从友情、亲情、爱情、梦想四个维度，来传达"每一次支付，都是因为在乎"的理念，让支付宝这款产品富有人情味、烟火气，饶有创意地阐述了支付宝"关注生活每一件小事"的产品概念。

01（友情篇）

天南地北事事的人很多，只有你会为我转来救急的钱和一瓶装心事的酒。

为友情支付，每一笔都是在乎。

02（亲情篇）

千里之外，每月为父母按下水电费的"支付"键，仿佛我从未走远。

为牵挂付出，每一笔都是在乎。

03（爱情篇）

我曾与很多姑娘说过情话，但让我习惯为她买早餐的人，只有你。

为真爱付出，每一笔都是在乎。

04（梦想篇）

坐过 55 小时的火车，睡过 68 元的沙发，我要一步步丈量这个世界。

为梦想付出，每一笔都是在乎。

支付宝为商家免费定制的行业文案也颇具创意，覆盖饮品、甜品、小吃、花店、美甲、理发等多个领域。其中不乏令人会心一笑的巧思，比如"买花是喜欢，买菜花是爱"（蔬菜），"脸皮不够厚，内心戏来凑"（肠粉），"做人要厚道，做豆皮也是"（豆皮），"我理想的样子，是每天都有点花样"（鲜花店）。这些文案通过拟人化、谐音梗、对比修辞等手法，将日常商品转化为有温度的情感载体，既保留行业特征又赋予传播记忆点，展现出商业文案的趣味性与传播力。

图 1-11 为商家用支付宝文案广告宣传。"做人要厚道，做豆皮也是"一语双关，一方面突出商家憨厚老实、诚信本分的性格特点，另一方面展示产品特色：用料讲究、分量充足。这样的文案创意十足，引发消费者纷纷"打卡"。

图 1-11　商家用支付宝文案宣传

1.2.5　电商文案的类型

电商文案的目的是传递产品信息，最终目的是实现基于商品本身的销售目标。电商企业需要通过整合资源，在不同平台上进行文案的推广与宣传，扩大文案的作用范围，形成全方位一体化的宣传态势，才能起到事半功倍的效果。因此深入理解电商文案的分类体系以及应用场景显得尤其重要。按功能差异划分，电商文案主要可分为展示类、品牌类、推广类和软文类四大类别。

1. 展示类电商文案

展示类的电商文案是最常见的文案形式之一，消费者打开购物网站，最先看到的也是展示类的电商文案，例如商品海报、促销信息、产品上新等等。消费者对某件商品产生兴趣后点开的商品详情页、售后商品评价等都属于展示类文案。展示类文案的目的在于精准呈现商品核心卖点，通过有效信息传递推动产品传播，并最终引导消费者完成购买决策。

（1）海报文案。海报文案是一种常见的广告推广形式。通常通过图片和色彩来展现充分的视觉冲击力；表达的内容要精炼，要抓住主要的诉求点；图片与文案相互配合；版式可以做些艺术性的处理，以吸引观众；主题文字要醒目突出。海报文案也可以作为主图文案，由于移动设备的普及，海报文案为了适应终端设备的屏幕要求，通常也设计为竖直形状。在海报文案中，文字与图片相辅相成：图片直观呈现商品实况，构建视觉信任基础；文字则精准传递产品信息，深化消费者认知。二者协同构建完整的信息传递链，共同促成消费决策。

图 1-12 为某电脑海报文案，"YOGA 5 Pro 无处不闪耀"文字醒目、简洁有力，突出产品"唯吾出众"的产品特色。主文字下方的四个图标，进一步说明了产品卖点"薄至 14.3 毫米，轻盈时尚""表链式转轴，精致优雅""全铝一体成型，经久闪耀""超窄边框，不凡视野"，文案结构工整，重点突出。主图多角度展示产品特点，与文字和谐统一。

图 1-12　某电脑海报文案

（2）产品详情页文案。产品详情页文案是对商品详细信息进行具体描述的文案，包括商品的功能、性能、规格、参数、使用方法、售后服务等信息。消费者被海报文案吸引，点击查看产品详情情况，才会决策是否购买，因此产品详情页文案设计至关重要。产品详情页文案中的图片、文字描述、排版设计等等都与最终的购买转化率息息相关。

产品详情页就像实体店中的导购，不仅仅是介绍商品基本情况，更重要的是快速抓住消费者眼球，引起消费者的关注，因此需要突出产品的优势和亮点。例如，如果是比较常见的日常用品，如洗发水、沐浴露之类的，消费者对其功能都非常熟悉，此时文案就无须在这类信息赘言，可以从价格、外观、安全性等消费者更为关注的点出发。

图 1-13 为某款榨汁机的产品详情页部分内容。消费者通过浏览详情页，可以清晰了解产品亮点：破壁免滤、智能熬煮。同时也知道操作方法，只需要简单的三步就可以轻松使用；而且可以适用不同的场景，功能齐全；了解产品基本参数如加热功率、搅拌功率、容积容量、配件等信息，符合相关质检要求，安全稳定。

图 1-13　某款榨汁机的产品详情页

（3）促销活动文案。对于商家而言，不论是每年的"520""618""双十一""双十二"等电商节日，还是春节、中秋、五一、国庆、元旦这样的节日，都会开展各种促销活动，以吸引消费者，提高店铺流量和转化率。常见的促销文案形式有限时促销文案、满减促销文案、到店有礼文案、积分抽奖文案、节假日促销文案等。商家在设计促销活动文案时，应当有所取舍，活动种类不宜过多，活动规则清晰好操作，否则适得其反。

图 1-14 为天猫"双十一"促销文案。首先映入眼帘的是"巅峰盛惠，不只是 5 折"，简洁明了表明折扣力度，刺激消费者购买行为。其次是"天猫双 11 来啦"，亲切热情呼吁消费者，一年一度的购物狂欢，终于如期而至。主图图片为红色背景，给人一种喜气洋洋过节的氛围感。

图 1-14　天猫"双十一"促销文案

（4）产品评价回复文案。往往有很多商家会忽视买家对商品的评价的回复与反馈。先前买家对产品的评价，很大程度上影响着后来买家的决策。因此对于买家给出的评价，卖家需要及时给与相应的反馈。对待好评，要及时表达感谢，表明继续做好服务的决心；对待差评，要态度诚恳，积极解决客户问题，尽量地减少差评带来的损失。

图 1-15 为商家回复客户评价文案。可以看出冰粉商家对买家给出的好评"配上花生碎、西瓜、山楂碎，太好吃了"给予了热烈的回复，对于消费者肯定本产品表示感谢，借机宣传了其以消费者满意为中心的"顾客至上"理念，增加消费者对品牌的好感度。然后引导消费者将产品分享给身边的朋友，"期待您的下次光临"，以便扩大消费者范围，同时促进下次的购买行为。整体来看，商家回复消费者评价文案，语言亲切活泼，符合网络语言特色，容易拉近与客户的距离、赢得顾客好感。

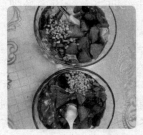

图 1-15　商家回复客户评价文案

2. 品牌类电商文案

在信息大轰炸的时代，很多信息都会被大脑自动屏蔽或遗忘，但是代表感性和艺术思维的右脑会被用语言或文学艺术反映生活的故事所感动。"现代营销学之父"菲利普·科特勒曾指出，故事营销是通过讲述一个与品牌理念相契合的故事来吸引目标的消费者。在消费者感受故事情节的过程中，潜移默化地完成品牌信息在消费者心智中地植入。这句话直接道出品牌故事文案重要意义，因此讲好品牌故事至关重要。品牌类电商文案包括品牌口号文案和品牌故事文案。

（1）品牌口号文案。品牌口号是指用来传递有关品牌的描述性或者说明性信息的短语，能够表达品牌在市场上的态度，突出品牌所代表产品或服务的独到之处，或者品牌希望对消费者许下的承诺，以加强消费者对品牌的积极认知。例如沃尔玛——"省得多，活得更好"；小米——"小米，为发烧而生"；知乎——"有问题，上知乎"等等。

图 1-16 为小米品牌口号文案。在很多小米系列产品宣传中，都会出现"为发烧而生"这句品牌口号，潜移默化地宣传品牌理念。"发烧"是说对一件事情很着迷；有兴趣对手机功能一探究竟的人被称为"手机发烧友"。"为发烧而生"不仅仅是一句宣传口号，更深刻体现小米的产品能以"低价格""高性价"满足"手机发烧友"的一切需求。这句宣传文案，对小米产品的推广起到了功不可没的作用。

图 1-16　小米品牌口号文案

（2）品牌故事文案。品牌故事赋予一个品牌生机与活力的根本在于故事能够传递品牌核心价值观，换言之，品牌故事不是拼凑而来的，而应该是品牌价值观的体现。品牌故事文案常常出现在电商网站或者品牌的宣传页中，是现代很多企业都会采用的一种宣传方式，成本较低。好的品牌故事可以从代表性事件、创始人经历、品牌起源等多角度入手，通过细节描写增强生动性，从而有效提升品牌知名度和影响力。

案例 5：百岁山的品牌故事文案

百岁山文案视频

"水中贵族，百岁山。"百岁山品牌口号文案如图 1-17 所示。

一提起百岁山，你的耳边是不是就回响起这样一个充满磁性的声音？脑海中是不是就浮现出一群贵族间奇奇怪怪耐人寻味的爱情故事？

一个宁静的午后，一位衣着平平的老人徒步在街头，邂逅了一位面容姣好的贵族公主。两人确认过眼神，是都爱"百岁山"的人。公主拿走百岁山，回眸一笑……（伴随着熟悉的广告语，影片结束。）

图 1-17　百岁山品牌口号文案

百岁山随即通过非官方渠道讲出了这个广告片背后唯美的爱情故事——传闻中笛卡尔与瑞典公主克里斯蒂娜的爱情故事。

1650 年，斯德哥尔摩街头，52 岁的笛卡尔邂逅了 18 岁瑞典公主克里斯蒂娜。在一个平平无奇的午后，克里斯蒂娜的马车路过街头发现笛卡尔正在研究数学。公主便下车询问，言谈中，笛卡尔发现公主对数学有着浓厚的兴趣，两人相谈甚欢。

道别后的几天，笛卡尔意外地收到瑞典国王的来信，要求他做克里斯蒂娜的数学老师，其后的几年时间里，克里斯蒂娜在笛卡尔的影响下对曲线研究着了迷，走进了奇妙的坐标世界。相差 34 岁的笛卡尔和克里斯蒂娜日久深情，却被国王发现，并处死了笛卡尔。

在最后笛卡尔写给克里斯蒂娜的情书中出现了 $r=a$（$1-\sin\theta$）的数学坐标方程，解出来是个心形图案，就是著名的"心形曲线"。

百岁山这一文案以隐喻手法将矿泉水比作穿越时空的情书，通过"经典、浪漫、难忘、高贵"四大核心意象的叠加，与"水中贵族"的品牌定位形成价值共振。这种策略不仅赋予产品情感附加值，更构建起独特的品牌文化体系：当消费者联想到百岁山时，"贵族气质"的品牌人格便自然浮现于脑海之中。

3. 推广类电商文案

互联网技术的发展、新技术应用和新模式推广为电子商务拓展了新的网络空间。社交电商、直播电商、线上线下融合供应链等新模式更好地满足了消费者的需求。电商企业通过整合资源，在不同平台上进行文案的推广与宣传，例如利用微信、微博、今日头条、抖音、快手、社群等网络渠道扩大电商文案的作用范围，形成全方位一体化的宣传态势，可有效扩大受众群体，吸引潜在消费者的注意，激发他们的购买欲望，并最终促成交易。由于平台定位的不同，对应推广文案的写作方法和表现形式也应该有所区别。但其共同点都是积极引导消费者参与讨论，吸引消费者注意，以达到刺激消费者购买的目的。

（1）微信文案。微信是由腾讯公司开发的一款社交软件，在国内普及率相当高。电商商家可以通过微信朋友圈发布文案，或者注册公众号来进行产品的宣传与推广。2015 年 1 月，微信开通了广告投放功能，拓宽了推广渠道；同时，微信小程序网络零售逐渐成熟，据 2025 年 5 月 14 日腾讯控股发布的 2025 年第一季度财报显示，微信及 WeChat 合并月活跃用户数首次突破 14 亿大关，达到 14.02 亿，小程序日活突破 7 亿。此外，微信支付的全球月活跃用户数也突破了 14.7 亿，同比增长 7.3%。电商平台通过小程序深入用户社交生活与人脉圈，扩展线上销售与用户连接的触点。品牌企业通过小程序将线上平台与线下门店进行整合，打通多层级市场，扩展了线上销售渠道。

图 1-18 微信广告文案分别为"拓维 family""北京荟聚中心""乐居居家"在微信朋友圈投放的广告，文案的右上角会标注是"广告"类，用户可以选择屏蔽类似广告，表明不感兴趣。不难看出微信广告文案基本的结构框架为描述性文案加一张主图，文案内容比较简短，主图明晰。在文案下方有详情链接或者实体店地址，一般而言，文案投放基于用户偏好大数据计算，投放精准。

图 1-18　微信广告文案

（2）微博推广文案。微博是新浪公司开发的基于用户关系分享、传播以及获取的、通过关注机制分享简短实时信息的广播式社交媒体平台。微博推广文案是指通过微博平台为商家、个人等创造价值而执行的一种营销方式，通过定向、有目的地发布微博文案，广泛吸引大量粉丝，再通过植入广告或热门话题的形式吸引广大听众的围观，从中汲取潜在的客户。根据 2025 年 5 月 21 日，微博发布的 2025 年第一季度财报数据显示，在用户规模上，微博继续保持着强劲的增长势头。截至第一季度末，微博的月活跃用户数已经攀升至 5.91 亿，日活跃用户数也达到了 2.61 亿。这一庞大的用户基础，为微博的持续发展和商业变现提供了坚实的基础。可见其流量之巨大，营销前景之广阔。

图 1-19 展示的是宝马中国针对新产品 X3 系列发布的微博推广文案。作为典型的社交媒体传播案例，该文案遵循了微博平台的传播特性：全文控制在 140 字以内，语言凝练且富有文字张力，通过"棱角，无遗展露；担当，无处不在"的工整对仗，既突出产品特性又彰显品牌调性。值得注意的是，文案中嵌入的#话题标签#作为关键传播节点，能有效串联具有共同兴趣的用户群体，形成基于关键词的社交关联，达到推广的目的。

图 1-19　宝马中国的微博推广文案

（3）今日头条推广文案。今日头条是字节跳动公司开发的一款基于数据挖掘和机器学习的推荐引擎，主要推荐对客户有价值的新闻、电影、购物等信息，用户超过 7 亿。今日头条文案推广基于数据挖掘技术，对用户的兴趣爱好进行分析，最终将那些与消费者兴趣相匹配的信息推荐给相应的用户，因此今日头条推广文案能够实现精准营销，能够让营销沟通更加精确、可衡量以及获得较高的投资回报。

图 1-20 为今日头条关于宝能 GFC 的系列推广文案，初看文案标题"一个关于沈阳的视频，引发一阵热议，一座城市的骄傲""一个关于沈阳的视频，看完沈阳人都沸腾了"，用户并不了解这个关于什么内容的文案，但是好奇心已经被充分调动起来，忍不住想点击看看到底是什么"大新闻"，看了之后才知道是房地产宣传文案，有消费需求的用户会进一步了解详情，没有需求的用户也会大体对这个房地产楼盘有了印象。由此看见，在今日头条这种资讯类平台，信息浩如烟海，一个好的标题，能迅速抓住消费者需求，让消费者产生兴趣，对文案推广至关重要。

图 1-20　今日头条推广文案

（4）直播文案。以淘宝直播、抖音直播为代表的网络直播是一种新型的营销渠道，具有互动性强、时效性强、体验感强的特点。视频主播、网红主播以极具个人色彩的语言和表达形式讲解展示商品的内容为吸睛点，让消费者有沉浸式购物体验。直播形式有达人模式、秒杀模式、店铺自播、基地走播、产地直播等模式，文案语言也有不同于其他平台的特色。

图 1-21 为知名主播进行直播带货时用的文案举例。该主播是淘宝知名的直播博主，粉丝人数超 5000 万，2022 年"双十一"该主播直播仅开启 40 分钟观看人数就突破了 1000 万，整晚上架了 200 多件商品，观看总人数达 4.6 亿，直播成交总额高达 215 亿。他的直播间因生动的语气和夸张表情让人印象深刻，能迅速吸引消费者的注意力。他在直播中用"所有女生"作为统称词，一下子就抓住了消费者的注意力。"所有女生，今晚一定要给我抢到它！""这个颜色也太好看了吧！""买它买它！"这些鼓励人消费的语句，在其直播中不断出现。与此同时，观看直播的人也会竖起耳朵，毫不犹豫地为添加购物车、买单。

图 1-21　知名主播直播带货文案举例

（5）社群文案。社群是建立在互联网基础上的一种新型的人际关系"圈子"，社群成员因为共同的兴趣爱好、身份地位、价值观等聚集在一个群内，大家有较一致的行为规范和群体意识，能保持持续的互动关系，因此社群是一个绝佳的营销场所。社群文案的推广针对性强，要明确所在社群的类型和成员喜好，才能推出契合社群成员的活动与内容。

例如，瑞幸咖啡基于社群成员对咖啡文化、社交互动及个性化体验的共性需求，推出"Lucky 游戏时间"周常互动，每周固定上线咖啡知识问答、饮品配方 DIY 等轻量游戏，以趣味互动强化群体认同。在 2025 年夏季与《长安的荔枝》IP 联名期间，品牌在社群发起"古风饮品创意赛"，要求成员结合剧集元素设计饮品配方，获赞前 10 名可获限量联名杯套及 3.8 折年卡。此类活动不仅使社群用户生成内容（User Generated Content，UGC）占比提升至 35%，更激发用户自发创作"贵妃特调攻略""荔枝冰萃隐藏喝法"等攻略，在社交平台形成二次传播，完成品牌-用户的内容共创闭环。

4. 软文类电商文案

软文文案是相对于"硬广"而言的概念，具有"润物细无声"的营销效果，更容易被大众所接受。受众者在获得自身感兴趣的内容的同时，也自然地接受了文案人员的宣传推广信息。软文文案的表现形式包括新闻资讯、管理思想、企业文化、技术技巧文档、评论、趣味性故事、包含文字元素的游戏等。

例如，宜家发布的软文文案《不花一分钱，这些小技巧也能让家变更美》，从消费者的需求出发，针对许多年轻消费者的经济计划和开支比较大的问题来实现他们对家庭装修的需求，透过愉悦、有趣的描写方式，成功引起了消费者的共鸣。

再如，好利来的《健康早餐自己做，好利来教你掌握好日子的每一秒》以自己的品牌差异性定位及其早餐产品的热度为出发点，进行了深度的探讨和描写，同时，文章中不少插图也很好地展现出了好利来作为品牌的诉求和理念。文章获得网友们的大力转发，也增强了消费者对品牌的认可。

1.3　认识电商文案岗位

波司登电商文案
策划招聘信息

电商文案岗位的人员的工作能力与职业素养直接决定着文案的质量。电商文案从业人员不仅仅是文字工作者，除了具备基本的文字能力，同时也需要具备一定的专业知识和营销策划能力等等。接下来将从电商文案人员的岗位职责和职业要求两个方面介绍电商文案岗位。

1.3.1　电商文案写作人员的岗位职责

通过对比诸多网站关于电商文案写作人员岗位职责，不难发现，电商文案工作人员的岗位职责主要包括以下几个方面：

（1）与运营和产品配合，负责公司、产品、市场活动等文案撰写，创意策划。

（2）结合产品特色，根据产品周期和特色，撰写相应说明及推广文案。

（3）利用微信、微博、头条等新媒体平台进行网络软性推广活动（事件营销、话题营销等）话题策划。

（4）对线上活动进行商家反馈收集，进行活动效果总结。

（5）搜集市场情报、参考素材并进行分析，制造话题、提炼可用观点及文宣素材。

1.3.2　电商文案写作人员的职业要求

要想成为一名优秀的电商文案人员并不容易，需要在实际工作中积累经验，加强知识储备，树立"终身学习"的理念，积极接受新鲜事物，才能在实践中提升电商文案策划与写作能力。电商文案写作人员的职业要求具体如下：

（1）文字能力。文字能力是文案创作的基本要求，具体表现在掌握电商文案写作的基本技巧，有良好的写作品牌故事、新闻稿、企业软文、微信、微博推广文案等方面的能力，并且能够活学活用。

（2）创新能力。熟悉专业创意方案，思维敏捷、洞察力强，有丰富的想象力和创造力。好的创新能力可以使文案内容深入人心，吸引消费者注意。

（3）团队合作能力。具备良好的沟通能力和协调能力，能够与各部分人员积极配合。

（4）学习能力。电商行业紧随互联网潮流，文案从业人员需要保持对新事物、新观念、新知识、新技术的新鲜感和敏感度，能够透过现象看到本质，善于抓住舆情趋势，顺势推广。

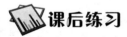课后练习

习题一：根据本章所需知识，指出下面图片所示的电商文案类型。

雅诗兰黛 V
8月9日 09:00 来自 微博 weibo.com

七夕倒计时，@█████ 邀你花式示爱！
雅诗兰黛携手国潮新锐设计师@SHUSHUTONGstudio 带来的#雅诗兰黛七夕限定
#礼盒，经典花朵图案，神仙颜值狙击心动；助攻花式告白，大胆传递敢爱态度，
#████七夕锁定礼#！还在等什么？即刻戳 🔗 网页链接 抢购，将爱意装好，锁定
真心！

习题二：结合近期热点事件，谈谈有哪些令你印象深刻的电商文案？这些文案是否让你
对产品和品牌产生了好感，结合具体示例，分析下电商文案的特征。

第2章　电商文案写作策划

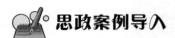

思政案例导入

拼多多助农

拼多多助农

　　家里该添一盆绿植，拼多多上拼一单；闻到同事在吃螺蛳粉，拼多多上拼一单；老妈发来卷纸的拼单链接，还附了个红包，开开心心和她一起拼……就这样，操作简便、价格实惠、互动乐趣多多的拼多多不知不觉地渗透进我们的生活。作为"坚持以用户价值为导向"的社交电商平台，用户当然是拼多多最在乎的群体。拼多多不仅关注用户是否得实惠，同时也在思考如何让用户可持续地得到更多实惠。拼多多的一个助农案例，就很能说明这一点。

　　《人民日报》官微曾发布了一条微博："《心酸！7旬老人320斤落果梨卖了10块钱》陕西咸阳乾县注汁镇，74岁郑志龙卖掉四袋有伤疤只能做果汁的酥梨，重320斤左右，每斤收购价3分，合计收入10元。老人家里还有3万斤商品酥梨没卖出去，急盼客商收购，也希望懂电商销售的人能帮助村民把美味的酥梨销售出去。帮帮他们，转！"这条微博引发了许多网友的感慨："不知道为什么，看得我眼泪都掉下来了！""320斤10块钱！老人得付出多少劳动才得到这10块钱啊！希望有条件的可以帮一帮，最看不了老人受苦了！""梨贱伤农，也灼伤了每一个人的心，这十元钱凉了我的心。让农民安于土地，土地得能养活他们。精准扶贫，先让他们对脱贫有信心。""买时贵得要死，卖时卖不出去？我们要好好思考一下这种现象的源头！"

　　全国知名农村电商专家、共青团陕西省委农工部部长魏延安也在微博力推"郑爷爷的梨"："对于电商销售，像他们这般年纪的老人是不懂的，希望懂电商销售的人能帮助他们把好吃美味的酥梨销售出去。"

　　看到相关消息后，以"为贫困地区群众解决农产品销售难题"为己任的拼多多爱心助农团队也积极与郑爷爷取得联系，投身到这场轰轰烈烈助农行动中。拼多多爱心助农团队不仅以每斤一元的高价包销郑爷爷家所剩的1.5万斤酥梨，同时以市场价收购村里其他农户的优质酥梨，在拼多多平台上统一售卖，并由拼多多无偿提供平台推广等资源支持。从结果来看，拼多多又一次速战速决：郑爷爷的梨从上线到售罄，仅用了一周时间；在取得了这个阶段性的胜利之后，乾县酥梨也"趁机"在拼多多上打开了销路，目前仍在平台热销。

　　拼多多借助人民日报和电商专家的微博文案，通过几乎零成本的拼单方式，促成了裂变式传播和销量的翻倍，又使规模大、面对市场变化难以灵活调整的农产品供给与高频、刚需却分散化的需求巧妙对接，不仅以优质优价获得了用户的欢心，也帮助生产者最大化地压缩成本，保留利润。一面为用户赢得实惠，另一面化解"果贱伤农"难题，拼多多实现了多方共赢。由此可见，优秀的文案策划配合及时的平台推广，可以实现高转化率，本章将详细介绍电商文案写作策划的基本模式和方法。

学习目标

- 掌握市场分析与商品分析方法。
- 掌握目标消费者的需求分析方法。
- 掌握抓住消费者兴奋点写电商文案的方法。
- 掌握电商文案创作的五种经典模式。

2.1 电商文案写作背景分析

电子商务市场通过对商品与市场进行分析，以更好地发现市场机会，有效地定位目标消费人群，从而使企业实现更高的成本效益。电子商务市场由于网络技术和实现途径等特殊原因，它的消费者购买行为不同于传统消费者购买行为，因而在进行文案写作前，需要对店铺和商品进行定位分析，从而了解不同网络消费者群体的需求情况和目前满意度。

2.1.1 市场环境分析

市场是不断发展变化的，其发展一方面受到广义市场环境的影响，另一方面也受到地区性市场因素的影响。市场调研可以帮助电商文案创作者及时了解和获取各种市场环境因素和市场因素的变化，从而写出有针对性的电商文案。市场调研的作用如下：

（1）提供科学依据。市场调研是电商文案策划的依据和参考，是整个电商营销活动的基础。

（2）提供实际素材。从社会、市场的广泛调研中获得贴近消费者生活实际的好创意。

（3）测定文案效果。从市场效果调研中评估电商文案效果。

市场环境是指影响营销管理部门发展和保持与客户成功交流的能力的组织营销管理职能之外的个人、组织和力量。这些因素与企业的市场营销活动密切相关。企业营销活动与其经营环境密不可分。根据企业对环境因素的可控度，企业营销环境可分为宏观市场环境和微观市场环境。宏观市场环境由人口环境、经济环境、自然环境、技术环境、政治环境、文化环境六个因素组成。微观市场环境因素包括企业、供应者、营销中介、顾客、竞争者和公众。市场环境分析就是指对这些环境因素进行汇总分析。

（1）宏观市场环境分析。宏观市场环境通常是指一个国家或地区的政治、经济、科技、社会、文化等因素。这些因素是企业不可控制的，但企业可以通过调整企业内部的人、财、物，运用产品、定价、渠道和促销等可以控制的营销手段，适应宏观环境的发展变化。由于宏观市场环境因素对企业的营销活动起着间接的作用，所以又称为间接营销环境。常用的宏观市场环境分析方法为 PEST 分析法，如图 2-1 所示。

（2）微观市场环境分析。微观市场环境指的是企业的市场营销渠道企业、竞争企业、社会公众和市场与消费者等因素。微观市场环境与宏观市场环境一样，都是企业外部因素的集合，但它对企业市场营销的影响更为直接。所以，企业还必须注意研究企业营销的微观环境。由于微观环境对企业的营销活动有直接影响，所以又被称为直接营销环境。

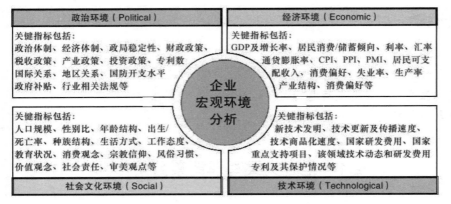

图 2-1　PEST 分析法

2.1.2　产品分析

产品是电商文案的基础，拥有好文案的电商品牌都非常重视打造自己的产品特色。电商文案创作者要对产品有比较透彻的了解和认识，才能写出对路的文案。同时，电商文案创作者要善于研读市场调查资料，甚至直接参与市场调查，以增加对产品的感性认识。电商文案创作者在撰写文案时要突出产品卖点，以促成销售。

图 2-2 所示的运动鞋文案中就突出了"多元、潮咖、个性"这几个卖点。

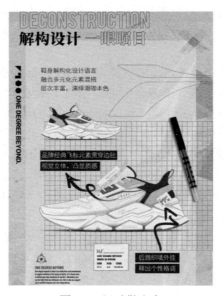

图 2-2　运动鞋文案

通常来说，电商文案创作者可以从以下四个角度进行产品分析，即产品的独特卖点、产品的生命周期、产品的市场定位及产品的品牌形象。

（1）产品的独特卖点。产品的独特卖点又称为独特销售主张，是指某种产品、服务或品牌的特质，该特质与其竞争优势相关。产品的独特卖点可以是产品或服务的特点，特殊技术手段、创新、特别设计等等。文案创作者在进行写作时，必须清楚地知道所涉及产品或服务的独特卖点，以及其可以满足消费者的哪些需求，以及其在品质、功用和外观上有哪些特点。对产品的理解与把握有利于电商文案创作者写出专业性较强的广告文案，从而激起消费者的购买欲望。

例如，在电冰箱这一群雄逐鹿的市场上，美菱提炼出了其产品的独特卖点"保鲜"，这一卖点为美菱在市场上树立了独特的形象，提高了品牌知名度和美誉度。

案例 1：冰箱都能保鲜，为何是美菱？

冰箱当然要买保鲜效果好的！这已成为当下主流用户选购冰箱的硬性指标。虽然市面上贴着"保鲜"标签的冰箱产品不少，可什么才是真正的保鲜冰箱呢？2023 年 8 月 14 日，冰箱行业知名品牌美菱给出了新的答案，一款名为"冻鲜生"的产品在内蒙古首发上市，引发业界广泛关注。

同样是冰箱，同样是保鲜，美菱这款产品有何独家卖点，缘何能够引起轩然大波？早在2017 年，美菱推出了"玫瑰保鲜 33 天"的 M 鲜生冰箱，将产品竞争拉回了保鲜赛道，在此后的几年时间里，无论是"微晶一周鲜"还是"继续长七天"，都是将目光聚焦到了冷藏保鲜和"如何延长食物的保鲜状态"。美菱 M 鲜生冰箱文案如图 2-3 所示。

图 2-3　美菱 M 鲜生冰箱文案

事实上，美菱经过大量的用户调研发现，用户在使用冰箱冷冻室时，发现食材在冷冻室放久了，肉会发白、口感发柴、虾会黑头、鱼鳃也会发黑。对此，美菱总裁钟明博士表示，"大部分人不知道的是，冰箱里面的温度波动是非常大的。特别是冷冻室，温度波动超过十几甚至二十度，这其实是造成食物营养流失、细菌滋生的罪魁祸首。冷冻室里面是一个忽冷忽热、反复冷冻的过程。就像是饮水机里把水不停煮开凉下来再煮开的千滚水。"

而美菱的冻鲜生产品正是解决了这一痛点，这款冰箱新品采用顶置恒温鲜冻系统，通过顶置恒冻、柔风锁鲜、冷冻恒湿三大技术，彻底颠覆传统冰箱"忽冷忽热、反复冷冻"的技术原理，实现鲜肉细胞表面"无风感有动感"。颠覆性的保鲜技术，全新定义了冷冻保鲜，冰箱行业从此进入鲜冻时代。

这一产品问世，不仅让美菱在冰箱行业完成了从冷藏保鲜技术到冷冻保鲜技术的过渡，同时还使中国企业在全球冰箱行业实现对保鲜冰箱的再定义，即"从保持食材的新鲜状态向保持食材的鲜美味道"突破。"保鲜"也进一步成为美菱的代名词，"拒绝反复冷冻"形成了美菱的独家卖点，使得美菱在冰箱市场上获得了独特的竞争优势，吸引了大量消费者的关注和购买。美菱冻鲜生冰箱文案如图 2-4 所示。

图 2-4　美菱冻鲜生冰箱文案

　　美菱的成功案例充分证明了独特卖点所具备的无可比拟的核心竞争力，一个独特卖点往往能成就一个品牌。

UPS 理论与运用

　　20 世纪 50 年代初美国人罗瑟·瑞夫斯要求向消费者说一个"独特的销售主张"，简称 USP 理论，又可称为创意理论。其特点是必须向受众陈述产品的卖点，同时这个卖点必须是独特的、能够带来销量的。USP 理论具有三个特点：

　　1）必须包含特定的商品效用，即每个广告都要对消费者提出一个说辞，给予消费者一个明确的利益承诺。

　　2）必须是唯一的、独特的，是其他同类竞争产品不具有或没有宣传过的说辞。

　　3）必须有利于促进销售，即这一说辞一定要强有力，能招来数以百万计的大众。

以下为康师傅"喝开水"文案，用温和、安全和甘甜三个独特卖点打动消费者（图 2-5）：

温和——传承《本草纲目》饮水文化，水经超高温煮沸后，饮用不刺激，舒适不作胀，温和好吸收。

安全——天然椰子壳活性炭和纳米级双重过滤，135℃超高温煮沸，先进技术，安全保证。

甘甜——开水即熟水，《本草纲目》释名太和汤，称其性味甘平，入口柔顺，口感甘甜。

图 2-5　饮用水文案

　　（2）产品的生命周期。产品生命周期亦称商品生命周期，是指产品从投入市场到更新换代和退出市场所经历的全过程，是产品在市场运动中的经济寿命。产品生命周期主要由消费者的消费方式、消费水平、消费结构和消费心理的变化所决定，一般分为导入（进入）期、成长期、成熟期、衰退（衰落）期 4 个阶段。如图 2-6 所示。

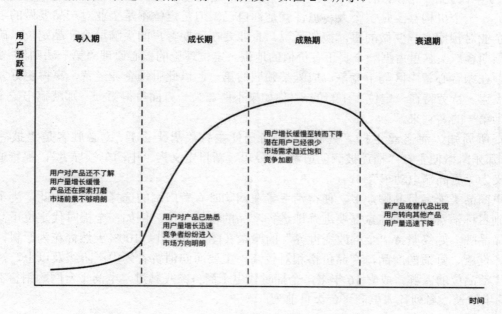

图 2-6　产品的生命周期

文案创作者在撰写某个电商文案时，必须明确该产品所处的生命周期，并且基于不同的生命周期阶段采取相应的广告策略。一般而言，当产品处于导入期时，电商文案要侧重突出产品的创新性和功能性；当产品处于成长期时，电商文案要侧重宣传产品优势和企业实力等；当产品处于成熟期时，电商文案要注重宣传产品的售后服务、附加值等；当产品处于衰退期时，就可以适当减少广告宣传，把宣传的重点转移到新品中。下面来看一下格力电器对于旗下导入期和成熟期产品的宣传文案对比，如图 2-7 和图 2-8 所示。

图 2-7　导入期文案

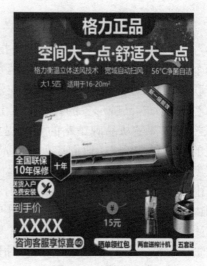

图 2-8　成熟期文案

（3）产品的市场定位。定位理论，由美国著名营销专家艾·里斯与杰克·特劳特于 20 世纪 70 年代提出。里斯和特劳特认为，定位要从一个产品开始，那产品可能是一种商品、一项服务、一个机构甚至是一个人，也许就是你自己。但是定位不是企业对产品要做的事，定位是企业对预期客户要做的事。换句话说，企业要在预期客户的头脑里给产品定位，确保产品在预期客户头脑里占据一个真正有价值的地位。定位理论的核心原理"第一法则"，要求企业必须在顾客心智中区隔于竞争，成为某领域的第一，以此引领企业经营，赢得更好发展。正如杰克·特劳特在《定位》中写的："你如果不能在某一方面争得第一，那就搞出一个能使你成为第一的名堂来。"

众所周知，海飞丝主打"去屑"，那清扬便主打"男士去屑"；必胜客是"披萨领导者"，那乐凯撒便主打"榴莲披萨创造者"；爱玛、新日定义为"电动车领导者"，那雅迪便重新定义为"更高端电动车"。

电商品类繁多且品牌众多，使得消费者在网购时有着广阔的选择空间。因此，为了更好地找到目标消费群体，商家需要准确地进行产品的市场定位。例如，全棉时代定位于高端家居用品品牌，始终坚持"全棉改变世界"的愿景（图 2-9），以 100%天然棉花为原料，打造环保、健康、舒适的产品，产品价格相对较高，主要面向消费者为中产阶级及以上，注重品质和生活品位的人群。成立 16 年来，全棉时代电子商务突飞猛进，电商平台网购销售额连续 6 年稳步增长，名列各大电商平台类目前列。

图 2-9　全棉时代文案

（4）产品的品牌形象。品牌形象是指企业或其某个品牌在市场上、在社会公众心中所表现出的个性特征，它体现公众特别是消费者对品牌的评价与认知。品牌形象是消费者对品牌的所有联想的集合体，它反映了品牌在消费者记忆中的图景。人们对品牌形象的认识刚开始是基本着眼于影响品牌形象的各种因素上，如品牌属性、名称、包装、价格、声誉等。

罗诺兹和刚特曼从品牌策略的角度提出，"品牌形象是在竞争中的一种产品或服务差异化的含义的联想的集合"。他们还列举了品牌形象操作的策略性途径：产品认知、情感或印象，信任度、态度、形象个性等。斯兹提出，品牌应像人一样具有个性形象，这个个性形象不是单独由品牌产品的实质性内容确定的，还应该包括其他一些内容。

在国内，许多商家也纷纷塑造起有自身特色的产品品牌形象。以食品行业为例，如内蒙古伊利集团探索出一套践行社会责任的完善系统——"健康中国责任体系"，成为食品行业可供参考的责任标准。茅台集团连续 26 年捐助巨资支持希望工程（图 2-10），成为"希望工程圆梦行动"捐赠金额最大、资助学生最多、覆盖面最广的爱心企业。广州王老吉大健康产业有限公司在四川雅安地震后，投资 3 亿元在雅安建设生产基地，该项目是国内企业"输血+造血"公益模式的首个大型示范项目。劲牌公司从 2004 年起，连续 12 年捐资投入劲牌阳光助学金，资助 15000 余名贫困农村高中生完成学业，帮助近万名困难家庭的优秀学子圆了大学梦。

图 2-10　茅台希望工程圆梦行动

2.1.3　消费者分析

1. 消费者的购买意向

由于消费者的职业、收入水平、性格、年龄、生活习惯和兴趣爱好等的不同，会呈现不同的消费行为。购买意向是指消费者购买商品的倾向性，是消费者实际购物行为的指示信号。因此，商家和电商文案创作者需要对消费者的各种消费行为进行分析，了解消费者产生消费行为的原因和目的，剖析消费者心理需求的产生、发展和变化。

消费者购买决策受以下几方面影响：产品质量安全、消费者购买习惯、消费者收入水平、消费者年龄阶段、消费者家庭及周围亲戚朋友、社会消费文化的影响、社会供给的制约、交通物流的影响、门店消费环境的因素、产品销售情况的影响，还有售后因素等。

由此可见消费者购买决策受多种方面因素的影响，同时消费者在电子商务模式下的消费行为又会发生很大的变化。因此，要想获得消费者的购买意向，就要细致地进行消费者信息的收集、分析，发现消费者的消费规律、研究消费者在电子商务网站上发生购买行为的原因。在电子商务环境下对消费者购物行为分析主要是通过其浏览网页的时间和内容来进行的。

（1）根据消费者在网页中停留的时间长度判断。如果消费者在短时间内自行离开，可不予理会；若浏览时间超过 3 分钟，则购买意向较大，此时可以主动与客户交谈，引导客户进行购物，提高转化率。但若客户不曾理会，则不能一直打扰客户，以免引起客户的反感。

（2）根据消费者浏览的内容判断。如果消费者只看某一个商品，那么它很可能是该商品的潜在消费者；如果消费者不止查看产品，还对网站主页、联系方式和网站介绍等信息感兴趣，则可能是较大的正规客户，可以重点联系。

2. 消费者的购买心理

购买心理是指人作为消费者时的所思所想。任何一种消费活动，既包含了消费者的心理活动，又包含了消费者的消费行为。准确把握消费者的心理活动，是准确理解消费行为的前提。而消费行为是消费心理的外在表现，消费行为比消费心理更具有现实性。不同的消费者会有不同的购物心理，对消费者的购物心理进行研究，可以帮助文案创作者更加准确地把握消费者的购买行为，撰写出符合消费者需求的电商文案。

常见的消费者购物心理包括八种，下面来逐一介绍：

（1）好奇心理。"探索与好奇，似乎是一般人的天性，神秘奥妙的事物，往往是大家最关心的对象。"现代心理学研究表明，在人类所有行为动机中，好奇心是最有力的动机之一，消费者注意力集中的时间、程度与刺激的强度有关，越是新奇的事物越能引起消费者的注意，刺激的强度越大越能引起消费者的关注，与众不同往往对消费者产生更强的吸引力。消费者对体验的追求是感性需求，具有连贯性。通过研究商品定位，"剥离"出消费者的兴趣点，在文案中设计"奇思妙想"的环节，循着消费兴趣点设计鲜明独特的表现手法或展示陈列，让商品成为消费者注意的中心，很好地满足消费者的体验需求，那对方接受购买建议的概率会变得很大，同时也能更好地吸引消费者的"脚步"，使其不断回头寻找满意的体验感。

"天问一号"成功升空，百度随即携手中国火星探测工程推出了一支致敬短片《用好奇抵达远方》，致敬中国首次火星探测。提炼出"好奇"这一内核后，百度将其转化成品牌的内核。短片中的百度搜索框里的一个个疑问，正是来自人们的好奇心，如图2-11所示。

图2-11　搜索引擎文案

（2）实惠心理。打折促销之所以具有巨大杀伤力，根源在于满足了消费者的实惠心理。发明"跳楼大甩卖"和"买一送一"口号的人很伟大，因为这些口号让消费者感觉占了大便宜。打折促销多年一直在沿用，成为很多电商上新品、挤压对手、扩大市场份额的最常用模式。被这种购物模式吸引的一般是家庭妇女或中老年消费群体，他们在选购货物时不过分强调货物的美观悦目，而以朴实耐用为主，其动机的核心是"实用"和"实惠"。如果商品定位于这样的消费群体，可以不断提高商品的性价比，提高商品的效用和功能，或在适当的时候进行有奖销售，这样可以吸引更多这一类型的消费者。

（3）炫耀心理。这类消费者在购买商品时，并非完全看重其使用价值，而是更希望通过所购之物来彰显自身的财富、地位或其他独特之处，以此吸引他人的目光与关注。从这个意义上来说，消费者实际是在消费符号。因为符号可以带来愉悦、兴奋、炫耀、身份、地位、阶层高级等美好的心理感觉。商家常常将品牌标识扩大并运用于展示明显的位置，目的就是给予消费者被人关注羡慕的满足感，并在销售过程中对消费者进行恭维，满足其虚荣心从而成功实现转化。例如，Graff 珠宝的宣传文案："世界上绝无仅有的钻石中的钻石，高档定制中的王者。"在彰显其产品尊贵品质和独特之处的同时，也满足消费者的炫耀心理。

（4）攀比心理。消费者在选购货物时，不一定是由于急需或者必要，也可能是仅凭感情的冲动，存在着偶然性的因素，例如总想比别人强，以求得心理上的满足，其动机的核心是争赢斗胜。针对这一类型的消费者，商家可以通过与参照群体的对比来吸引消费者。例如奢侈品牌 Gucci 的广告文案"要想让人嫉妒，就要拥有'嫉妒'。"将自身化为"嫉妒"，既突出了品牌定位，也勾起了消费者的攀比心理。

（5）从众心理。通常人们所说的"一窝蜂"就是从众心理，它指个体在购物时容易受别人的影响，如许多人正在抢购某种货物，则极可能加入抢购者的行列；留意别人的穿着打扮，别人说好的，就下定决心购买；别人说不好的，很可能就放弃。对于这一类型的消费者来说，商家可以通过宣传商品，增加商品热度的方法来让消费者趋于追求。例如，OPPO "更多年轻人选择的拍照手机"（图 2-12），香飘飘"一年卖出三亿多杯，能环绕地球一圈，连续七年，全国销量领先"，快手"7 亿人都在玩的短视频"，此类宣传文案就是利用了消费者的从众心理。

（6）崇外心理。进口商品一般吸引的是具有崇尚外国文化心理的消费者，这种消费者特别重视商品的威望和象征意义，且对所谓的原装进口商品趋之若鹜，还对外国牌子有信赖感和安全感，觉得质量信得过。在网站中销售这一类型的商品时，一定要标明商品的原产地与进出口相关的文件信息，以取得消费者的信任，如图 2-13 所示。

图 2-12　OPPO 手机文案　　　　　图 2-13　进口牛奶文案

（7）习惯心理。这类消费者在选购货物时，遵循自己的生活习惯和业余爱好的原则，他们的倾向比较集中，行为比较理智，可以说是"胸有成竹"，并具有经常性和持续性的特点。他们的动机核心就是"单一"和"习惯"。

（8）名人心理。与"名人心理"相对应的是"名人效应"。名人效应就是因为名人的出现所达成的引人注意或强化事务、扩大影响的效应，或通过模仿名人的某些行为或习惯而获得满足的现象。因此，拥有名人心理的消费行为可以看作消费者对名人效应的推崇。通过明星代言、行业权威人士进行商品宣传都是对这类消费者比较有效的方法。

案例 2：明星效应案例

名人效应在消费行为中的渗透，往往能通过具象化场景展现其商业转化力。以运动品牌 Lululemon 与瑜伽大师 B.K.S.艾扬格的合作为例，可窥见名人心理对消费决策的深层驱动。

当 Lululemon 在 2025 年推出"艾扬格大师联名系列"时，并未采用传统明星代言模式，而是邀请 93 岁高龄的瑜伽大师艾扬格亲自参与产品设计。他亲自调校瑜伽裤的关节支撑角度，在广告片中演示"用 30 年练习经验改良的体式辅助线"如何贴合人体工学。这一策略精准击中了瑜伽社群的核心诉求——消费者购买的不只是运动装备，更是对专业权威的认同与自我修习的仪式感。

产品上市时，品牌在社群发起"艾扬格体式挑战赛"，要求用户穿着联名款复现大师经典动作并分享心得。数据显示，参与用户中 83%在购买后 3 个月内持续在社群发布练习日志，形成"装备-实践-认同"的闭环。更值得关注的是，该系列客单价较常规款高出 40%，却创下品牌历史最快的库存周转记录。

2.2　电商文案写作基本步骤

电子商务热潮不断袭来，电商文案的不断改善、不断突破也起着至关重要的作用。完成前期电商文案的写作准备工作后，电商文案的整体构思是电商文案正式写作的第一步。在这个阶段，电商文案创作者必须明确电商文案的写作目的，确定写作的主题、选择表达方式并完善内容构思。

2.2.1　明确写作目的

电商文案是以销售为目的撰写的文案，需围绕产品特点撰写吸引客户的内容。由于电商文案时效性强，需在短时间内精准传递有效信息。因此，电商文案创作需实现以下基本目的：

（1）逻辑清晰。文案创作者要在简短的篇幅中展现明确的指向性，尤其是对于促销的消息，一定要写清楚，避免产生歧义。

（2）言之有物。文案创作者要深入分析产品的优势，找出关键词，并通过对关键词的串联，生出相匹配的文案。

（3）用语得当。文案创作者要根据产品的特性选择适用的语言，尤其需要注意使用英文并不一定代表高大上，且对大多数人来说用英语会增加阅读上的困难，万一使用不当则效果适得其反。

（4）促成行动。文案创作者通过使用指令性词语，在消费者大脑中留下印记，并促成购买行为。

2.2.2　确定写作主题

电商文案的主题即电商广告所要表达的核心思想，它是电商广告的灵魂。通常认为电商文案的主题由广告目标、个性信息和消费心理三方面构成，而这三者并非简单地相加，而是要相互融合。主题不只是广告传递的主要信息，还应包括消费者的"人性"因素。如图 2-14 所示的保温壶文案，"哪怕心变了，它也不会冷"，"24 小时足以让一个人的心冷却，但必要保温壶却始终保持温情"，将广告目标"真空保温，人体工程学防烫"，融入个性信息"24 小时仍有 58℃"，叠加文字中处处透露出的人性关怀"始终保持温情""不会冷"，将三者成功融合。

图 2-14　保温壶文案

电商文案打造了一个以文字为元素、以产品为载体、以消费者为对象的多维世界。文案还是连接市场策略与创意内容的中枢，是对品牌核心价值的具象呈现与浓缩。文案既帮助消费者清晰感知品牌的价值内核、个性特征与形象定位，又协助商家明确界定自家品牌的核心定位及差异化优势。

在确定电商文案主题时，文案创作者需要抓住一个宗旨：站在品牌与市场的立场去写文案，站在文案的视角去审视店铺的市场策略和品牌策略，从而真正认识到文案的意义和重要性。因此，文案创作者在撰写文案时要注意分析店铺的消费群体是哪些、店铺的风格如何、活动的目的是什么、要销售的产品与竞争对手相比有什么优势等。

文案创作者在撰写文案主题时，要体现出产品的差异化优势，这样才能引起消费者的关注，刺激消费者的购买欲望。此外，文案创作者也可以从消费者的需求入手进行文案撰写。电商文案的主题要深刻揭示消费者的内心需求，洞察消费者的心理。以 OLAY 抗糖小白瓶为例（图 2-15），其文案"一瓶击退糖油脸，28 天水光透白"就成功地抓住了现代女性对抗衰老、追求美白肌肤的心理。该文案不仅突出了产品的抗糖化技术这一差异化优势，还通过"糖油脸"这一具有共鸣力的词汇，深刻揭示了消费者对肌肤暗黄、油腻等问题的担忧，从而有效刺激了消费者的购买欲望。

最后，电商文案的主题还应有自己的个性，要能给消费者留下深刻的印象。如图 2-16 所示的这件防晒服的文案，配色对比强烈，具有视觉冲击力，文案简短，重点突出，黑灰色背景给人的印象沉稳大气，具有高级感，从而能在一众色彩斑斓的文案及主图配色中脱颖而出。

图 2-15　主题明确的文案 1　　　　　　　　图 2-16　主题明确的文案 2

文案是品牌营销最重要的载体，是策略的中心，也是品牌沟通的中心，这就是文案创作者要达到的目标。

2.2.3　选择表达方式

文案的表达方式需紧扣商品属性特征，如怀旧、幽默、温馨、写实、调侃、新潮、大气等多元风格，都可以作为文案的表达方式。例如，拼多多的文案总是简单粗暴，被人称为"泥石流"但转化率极高；小米的文案注重口碑推荐，文案常常去繁从简，走务实路线，给消费者留下深刻记忆点；蒙牛的文案走的是家国情怀路线，贴近消费群体的感受。所以作为文案的创作者，需要先了解自家产品的特性，然后确定一种适合传播推广的语言模式。

2.2.4　完善内容构思

电商文案的构思是在完成广告创意之后，在具体创作过程中对文案的总体构想和设想。文案创作者需要在此时搭建文案的框架，以理清条理。主要的构思方式分为横向拓展和纵向拓展两种不同的构思方式。

1. 横向拓展构思方式

横向拓展构思方式，就是运用横向拓展的思维方法对文案的主题表现、内容表现进行横向拓展的构思方式。该方式可以从文案宣传主题的各个侧面、各个角度来进行，可以就同一个品牌的不同产品的横向表现来进行思考，也可以从一个信息点来进行放射性横向拓展。

如蒙牛在高考前，根据语数外政史地生物化等各个科目的特点，打造押题奶，每一盒瓶身上都写满了不同的故事。除了瓶身设计，文案也是与各个科目无缝贴合，相得益彰，部分文案如图 2-17 所示。

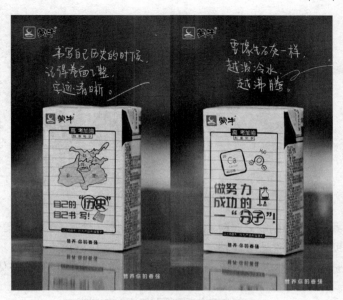

图 2-17　横向拓展构思文案

案例 3：蒙牛押题奶文案

地理："春有百花秋有月，与君一起看圆缺"。
英语："从 Abandon 到 Victory，胜利就是坚持不懈"。
物理："无论压力重力、摩擦力，都不会改变你的努力"。
化学："做努力成功的一'分子'"。
历史："自己的历史，自己书写"。
语文："不管结果怎样，能坚持到现在，你都很牛"。

这一系列文案的创意，击中高考前家长和考生痛点，适合学校或家长批量订购；还因为每个盒子设计各不相同，激起消费者集齐全套的欲望，增加了潜在销量，可谓一石二鸟，精准投放。

2. 纵向深入构思方式

纵向深入构思方式是一种与横向拓展构思方式在构思途径上完全相反的构思方式。它的主要特征是由一个信息源点入手，然后一步步向纵深方向发展。这种构思方式在实际运用中，可根据广告中企业、产品或服务的发展情况进行一步步的深入展开，来传递商品信息。

例如，苹果公司的"岂止于大"，如图 2-18 所示。这个广告文案强调了苹果公司对产品细节的关注和追求，不满足于仅仅做大产品，还要在细节上做到极致，深入挖掘产品的内在价值。

3. 纵横配合构思方式

有的系列电商文案在构思时，不单单用了横向拓展方式或纵向深入方式，而是两者配合运用。这两种方式的配合使用，可以使一则系列电商文案从广度和深度两方面对产品信息进行立体表现。

图 2-18　纵向深入构思文案

　　电商文案创作者在创作电商文案时需要注意文案的统一性，这样文案才能更容易被消费者接受，更好地帮助店铺塑造品牌风格。在确定文案写作基调后，首页、详情页、客服、包装、售后卡、宣传册等文案都需要在统一的文案形式上进行延展，保持整体风格的统一。

2.3　电商文案写作基本方法

　　虽然说电商文案创作不拘一格，但对那些没有写作经验的文案创作新手来说，他们必须清楚一些基本的文案创作模式，这样才能由浅入深、循序渐进。下面介绍五种经典的文案创作模式，即九宫格思考法、五步创意法、金字塔原理法、头脑风暴法和要点延伸法，以让文案创作新手在动笔时有章可循。

2.3.1　九宫格思考法

　　九宫格思考法，是一种利用九宫格矩阵图发散思考的方法。思考的时候，将我们要思考的主题写在正中央，并向八个方向扩散思考，找出构成这个主题的八个关键要素，进而再扩散思考，直到最终找出一个完善的解决方案。其思维方式如图 2-19 所示。

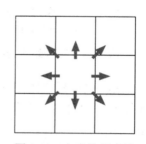

图 2-19　九宫格思考法

　　九宫格思考法的最终目标是为思维提供一个有效率的行动指引工具，因此要求有一个能够体现实际需求的核心主题，且这个主题要具有一定的可行性。

　　九宫格思考法具体的操作步骤分为三步。

　　（1）在纸上用笔画出一个九宫格，将主题（商品名等）写在正中间的位置。

　　（2）将与主题相关的联想任意写在旁边的八个格子内，尽量用直觉思考，不用刻意寻求"正确"答案。

　　（3）尽量扩充八个格子的内容，鼓励反复思考与自我辩证，但不必给自己压力，无须限定一天内完成，且允许对已写内容进行调整修改。

　　九宫格图有助于人的思维扩散，用九宫格思考法创作电商文案时，要把产品名写在正中间的格子内，再把由主题所引发的各种想法或联想优点写在其余八个方格内。一般情况下，九宫格可以采取下面两种填写法。

　　（1）依顺时针方向填进去。按照顺时针方向把自己所想到的要点填进表格，在这个过程中，可以了解到自己内心对要点的排序。

（2）从四面八方填进去。将自己所想到的要点填进任意一格，不用想这些点之间有什么关系，用发散性思维进行直觉填写。

例如，图 2-20 为以某款智能游戏手机为例，运用九宫格思考法思考的案例。先将主题"智能手机"放置在九宫格最中心的位置，分析后发现该商品具有以下特点：立体散热、极速快充、游戏超竞屏、腾讯游戏联合调校、REDMAGIC OS 4.5 全新升级、红魔投屏、双独立 IC 触控、旗舰芯片。于是，文案创作者将这 8 种功能依次列入格子中，在创作文案的时候就可以围绕这些功能来展开，其中该商品所具有的比其他同类商品更好的功能就可以作为核心卖点来进行突出。

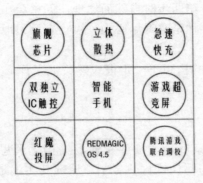

图 2-20　九宫格思考法案例

2.3.2　五步创意法

詹姆斯·韦伯·杨是美国著名的广告人，他是通才杂学的广告大师，在谈论具体创意步骤前，他特别强调了广告创意的两项重要原则。

（1）创意是对原来很旧的要素做新的组合。

（2）创意能力的大小，关键在于对事物间的互相关系了解的能力。

他认为，创意不仅仅是将已有的元素重新排列，而是通过深入理解这些元素之间的关系，创造出新的组合和可能性。基于此，韦伯·杨提出了广告创意方法的五个步骤。这五个步骤实际上是广告创意必须遵循的程序，对任何一个创意人员来说，不但要理解每一步的内涵，而且要穷尽自己的才思和能力将每一步做完整，做彻底后，再进入下一步，切记不可半途而废或者浅尝辄止。其步骤如图 2-21 所示。

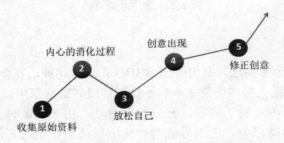

图 2-21　詹姆斯·韦伯·杨的五步创意法

五步创意法，顾名思义分为五个步骤完成创意的想法。

（1）收集原始资料。原始资料分一般资料和特定资料。一般资料是指人们日常生活中所见所闻的令人感兴趣的事实；特定资料是与产品或服务有关的各种资料。老要素即从这些资料中获得。因此要获得有效的、理想的创意，原始资料必须丰富。

（2）内心的消化过程。思考和检查原始资料，这一步骤要对所收集的资料进行理解消化。

（3）放松自己。在这一阶段，创作者不要作任何努力，尽量不要去思考有关问题，一切顺乎自然，即将问题置于潜意识之中。

（4）创意出现。韦伯·扬认为，如果上述三个步骤创意人都认真踏实、尽心尽力去做了，那么几乎可以肯定地说，第四步时自然而然地，创意会在没有任何先兆的情况下突然之间灵光闪现，换言之，创意往往是在竭尽心力、停止有意识地思考后，经过一段停止搜索的休息与放松后出现。

（5）修正创意。一个新的构想不一定很成熟、很完善，它通常需要经过加工改造才能适合现实的情况。

2.3.3 金字塔原理法

金字塔原理

巴巴拉·明托的金字塔原理是一项层次性、结构化的思考、沟通技术，可以用于结构化的说话与写作过程。金字塔原理其实就是"以结果为导向之论述过程"，或是"以结论为导向之逻辑推理程序"，其中，越往金字塔上层，论述价值越高。具体而言，它能够帮助使用者创造性地思考、清晰地辨析、准确地表述观点。同时定义复杂问题，建立清晰的写作目标；评估文案所要表达的各层思想及其相对重要程度；使文案逻辑结构化，并且使论述更为连贯、透明。其方法如图 2-22 所示。

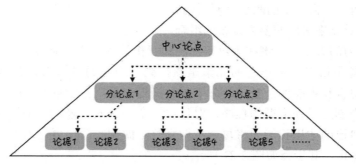

图 2-22　金字塔原理法

2.3.4 头脑风暴法

头脑风暴法又称脑力激荡法，是由美国 BBDO 广告公司亚历克斯·奥斯本首创，该方法主要由价值工程工作小组人员在正常融洽和不受任何限制的气氛中以会议形式进行讨论、座谈，打破常规，积极思考，畅所欲言，充分发表看法。由于团队讨论使用了没有拘束的规则，人们就能够更自由地思考，进入思想的新区域，从而产生很多的新观点和问题解决方法。当参加者有了新观点和想法时，他们就大声说出来，然后在他人提出的观点之上建立新观点。所有的观点被记录下但不被批评。只有头脑风暴会议结束的时候，才对这些观点和想法进行评估。头脑风暴的特点是让参会者敞开畅想，使各种设想在相互碰撞中激起脑海的创造性风暴。

头脑风暴法坚持以团队的方式合作，正所谓"集思广益"。文案创作者应该多参与团队的讨论活动，积极学习他人的思考方法，这将有助于开发思维模式，切勿闭门造车。利用头脑风暴法创作文案，不仅能创作出好的文案作品，而且效率极高。

头脑风暴法的实施要点包括六点，见表 2-1。

表 2-1　头脑风暴法的实施要点

实施步骤	实施要点
确定议题	①会前确定目标，使与会者明确需要解决的问题，且不要限制可能的解决方案范围； ②具体的议题可较快产生设想，主持人易掌握； ③较抽象和宏观的议题引发设想的时间较长，但创造性也可能较强
会前准备	①收集资料，预先分发给与会人员参考，使其了解与议题有关的背景和动态； ②适当布置会场，座位环形的环境比教室式环境更为有利； ③可在开始前出一些创造力测验题供思考，以活跃气氛，促进思维活跃
确定人选	参加人数一般为 8～12 人（可增减为 5～15 人），特殊情况下，与会者人数可不受限制
明确分工	①推定主持人一名，负责在开会前重申讨论议题和纪律，在会议中启发引导、掌握进度，通报会议进展，归纳发言核心内容，提出设想，活跃气氛或组织思考； ②设记录员 1～2 名，简要记录与会者所有设想，并进行编号；提出自己的设想，切忌持旁观态度
规定纪律	①集中注意力积极投入，不消极旁观； ②不私下议论，以免影响他人思考； ③发言要针对目标，开门见山，不需客套或过多解释； ④相互尊重，平等对待，切忌相互褒贬
掌握时间	①会议时间最好安排在 30～45 分钟之内； ②创造性较强的设想一般在会议开始 10～15 分钟后逐渐产生； ③若需要更长时间，就应把议题分解为几个小问题分别进行专题讨论

2.3.5　要点延伸法

要点延伸法是将商品特点以要点的形式排列开来，再针对单点进行展开叙述，丰富文案的素材、观点，为文案提供资料来源。要点延伸法的要求是将产品的要点展开，能对产品有深入的使用体验、产品认知。如果说九宫格思考法引发的是对商品卖点的思考，要点延伸法更像对商品卖点的内容扩充，它能够将卖点详细、扼要地描述出来。

要点延伸法最适合用在详情页文案的创作过程中，例如图 2-23 这款新年摆设，要对这款产品进行文案设计，可以按照商品说明将新年摆设的全部卖点罗列出来，以清晰认识产品，然后分析自己的产品和同类竞品相比的优势与不足。

图 2-23　新年摆设文案

如果只是普通的寓意美好的装饰，其实不容易引起消费者购买兴趣，因为竞品同质化都比较严重，所以要进行要点延伸。

这款产品主打的核心卖点是仿真果实，因此延伸出"不一定只有花美"。针对商品这一卖点，采用要点延伸法发散开去。将"不一定只有花美"延伸出颗颗添年味、绿叶也有新意、红果纳福等几个要点，将每一种都单独诠释，加深买家印象，刺激购买。

2.4　电商文案写作的切入点

电商文案的初衷是激发消费者的购买欲，提高转化率。要想电商文案达到提高转化率的目的，文案创作者就必须在写作前找到写作的切入点，迎合消费者的需求，以达到自然而轻松地吸引消费者注意，打动其内心，抓住其痛点的目的。

2.4.1　新闻故事

时事新闻是永远不枯竭的文案素材来源，所指的新闻包括但不仅限于时政、财经、文化、娱乐、体育等各个领域和长期、短期发生的事情。如图 2-24 所示，新广告法上线后，极限用语处罚由原来的退一赔三变为罚款二十万元起。这并没有难倒机智的广告文案创意者们，他们及时更换文案并趁机借势，又带来了一波流量。

图 2-24　新广告法新闻文案

借助新闻创作文案需要有以下几个特点。

（1）做好获取新闻故事的前期准备。对于职业文案创作者来说，必须学会第一时间抓取有热度的新闻，并找到与商品契合的创作点。第一时间获取最新的新闻的来源或方法主要包括门户网站快讯、百度关键词订阅、简讯订阅、搜索引擎、简易信息聚合（Really Simple Syndication，RSS）等。

（2）快速反应，即时创意。利用时事作为素材创作文案很容易获得流量，但同时文案创作者也必须清醒地意识到新闻故事的生命周期。时事并非生鲜，保质期就那么几天。如果文案创作者能以最快的速度创作出与新闻故事相关的文案，就很容易被关注新闻的人们接受。反之，当人们看到文案时，想不起新闻，就无法完成文案的目标。

（3）面对随时发生的时事新闻，文案创作者应遵循两个原则：不触碰敏感话题，不挑战法律伦理底线；最终落点永远保持趣味性、乐观性的正能量。

2.4.2　热点话题

追热点、用热词已经不是营销的秘密武器。文案创作者每天都在关注着当前最新的热点话题、最热流行词汇及各种热搜信息。

网络文化的兴起同时也催生了一些网络流行语的诞生，如近年兴起的"后浪""内卷""凡尔赛文学""内耗"等。如果文案创作者能很好地掌握这些网络潮语，并将其延伸到产品文案中，这将有利于加强宣传推广效果。例如，百纳校招（图 2-25）宣传文案"后浪计划"就很好地借助了"后浪"这一热点话题。

图 2-25　后浪追热点文案

案例 4：百度后浪计划文案

如果你是心里有火、眼里有光的热血青年，想要拼搏、奋斗成为奔涌的河流，汇入百纳的海洋，那就加入我们的 #后浪计划#。

我们有社团活动、团建基金、节日活动，还有五险一金、节日福利、带薪年假。

最后系统培训、公平晋升和丰厚年终奖。在招岗位如下：

管培生：具有远见卓识、敢于挑战的领航者。

营销岗：足智多谋、持之以恒的沟通奇才。

运营岗：专业有才华，让每一分预算发挥得恰到好处。

文职岗：耐心、贴心、细心的职场"小可爱"。

有你心动的岗位吗？

除了热点话题、热门人物，借热门 IP 的"东风"也是近年来常用的撰写电商文案的手段之一。影视作品、动漫卡通和综艺节目，都很容易成为电商文案的写作切入点。

例如，随着电影《三体》的热映，保健品牌汤臣倍健抓住机会，借用此剧热门 IP，在京东超级品牌日之际推出《三体》蛋白粉联名款礼盒，以"成为自己的执健人"为话题，传递"给营养以科学，给生活以勇气"理念；再如，《苍兰诀》上线后，奈雪的茶与之合作推出联名款新品，首日就卖断货，三天累计卖出 50 万杯，如图 2-26 所示。

很明显，电商文案要与时俱进，紧贴舆论热点，要真正做到与品牌玩创意、与社会玩创意、与产品玩创意，并在玩创意的过程中实现营销的目的。

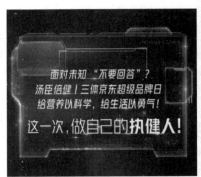

图 2-26   IP 追热点主图

2.4.3   逆向思维

文案创作是一项复杂、综合的思维活动。大多数文案都顺应正向思维进行创作，即针对产品本身提炼出一个相应的诉求点向消费者传达。现在的文案非常多，产品市场竞争尤为激烈，按照传统逻辑来思考进行文案创作已经很难达到以前的效果，产品也难以在竞品的包围中脱颖而出。然而逆向思维区别于正向思维，提出与众不同的诉求点，使文案标新立异，出奇制胜。

逆向思维的文案撰写切入点是指运用"反常规、反传统、反顺向"的思维方式，构想出一个意想不到的文案创意。例如，六神牵手肯德基推出国潮联名——咖啡味的花露水和六神味的冰咖啡。作为已经成名的国民品牌，六神的跨界可以解决自身形象老化的问题，并为其品牌扩展更多的受众群体、碰撞出更多的火花。并且，在推广过程中，如此新奇的合作更能引发人们的关注与讨论，文案"六得啡起"成功出圈，如图 2-27 所示。

图 2-27   咖啡逆向思维主图

六神发现用户的需求（夏天到了要用花露水、要喝冰咖啡），继而实现品牌与品牌的灵魂碰撞（找到品牌的契合点），再让消费者主动参与互动传播（促成 UGC 对话题的主动传播），网友们积极分享自拟的文案"一杯提神醒脑，二杯永不疲劳，三杯不遭蚊咬"……从而最终实现跨界品牌之间用户的相互挖掘——六神和肯德基这波联名就显得很有穿透力。

案例 5：Don't Buy This Jacket

一般企业或品牌的目标是制造出更多的商品，销售所有的商品，并赚取最大的利润。因此，每逢大型购物节，都能见到各大品牌的文案铆足了劲为大促造势。然而，有一个品牌的文案，却不按常规出牌，总是劝消费者不购买其产品，它便是美国顶级户外用品品牌 Patagonia（巴塔哥尼亚）。

例如，2021 年 618 期间，巴塔哥尼亚做了一件出人意料的事。彼时各大品牌正在打折促销，巴塔哥尼亚却表示我们"没有折扣和促销"，打出"少买点，多想想"的口号，号召消费者在"今年的 618，让我们一起审视消费"。

其实，这不是巴塔哥尼亚第一次在购物节做这种事。早在 2011 年的美国"黑色星期五"购物节当天，巴塔哥尼亚在著名的《纽约时报》刊登了一则全版广告，奉劝人们"不要买这件夹克（Don't buy this jacket）"。该广告敦促顾客在购买前三思，并考虑修补或重复使用他们现有的衣服。虽然劝阻顾客购买其产品对公司来说似乎很冒险，但这次活动对巴塔哥尼亚来说却是一个巨大的成功。它引起了媒体的广泛关注，并引发了关于消费主义及其对环境影响的更广泛讨论。

正因如此，该公司的收入在 2012 年增长了约 30%，达到 5.43 亿美元，随后在 2013 年又增长了 5%。到 2017 年，该公司的销售额达到了 10 亿美元。更令人意想不到的是，凭借这股"逆反"精神，巴塔哥尼亚在 2024 年取得了 31 亿美元（约 225 亿人民币）的销售业绩。

2.4.4 制造冲突

文案的冲突性，指的是文案能够带给受众某种刺激，或颠覆受众认知，或触动某种情绪，使其产生记忆。这种"冲突性"表现为第一，文案能区别于竞争对手，让受众感受到你的独一无二；第二，文案制造了消费者心理层面冲突，能打破消费者的"习以为常"，引发共鸣。就像听说了很多年的一句话："我知道的广告费有一半是浪费的，但是不知道浪费的是哪一半。"广告必须要做，但是效果无法衡量，这就是冲突。

那么，如何制造意外冲突，吸引买家的注意呢？首先，这种矛盾冲突要与受众息息相关，要贴近受众的生活，最好能说到消费者近期的忧虑所在。就像农夫山泉的广告文案："我们不生产水，我们只是大自然的搬运工。"一句话直截了当地点明了农夫山泉采用的是天然的优质水源，解决了消费者追求水的口感，但又担心水质不健康的冲突。

其次，厉害的文案往往来自对消费者的深刻洞察，它必须是解决冲突的方案，也是受众可以感知到的战略。例如，OPPO 的广告语"充电 5 分钟，通话 2 小时"也是源于对用户痛点的深刻洞察。OPPO 首先洞察到年轻人喜欢玩手机，但是手机充电慢、耗电快的痛点。轻薄的手机虽然好看，但是因为电池板不够厚，经常导致电池不耐用，这就是冲突。通过解决消费者这个冲突，将产品力和解决消费者冲突完美结合，让这个文案获得了广泛传播。

最后，尝试利用有对比性的词语或者有内容差异的文字，往往能让文案产生张力，带给人想象冲击。例如运动品牌 Keep 的系列广告文案，如图 2-28 所示。文案巧妙地揭示了人们普遍存在的害怕心理，利用对比性的语句充分展现了"怕"与"更怕"的矛盾心理，通过运动的角度，展示了人们在面对害怕时的挣扎、突破与成长，成功地引发了观众的共鸣，并传达了 Keep 品牌对于运动与人生的积极态度。

图 2-28　运动品牌冲突营销

2.4.5　内容营销

内容营销要从产品端抓起。在产品酝酿之时，就注入"内容基因"，打造内容性产品，形成自营销。通常而言，内容性产品有三个特点：

（1）赋予目标用户一种强烈的身份标签，让他们有社群归属感。

（2）消费者在选择购买这个产品时，就有种情绪共鸣（而不是使用后）。

（3）当内容植入产品，产品成为了一种实体化的社交工具。用户使用该"社交工具"，首先和产品产生了最直接的、第一道互动；然后和其他人因该产品，碰撞出了各种故事。例如，印度精品茶 Manjushree 把茶盒做成了书。每种茶配一段相应的小诗或小说。当人们饮茶时，茶水热气蒸腾，茶盒上的字就会呈现。Manjushree 的精心之处还在于，为每款精品茶甄选了与其特点、风味对应的小说或诗歌。这些小说或诗歌统称为"茶故事"，只有当人们在安静地享用一杯热茶时才能阅读。

2.4.6　注入情感

做营销一定要领悟这句话，很多时候我们并不是因为"需要"一个东西才会买它。情感说白了也是一种需求，只不过它跟刚需不一样，它是软需。从消费者的心理层面上，其实软需远远大于刚需。所以电商文案创作者得学会情感营销。

情感营销的核心在于，人们选择商品时往往不只是关注产品本身的使用价值，而是更在意其附加的情感价值，比如品牌故事或情感联结。人们日常消费中常出现类似场景：同一件商品静静摆在柜台里，其价值仅是标签上的价格数字；但若这件物品由生命中重要的人赠送，或被赋予特殊意义，其价值便超越价格标签，成为承载记忆与情感的"无价之宝"。因此，撰写文案时，不仅需要凸显产品本身的功能价值，更要深入挖掘其背后的故事、设计理念、情感意义及艺术价值等附加价值，这样才能让消费者真正感受到"物有所值"甚至"物超所值"。

宝洁的母亲节系列文案中先是发出疑问，探讨"母亲节谈钱是否伤感情"，引起读者好奇心、实现泛群体传播效果；再晓之以理、解决疑惑，细想细算母亲的付出，自然能感受到她们的辛劳与不易；这时打出感情牌"日常有价，母爱无价"，动之以情表达感恩，品牌的积极形象瞬间就被树立起来，如图 2-29 所示。

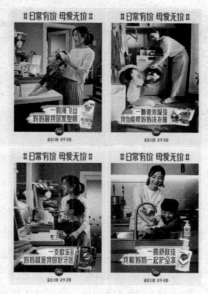

图 2-29　注入情感的文案

看完整个系列以后，读者就可以了解到，为什么在母亲节所有都在谈爱，而宝洁在谈钱：母爱是无私的，但真正算起来，她们干着厨师、家教、家政、保姆等多重工作，价值感爆棚——而这一切都源于爱。

<h3 align="center">案例 6：我在祖国送外卖</h3>

我在祖国送外卖
纪录片

2023 年 5 月下旬，美团外卖便创作推出了《我在祖国送外卖》系列作品（图 2-30），以"纪录片"的形式，带领大众深入普通外卖员的生活，共同感受"送外卖"这份工作对于千万外卖小哥的意义，并通过呈现普通人认真生活的场景、画面，于无声中感动国人，温暖人心。

5 月 24 日—5 月 26 日，美团外卖官博连续发布三支《我在祖国送外卖》系列纪录片——《暖城》《藏地骑士》《海陆人生》。

从北疆漠河到西藏拉萨再到海边小岛，跟随美团外卖的镜头，大众在领略不同祖国风光的同时，惊喜发现：原来外卖小哥这么有个性。

在《暖城》篇中，有互相扶持的骑手小夫妻，有一颗揣在兜里的热鸡蛋、一份热汤冷面、一副贴在车上的"情书对联"等细节，这制造浪漫、表达爱意的一幕幕，总在不经意间戳中受众内心最柔软的地方。

而在《藏地骑士》篇中，则通过对"藏地骑士"尖参才让的采访，为受众还原了在海拔 3650 米的拉萨硬核送餐日常，丰富但并不顺坦的人生经历背后的那份坚毅精神，无疑令人动容。

在《海陆人生》篇里，美团外卖则解锁了"斜杠中年"叶晓庆的人生故事，深刻诠释了"不会海钓的内陆人不是好骑手"，并借助他的视角，巧妙植入"无人机配送"等美团外卖硬核科技实力。

"别的地方送餐，我们这里送水。一片草原没有一个超市
一看来自草原的单子，就知道牧民缺东西了"
——四川甘孜色达配送站骑手甲热

我在祖国送外卖之草原外卖　📍四川甘孜色达配送站　美团 美团　美团配送

图 2-30　注入情感的美团文案

　　此次美团推出的系列纪录片，不塑造英雄、不渲染悲情、不以宏大叙事，更没有刻意去制造消费者互动机制，也没有依靠利益刺激触发二次传播，只是讲述各地的骑手故事，去连接人与人之间的情感，将每个人对生活的触感放大，从而在价值观上和消费者达到深度共情。其中，首支讲漠河的故事片《暖城》在美团官方视频号上线后点赞破10W+，同时微博话题"#当你在零下50度漠河点外卖时#"登上热搜榜TOP10，零下50度的送餐故事不断刷屏出圈。

　　美团通过挖掘人与人之间的共情，让消费者重新认识骑手，也让骑手成为品牌和消费者之间的沟通桥梁，帮助品牌在提升声誉的同时，也让更多人看见的"美团品牌"的形象打造，有效地提升了品牌温度。

📊 课后练习

　　习题一：如果你要为某款家用电烤盘策划文案，该从哪些方面着手寻找商品卖点？

　　习题二：请列举你喜欢的两个电子商务文案，并分析它们抓住了你的哪些"痛点"。

第 3 章　电商文案卖点的创作技巧

新晋"亚洲飞人"苏炳添在自己的个人社交平台官宣,为广汽传祺的影豹代言,并且和品牌联手推出联名全球限量款车型,而影豹打出来的卖点是"苏神限量款"。是什么让苏炳添的代言成为这款国产轿车热卖的引爆点呢?

男子百米飞人大战一向与亚洲人无缘,黄种人要想跻身奥运百米大战最后的决赛,曾被认为是"不可能完成的任务"。但在 2021 年的东京奥运会上,苏炳添做到了,他成为电子计时器时代首位晋级奥运百米决赛的黄种人,甚至在半决赛中跑出了 9 秒 83 的新亚洲纪录,成就了"中国速度"。

2021 年 9 月 29 日广汽传祺的官方文宣:"#影豹# #苏神限量版#极速上市 限量 983 台!市场指导价 13.18 万元,10 月 10 日 9 点 8 分 3 秒于#广汽传祺#APP 极速开抢!以速之名,为荣耀加冕,未来我们一起持续引爆中国速度!"

广汽传祺这一国产汽车品牌在中国一直不温不火,如果让广告受众回想广汽传祺有哪些令人印象深刻的广告,恐怕都鲜有人能有印象。但是这一次,广汽传祺充分抓住了奥运史上中国运动员的突破性表现,将由中国人实现的百米短跑亚洲人速度突破与国产汽车发展代表的中国速度相结合,点燃民族自豪感和民族自信心,将历史记录 9 秒 83 和宣传活动的热点限量销售 983 台、9 点 8 分 3 秒开始产品发布、9.83 的运动拉花等卖点相结合,成功造势,引爆产品卖点。

本章将详细地介绍产品卖点文案的基本知识。

学习目标

- 认识卖点升级的重要性。
- 了解核心卖点设计的关键要素。
- 掌握卖点文案的创作技巧。

3.1　卖点的升级

正如爆款产品的品质容易同质化,产品的卖点也面临同质化的问题。同质化是商业发展的必然规律,一款产品终将会走向同质化,这是无法避免的。产品要实现突围,就要不断升级卖点,将卖点进化成超级的、全新的、独家的核心卖点,使其卖点比同行的核心卖点更加深入更加领先,从而实现去同质化,摆脱同质化的弊端。

3.1.1　卖点与核心卖点

卖点是指商品具备了前所未有、别出心裁或与众不同的特点与特色。这些特点与特色一方面是产品与生俱来的，另一方面是由营销策划人的想象力和创造力赋予的。不论卖点源自何处，只要能使之落实于营销战略之中，化为消费者能够接受、认同的利益和效用，就能达到产品畅销、建立品牌的目的。

产品的卖点往往不止一个，可以从多个角度进行挖掘，它可以是产品外观、材质、工艺、功能、地域特征，甚至还可以是这个产品的某个虚拟特质。但是核心卖点只有一种，就是能够体现这个产品最核心竞争力的一个点。它被称为"杀手级"的卖点，这个卖点可以瞬间让客户记住，从而体现出这个产品区别于其他产品的竞争力。这个极其明显的竞争力即被称为核心卖点。

核心卖点即购买理由。产品优势卖点是为核心卖点服务的，是核心卖点的信任状，目的在于让消费者相信产品的核心卖点。图 3-1 展示了飞鹤奶粉的核心卖点。其中"57 年专为中国人研制""新鲜生牛乳制作""易吸收""一年超 7000 万罐被妈妈选择"，这些都是产品的优势卖点，它们能让核心卖点"更适合中国宝宝体质"变得更为可信。为什么要选择购买飞鹤奶粉，因为它"更适合中国宝宝体质"。

图 3-1　产品的核心卖点

再如，在各大品牌林立的空调行业，格力中央空调依靠 GPD 直流变频技术、新型高效离心机、EVI 超低温数码多联中央空调这些技术参数，体现了格力中央空调的优势卖点，但是想要使其更加区别于同行业产品，就需要一个核心卖点，于是就有了能直接冲击消费者的"用电省一半"，如图 3-2 所示。

图 3-2　格力中央空调产品的核心卖点

3.1.2　核心卖点的特征

华为手机文案视频

要使客户在万千同质化的产品中，一眼相中产品，就必须要有核心卖点。具备什么特征的卖点才算是核心卖点呢？

首先，这个卖点要是超级卖点，即有超越同行的竞争力。

其次，这个卖点要是全新卖点，即在同类产品里具有明显的差异性，独树一帜，令人耳目一新。

最后，这个卖点要是独家卖点，具有唯一性，拥有不可复制的行业壁垒，他人无法轻易具备。

1. 超级卖点

超级卖点是核心卖点的一个重要特征。超级卖点就是跳出同行竞争力的层次，进入一个新的层次来进行品牌营销。这个卖点必须明显地超越同行，而且能让消费者明显感到它是超越性的卖点。只有这样的卖点才能称之为超级卖点，才能够实现在整个同类产品中的迅速突围，才能让一个品牌具有爆发力，才能让产品具有更大的竞争力。

例如，在竞争激烈的汽车行业，特斯拉着眼未来，致力于推动电动汽车革命，旨在为消费者提供更加智能、环保、安全、舒适的出行体验。特斯拉的创新精神和环保理念得到了全球消费者的认可和支持，也成为其超级卖点，使其成为了电动汽车领域的领军企业。图 3-3 为特斯拉经典宣传文案之一："来自未来的车，颠覆一切。"

图 3-3　产品的超级卖点

案例 1：颠覆百年空调出风模式："内循环"到"外循环"

自 1902 年发明首台空调以来，空调一直沿用"内循环"的出风模式，对室内空气反复利用，来提升制冷制热效率。在这一出风模式下，想要空调制冷制热快、效果好，就要紧闭门窗。但封闭的空调房会导致空气流通不畅，室内二氧化碳浓度高，氧气浓度降低，影响人体健康。一份《环境健康大观》显示，一个人周围的人所呼出的二氧化碳集合起来可能会使他思考的速度变得更慢。数据显示，当室内二氧化碳浓度超过 1000ppm 时，人们会开始感觉空气混浊、昏昏欲睡；超过 2000ppm 时，人们会有胸闷、头晕、注意力无法集中等症状。

海尔空调颠覆了这项延续 117 年的"内循环"设计，行业首例采用"外循环"出风，其工作原理与汽车空调"外循环"功能相仿。通过双动力新风系统将室外空气经过五重净化后换进室内，用户在空调房内不开窗也能"换新风"。

空调使用过程中，封闭房间污染和空调自身污染让空调成为影响室内环境的一把双刃剑。海尔新风自清洁空调增加了室内新风改善空气质量，已经从室温调节器变成室内空气质量调节器。

新风功能成为众多消费者选择海尔新风自清洁空调的第一理由，通过这个功能，可以实现"不开窗换新风"，空调房内憋闷、空气不流通的问题都可以迎刃而解，家人的呼吸健康能得到有效保障。海尔的超级卖点如图 3-4 所示。

图 3-4　海尔的超级卖点

2．全新卖点

全新卖点是核心卖点的另一个重要特征。全新卖点是指产品或服务的独特之处，是区别于竞争对手的优势，它强调与同类产品卖点的不同。只要挖掘出产品中让人耳目一新的卖点，那么这个卖点就是极具竞争力的全新卖点。全新卖点可以是表达上的新颖，是消费者之前闻所未闻的说法；全新卖点也可以是概念上的新颖，颠覆消费者认知，填补认知空白。

例如，面对市场上众多的补钙产品，龙牡壮骨冲剂率先提出"补钙新观念，吸收是关键"的口号，引导人们重新审视补钙这一问题，思考吸收与补钙效果之间的关系，突出了其补钙产品注重促进钙"吸收"这一全新卖点的同时，也凸显了其产品的独特性。

案例 2：德佑：打破常识，才是话题营销的最好方式

湿厕纸可以擦脸吗？如果你也有疑问，那德佑就赢了。

湿厕纸这个品类，因为某歌手在综艺节目中的一波啼笑皆非的操作，于 2022 年 4 月登上了热搜。在该热搜话题中，该歌手在节目中拿着一包湿厕纸，质疑道："擦马桶的纸带来干吗呢……我这擦脸不就等于承认我的脸是……"场面之搞笑，快速引发大众的传播。

从这个话题登上热搜之后，德佑不仅快速签下当时自带流量的该歌手，促进其"再就业"，更是准确洞察到教育市场的好机会。一方面，市场存在知识空白，即当时，的确有不少消费者如苏醒一般，不认为或不知道湿厕纸能够拿来擦脸；另一方面，用纸场景与消费者息息相关，有极大的热搜潜质。

反常识，是德佑本次微博传播的核心。一方面，挑战传统卫生用纸常识。常识，通常是大众脑中"理所当然"的知识，若是没有可信的理由、可靠的证据，是非常难改变的。另一方面，反传统营销"自上而下"的常识。比起品牌传统的"先粉丝、再大众"的传播逻辑，德佑反其道行之：先大众、后粉丝。

在对卫生用纸常识的颠覆上，德佑联动每日经济新闻、中国新闻周刊等蓝 V 认证的媒体发布《湿厕纸行业消费指南》趣味科普报告（图 3-5），其中"#湿厕纸可以擦脸吗#"的社会话题更是引起了热议，60 余家媒体纷纷加入话题讨论。这份报告通过科普与探讨的方式，让更多人进一步了解湿厕纸的发展和使用场景。品牌不仅回答了大家最关注的核心话题，也通过摆证据、讲事实，科普了为何湿厕纸比传统干厕纸更胜一筹，为很多消费者打开了新的认知"大门"，不仅改变了消费者心中根深蒂固的认知，也在消费者心中留下了对德佑的品牌记忆。这一波操作十分成功，获得 2.4 亿的微博话题总阅读量，较去年 394 万阅读增长超 60 倍。

图 3-5　湿厕纸相关科普截图

德佑为什么会选择"先大众、后粉丝"这种方式？因为它打的是一场垂类品牌的品类认知战，"湿厕纸擦脸"是一个极佳的用户教育场景，让"湿厕纸"与"干净"顺利画上等号。当品类取得大众信任后，才是品牌的发挥空间。随后，德佑才官宣代言人，打出"爱干净的人都用德佑"的口号，真正开始运营起品牌粉丝。

德佑本次的成功营销，最重要的原因在于德佑能够敏锐洞察与自身品牌相关的热点话题，并懂得挖掘话题背后的营销潜能，颠覆消费者的认知，刻上属于德佑的品牌印记。

3. 独家卖点

产品的独家卖点特指该产品独有的、可与其他同类产品形成差异化的特性与优势。这一卖点必须具备强竞争力，既能精准吸引消费者关注，更能有效激发其购买意愿。

一个好的独家卖点需要具备三个要素：竞争性、区分度和可传达性。竞争性是指该卖点必须是市场上其他品牌所没有的，这样才能形成差异化竞争；区分度是指该卖点必须能够让消费者轻易地识别出该产品与其他产品的不同之处；可传达性则是指该卖点必须易于传播和推广，能有效地传递给消费者。

例如，在 20 世纪 90 年代，随着人们生活水平的提高和健康意识的增强，中国饮用水市场迎来了前所未有的发展机遇。众多品牌如娃哈哈、怡宝、农夫山泉、百岁山等纷纷涌入市场，竞争日趋激烈。在这样的背景下，乐百氏纯净水凭借其独特的"27 层净化"营销传播概念，成功地吸引了消费者的关注，树立了品牌形象，"27 层净化"也成为了乐百氏的独家卖点，一提到纯净水消费者就会想到经过"27 层净化"的乐百氏。

再如，戴森吹风机以"高速数码马达+气流倍增技术"为独家卖点，重新定义吹风机。通过对比实验广告、场景化体验等策略，直击传统吹风机高温伤发的痛点，强调快速干发与护发效果，成功抢占高端市场，成为行业标杆，上市首年销售额突破 5 亿美元，成为戴森最畅销产品之一。

3.2　卖点的设计

核心卖点的设计是指通过深入挖掘产品或服务的独特优势和价值，将其提炼和呈现出来，以吸引和留住目标客户的一种策略和方法。核心卖点的设计在商业策略中具有重要的作用，它可以帮助企业在市场竞争中突显优势、吸引客户、提高销售量、增加市场份额、提升品牌形象和客户忠诚度。因此，企业需要在产品或服务的开发、推广和营销过程中，注重核心卖点的设计、提炼和优化，以满足消费者的需求和期望，提升企业的竞争力和市场地位。

3.2.1　核心卖点提炼流程

在文案创作过程中，必须牢记文案的阅读者是潜在消费者，从消费者需求出发，凸显产品的差异化竞争优势，通过有效的表述方式，达到提炼核心卖点的目标，具体分三步进行。

第一步，厘清消费者需求。消费者群体的经济实力、消费心理和审美取向等差异导致消费者需求多种多样。要想抓住消费者的心理、创作有效的文案，必须对消费者需求进行合理的分析。总体而言，消费者需求分为物质需求和精神需求。

物质需求指的是消费者对产品及服务的需要。产品需求指的是价格、工艺、功能以及包装；服务需求包含交通、环境和服务等行为。例如消费者购买产品特别是贵重产品时总会问一句：包换吗？保修期多久？

精神需求指的是情感需求、审美需求和尊重需求。情感需求是一种态度体验，对比一下线下销售的服务态度和大型电商线上销售服务态度，不难发现线下柜台的服务人员顶多说一句"您好"，而大型商平台的客服都会称呼顾客为"亲""小姐姐"等，拉近与消费者心理距离等称呼，而且每一次与客服对话完毕都会邀请消费者给刚才发生的客户服务打分。

审美需求是消费者对商品的一种美学态度，是对商品的商品风格和品牌价值的美学判断，这种需求因人而异。一般来说，消费者的审美需求主要体现在外观设计、品质和工艺和品牌形象。例如，消费者对于家具设计的审美需求是多样的。他们希望家具不仅外观美观、舒适，还要符合家庭装修的风格和整体环境。因此，现代简约风格的家具设计往往线条简洁、色彩素雅，而欧式古典风格的家具则注重细节和雕刻，以满足消费者的不同审美需求。

尊重需求是指消费者在购买和消费过程中希望得到他人的尊重和认可，以及自我尊重和肯定的需求。消费者的尊重需求表现在多个方面，包括社会地位、个性化服务、隐私保护和自我价值体现等。例如，Cartier、Tiffany 等珠宝品牌的广告语往往强调珍贵、独特和尊贵，传递出佩戴这些珠宝能彰显消费者的社会地位和价值的信息，满足消费者的尊重需求。

由此可见，能否把准消费者需求的"脉"决定着准确提炼核心卖点的成败。在电商平台可以通过问询问工具等手段来收集消费者的需求。如图 3-6 所示，商品卖家通过一系列的标签展现了对消费者需求的调查和收集。从标签代表的消费者需求来看，对于一款煎蛋锅的需求，消费者最看重的是"好用"，而且产品的性能也确有其"实"，就是不粘锅，这就是消费者对商品功能的需求。其中部分人表示家人很喜欢，代表他们通过购买该产品得到了家人的认可，说明此次消费行为在一定程度上满足了消费者的情感需求。

图 3-6　消费需求分析

案例 3：买牛奶，不如认养一头牛

2008 年央视曝光"三鹿毒奶粉"事件后，中国乳品行业深陷信任危机。越来越多的消费者选择从国外购买奶粉，喝上一杯"放心奶"，成为消费者的基本需求。

为了让刚出生的儿子和无数中国儿童喝上一杯国产放心牛奶，"认养一头牛"创始人徐晓波从房地产转战牧场。他投入 4.6 亿自有资金，在河北建设了一座现代化牧场，从种好草、养好牛开始做起。

2016 年，认养一头牛品牌正式建立。结合创始人"让孩子喝上一杯放心牛奶"的初心，从消费者核心诉求出发，认养一头牛开创出儿童高端牛奶品类赛道，逐渐打造出"亲手种植、亲身养殖、只为一杯好牛奶"的差异化商业壁垒。让消费者沉浸式体验养牛喝牛奶，重拾对国民好奶的认知与信任。

认养一头牛认为"牧场"等卖点是一个没有温度的概念，对消费者来说距离太遥远。所以，认养一头牛的定位是：一家替用户养牛的公司，如图 3-7 所示。

图 3-7　体现消费者需求

打出"认养"概念，宣传"买牛奶，不如认养一头牛"，从卖牧场转变到卖牛，拆解牛奶从生产到送达餐桌的过程，让消费者亲身参与这个过程。

认养一头牛让消费者成为奶牛或牧场的主人，此时，消费者买到的不再是牛奶产品，而是一种尊贵的体验和服务。没有蓝天白云、青草奶牛的巨幅广告，而是由专业的意见领袖带着消费者一起到牧场，看奶牛的生活和挤奶的全过程。让消费者亲身体验牛奶是如何"从牧场直达餐桌"，从而忠于认养一头牛的产品和品牌。

为了让认养模式有效落地，认养一头牛特地打造透明化运营的牧场。用户不仅能 24 小时看到牧场的直播，还可以带上家人来到牧场进行认养奶牛、亲子游等活动，甚至可以通过数字化、智能化的技术手段，真正享受看得见的饲养、看得见的生产、看得见的配送等产品和服务。透明化牧场的直接触达观感和内心的消费体验，能较大限度地让其产生满足与认同感。

认养一头牛围绕用户个性化需求，特地邀请罗永浩等名人共同打造诙谐幽默的广告视频，让消费者了解"认养"模式，传递出品牌理念和产品功能利益点，在用户心中建立起清晰的认知。

随着"认养"概念出圈，认养一头牛线上销量猛增。认养一头牛的牧场每年都会接待来自各大平台用户近万人，让消费者从源头开始，亲身见证到一杯放心牛奶的诞生。

第二步，提炼差异化卖点。在产品同质化普遍存在的今天，如何能做到差异化就成了卖点提炼之中的重中之重，差异化卖点的提炼是建立在与竞争产品的分析和比较的基础上的，要么凸显该产品的特点是其他竞争产品所不具备的，要么凸显该产品的优势未被其他竞争产品的宣传话术所提及，要么是产品的某些属性被首先提出来，占据先机。这样，消费者就认定了这个属性属于优先提出来的那个商家。

就像如今眼花缭乱的洗发水市场，提到生姜这个元素，消费者第一反应就是"吕"牌，其实"吕"牌洗发水在中国市场火爆之前，早就有含生姜的洗发水，但是商家并未成功地将"生姜"元素提炼为核心卖点，直到"吕"牌洗发水进入市场，成功将这一卖点与"防脱""养发"等产品功能结合在一起，如图 3-8 所示。

第三步，表达卖点。表达卖点指的是选择最合适的卖点表达方式。特级酱油都会将"特级""0 添加""非转基因大豆"表达为核心卖点。虽然李锦记的卖点中也有这些关键属性，但是李锦记将其具有差异化的核心卖点表达为"使用未加碘盐"，这就使其与其他产品有了差异化，如图 3-9 所示。所以，表达核心卖点，是在充分分析竞争对手的基础上完成的。

图 3-8　提炼差异化卖点

图 3-9　表达卖点

3.2.2　核心卖点四大原则

核心卖点的提炼首先要做到区隔竞争对手，即做到竞争对手做不到的、承诺竞争对手不敢承诺的，这样就很容易获取客户信赖。其次，自身有实力做到，卖点不是忽悠客户的口号，而是强有力的承诺，必须经得起市场和客户的考验。另外，一个成功的卖点必须是消费者渴望得到的，并且是可感知和可衡量的。因此，要成功地提炼核心卖点应遵循以下四大原则：确有其"实"，确有其"人"，确有其"特"，确有其"途"。

1. 确有其"实"

确有其"实"是指广告宣传的功能要名副其实，产品要确确实实具有广告所宣传的功效和属性，能真实地满足消费者的某种需求，也就是产品的核心价值必须真实可靠，不能误导、欺骗消费者。与此同时，在提炼产品的核心卖点时，确定产品的功效要直击消费者的市场需求，而不是仅以产品的功效排序来决定产品的定义。

如"海飞丝"洗发水广告宣传图（图 3-10）所展示，其核心卖点为"持续去屑"，广告中所展示的"每周""每月""每年"的去屑效果样板凸显了这一核心卖点，而使用海飞丝洗发水的消费者必须能够真实地感受到持久去屑的功效，才能使得"持续去屑"成为成功的核心卖点。

2. 确有其"人"

确有其"人"指的是产品功效和卖点必须有足够数量的消费者或潜在消费者群体，只有拥有足够数量的消费者群体，才有足够的消费需求者，产品才有开发推广的价值。产品在进行核心卖点的提炼时，必须确保这些卖点面向广大消费者，而非聚焦于极少数人进行宣传。

图 3-10　确有其"实"的核心卖点示例

"黑长直"是"女神"形象的标配之一，而现代女性，不再一味选择"离子烫"等烫发手段去获得直发效果，因为"烫"这种方法难以获得自然的直发效果，同时"烫"发的时间成本和价格成本较高，而且"烫"这种方式伤头发是普遍共识。而如图 3-11 所示的直发梳核心卖点就是一次性的"快速直发"功能，其目标群体为庞大的学生或者职业女性，早上时间紧张又有发型造型需求，因此直发梳的"3 分钟快速直发"面向的是有庞大消费群体的特定群体。

3. 确有其"特"

确有其"特"指的是提炼出来的产品核心卖点必须区别于同类产品和竞争者，需要拥有独特的产品属性。在产品同质化严重的情况下，体现产品的独特之处尤为重要。这里的"确有其特"并不局限于产品本身，也可以是传递给消费者的独特的、具有说服力的卖点，这一卖点也许同行企业和同类产品都具备，但关键是谁能先提炼出来，并让消费者认为这一特色与优势是独有的"核心卖点"。

据统计目前中国约有 290 万正畸人口，正畸人口的刷牙苦恼来自"正畸器"阻碍了普通牙刷全面地清洁牙齿。而专为佩戴牙齿矫正器病人设计的正畸牙刷能深度清洁牙齿、有效清洁矫正器托槽及钢丝上的食物软垢，防止牙菌斑堆积，在病人整个矫正过程中起到非常重要的作用。图 3-12 的正畸牙刷文案所展现的核心卖点就是该牙刷针对"正畸器"设计的"凹凸型"和"V"型深入托槽缝隙，能够紧密贴合"正畸器"。

图 3-11　确有其"人"的核心卖点示例

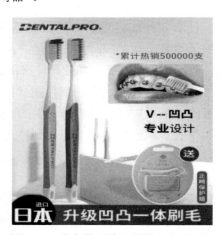

图 3-12　确有其"特"的核心卖点示例

4. 确有其"途"

"途"在此理解为传播，是指提炼出的产品核心概念必须易于广泛传播，易于理解记忆。产品核心概念的总结应该尽量避免使用晦涩拗口的学术用语，要让普通消费者看得懂、记得住，晦涩的语言只会让企业花费大量的资金对产品做无谓的解释。同时，语言要生动、亲切，富于联想。

正如运动品牌耐克的广告语"JUST DO IT"，作为一个运动品牌，耐克宣传的不是一个产品的功能，而是通过该广告语传播的体育精神，对那些希望有所突破、在运动场上取得成就的人来说，这句话是当仁不让的"第一励志格言"。

"JUST DO IT"虽然是三个英文单词，但是人人都能理解、都能复述，便于记忆和传播，如图 3-13 所示。

图 3-13　确有其"途"的核心卖点示例

3.2.3　理论优化商品卖点

理论优化商品卖点就是给商品的核心卖点进行优化升级，让核心卖点比竞争商品的卖点更加深入、更领先、更加远离产品同质化。优化卖点是指逐级提升优化卖点，将商品卖点文案由初级升级到中级，中级升级到高级，由高级升级到特级。

初级文案仅仅简单地描述产品功能。如图 3-14 所示的手机广告文案非常简单，仅写了"拍照手机"。该文案只是客观描述了产品的功能，没有特色，没有差异化，几乎任何一款智能手机都有拍照功能。

图 3-14　初级文案

中级文案则更进一步，能够展现经过提炼了的卖点文案。如图 3-15 所示的智能手机文案，同样是展示产品的拍照功能，但是它将简单的功能描述转化为卖点，突出了该手机拍照功能可以拍出"美"的效果，拍出美丽的照片就是产品的卖点。

高级文案则是具有核心卖点的文案。图 3-16 表达了产品具有的核心卖点是"1600 万柔光自拍"，正是有了这个核心卖点，才使该款手机区别于其他竞争产品。

图 3-15 中级文案   图 3-16 高级文案

而特级文案是指拥有了独特的核心卖点的文案。图 3-17 展示的是上文同一品牌手机，在新款型号的文案中，将核心卖点进一步优化为"前置 2000 万""柔光双摄"核心卖点，有了这两点，就能够将该款型号手机特色与其他品牌进行最大差异化，也与该品牌旗下其他的型号手机做了区分，这就是特级文案将核心卖点进行差异化处理的结果。

图 3-17 特级文案

3.3 卖点文案的写作技巧

卖点文案的写作有法可循，本节从已取得成功的广告文案中选取优秀案例进行分析，并归纳出了六条常用技巧。

3.3.1 使用网络流行语

"网络流行语"是一个模糊的概念，没有权威机构能够给出一个标准的定义。网络流行语从本质上来说是伴随着网民的出现而产生的一种社会语言现象，是网民通过网络创造、传播的语言，是现代汉语的一种社会变异，是一种新兴的社会方言。例如，在网络语境下 7456 不是密码，而是"气死我了"；YYDS 代表"永远的神"。在网络流行语广泛被人使用的今天，如果能将网络流行语与商品的推广文案结合起来，就能以较低的成本获得潜在客户的关注。例如，纪录片《舌尖上的中国》火了，于是，一瞬间"舌尖上的某某"也成了网络热词，各地纷纷打出"舌尖上的某某（地名）"作为宣传语，甚至连欧洲杯也被某网站做成了

"舌尖上的欧洲杯"专题（图 3-18）。

图 3-18　使用网络流行语

3.3.2　借助名人效应

名人效应是指名人的出现所带来的引起关注、强化事物、扩大影响力的效应。在新媒体崛起的时代，受众所浏览的信息量巨大，特别是在做消费选择的时候，名人的名字或形象的出现能够获取更多的关注和点击，从而提高成交的转化率。因此，在电商文案创作过程中，巧妙使用名人的名字或者相关信息能够激发潜在客户的好奇和兴趣，带来更多的客户关注、更多的点击、更多的浏览量甚至成交订单。例如，在景田矿泉水的官方微博上就有一条品牌广告宣传"××代言景田，唯美广告片正式上线"（图 3-19）。有了名人效应的加持，原本不关注矿泉水的该代言人粉丝就会因此关注"景田"牌矿泉水，甚至成为景田牌矿泉水的固定消费群体。

××代言景田，唯美广告片正式上线！

图 3-19　借助名人效应

3.3.3　巧用修饰手法

在电商文案的创作过程中，如果巧妙地使用一些修辞手法，可以增加文案的趣味性、吸引力，甚至提升转化率。电商文案创作中常见的修辞手法有比喻、双关、拟人。

比喻是在描写事物或说明道理时，将一件事物或道理指成另一件事物或道理的修辞方法，这两件事物或道理之间具有一些共同点。"被比喻的事物或道理"叫喻体，"用以比喻的事物或道理"叫喻依。用来连接喻体和喻依的词语（如"像""好像""好似""如""有如""如同""仿佛"等词）叫喻词或称比喻词，只有明喻才有喻词。如果在电商文案创作过程中将比喻的修辞手法运用得当，抓住商品和喻体之间的特征关联，就能形象生动地展现商品的卖点。例如运动鞋品牌"特步",想要突出运动鞋轻便且适合奔跑的产品属性,就将这个卖点和飞起来的轻快的感受联系在一起,创作出了"特步,飞一般的感觉"(图 3-20)这一耳祥能熟的广告文案。德芙巧克力的知名广告语"德芙,如丝般顺滑",利用比喻,巧妙地将巧克力细腻醇香的口感比喻成丝绸的顺滑质感,让人印象深刻。

图 3-20　使用比喻修辞法的文案

双关又称"一语双关",是一种修辞方法,是把词语真正的含义模糊化,使一个句子有两种或多种截然不同的意思。广告文案中运用双关修辞,可以通过文字游戏的趣味性提升文案的吸引力,同时强化受众对产品的记忆点。例如,白酒厂商"口子窖"就有一句家喻户晓的广告文案,一语双关,"生活离不开那口子","那口子"既指"口子窖"牌白酒,也指代生活中配偶。另外一个双关的成功案例就是阳光保险那句"分担风雨,共享阳光"(图 3-21)。阳光既指没有风雨的温暖晴天,当然也代指阳光保险公司的品牌。

图 3-21　使用双关修辞的广告文案

拟人是将人类的形态、外观、特征、情感、性格特质套用到非人类的生物、物品或自然事物上。在电商文案创作中将人格化的特质套用到商品上,可以为商品注入生命的活力,赋予商品人格化的思想感情,让商品形象更生动,更容易加深潜在客户对商品的印象,帮助潜在客户更加深刻地理解商品的核心卖点所在。例如,佳得乐这款能量型饮料,其核心卖点就是补充大量运动后所缺乏的碳水化合物和电解质，进行运动后的能量补充，它的广告文案就使用了拟人化的修辞手法，使得产品的核心卖点得以生动地展现："佳得乐，总是赢"。这句文案将佳得乐人格化，将饮料的人格化形象塑造为在一个在搏击场上打败了其他品牌饮料的胜利者形象。再如，奈雪的茶中秋节期间推出的"如果月饼会说话"系列文案，也是采用拟人化手法，生动形象地展现其产品卖点，如图 3-22 所示。

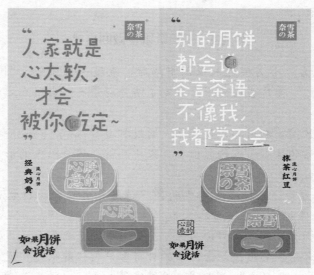

图 3-22　拟人化的广告文案

3.3.4　搭建场景引发共鸣

电商文案创作如果能够搭建出一个与消费者产生共鸣的场景，意味着该产品能够直击消费者内心，能够明确把握消费者需求，产品文案所塑造的氛围以及传递的情感能够与潜在消费者产生共鸣。把产品的核心卖点以间接的、温和的方式呈现给潜在消费者，作用于消费者的情感，能够让消费者对产品的体验和服务产生期待，从而对产品产生好感。能够引发潜在消费者情感共鸣的一个文案例子就是"香奈儿五号"香水的广告词"我睡觉时只穿香奈儿五号"，如图 3-23 所示。

钉钉文案视频

图 3-23　搭建场景引发共鸣文案

这句广告词的贡献者就是著名的美国性感女星玛丽莲梦露。这句广告词之所以能风靡全球、历久弥新，就是因为它营造出一种性感而神秘的氛围，强化了这款香水香味的特性，契合了需要打造神秘而成熟魅力的女性的心理需求。另外一个搭建场景引发共鸣的成功案例是汽车品牌"凯迪拉克 SRX"系列的广告文案，仅仅用了简单的四个字"纵横四海"，就搭建了一个无拘无束、享受探索的心理场景，对于那些热爱自由、享受旅行、热爱探索的人来说，"纵横四海"四个字所搭建的场景满足了他们心中向往无拘无束并憧憬远方的心理期待，与他们产生了强烈的情感共鸣。

案例4：横扫饥饿，做回自己

作为能量型巧克力，士力架进入中国市场后，表现一直不俗。"饿货，来条士力架！""横扫饥饿，做回自己"等广告语为用户确定了消费场景——当用户处于饥饿状态的时候，就可以食用士力架。

士力架的广告非常擅长利用场景化营销，通过打造"饥饿"场景，将用户带入到特定场景，自然而然地把产品的核心卖点传递出去，强化品牌在用户心中的形象，帮助自己确立品牌差异化、占领用户心智。

更重要的是，士力架还很擅长把自己的品牌特点与生动有趣的生活场景相融合，采用"饿炸啦""饿虚啦"等标语，激发用户诉求。

前期士力架的目标客户群体以男士为主，广告文案也是更侧重从男性角度呈现。但随着知名度的提高和消费者需求的提高，士力架的目标客户群体越来越广泛。因此在营销的过程中，品牌经常会从学生熟悉的黑板、考试、粉笔字等入手，以学生课堂上的饥饿犯困为切入点，将核心卖点灌输其中。

例如，士力架再次打造"备考"场景营销，联合作业帮 App 进行跨界营销。在作业帮 App 上，打造士力架复习者联盟线上社区，营造线上社交场景；利用作业帮的商城协同传播，进一步强化了士力架的内容传播内容效果，如图 3-24 所示。

图 3-24　士力架搭建场景引发共鸣

此外，士力架的其他广告也会将产品作为充饥的高热量巧克力棒进行创意创作，如广告中出现的唠叨的唐僧、虚弱的林黛玉、有气无力的韩剧女主，都是在为这款高热量零食找到一个消费场景。

士力架从热量型巧克力的核心卖点出发，迎合年轻用户的心理，打造营销场景，为核心卖点提供阶段性赋能，使核心卖点逐渐深入人心，最终创造出 1+1＞2 的效果。

3.3.5　图文并茂

电商文案中除了文字的表达外，图片也是不可或缺的重要元素。图片能生动直观地呈现产品外观与属性，将电商广告文案与图片结合可带来更强烈的视觉冲击，既能节省消费者文字阅读时间，又能通过图像直接传递冗长文字的核心信息，让受众更高效地接收产品卖点。

首先，在选用图片时要注意图片的格式，重点确认该格式能否在放大后仍保持清晰，避免因像素模糊影响消费者对产品细节的认知。

其次，图片的光线照明效果也很重要，好的照明效果能够增加图片的质感和层次，让产品更富有立体感，体现所呈现产品的档次。如图 3-25 所示，该图保证了超强清晰度，连戒指内圈的品牌都清晰可见；在合适的光线照明下钻石的凹凸面光彩熠熠，晶莹剔透，折射出品牌主题色蒂凡尼蓝，尽显优美高档质地。

最后，除需确保清晰度与充足照明等基础条件外，更需注重创意与内涵的融入，因为好的创意能激发潜在消费者对产品的好奇心，丰富的内涵则能提升信息传递的趣味性，二者协同作用可有效抓住消费者注意力，促使其主动深入了解产品与品牌。例如图 3-26 中某快递公司的创意广告图片：快递员正在地面绘制街道示意图协助警察，这一画面直观传递出"配送人员对负责区域位置了如指掌"的核心信息，消费者能快速理解该品牌快递员的专业素养。

图 3-25　广告图片的光线照明效果

图 3-26　广告创意图片

3.3.6　虚实结合

一个好的品牌，一定既要有实卖点，又要有虚卖点，只有虚实结合才能成就一个品牌。实卖点是指产品本身具有的、可以直接被消费者所感知的特点和优势，如手机的像素、电脑的处理器等。实卖点是产品本身的属性，不需要过多的宣传和解释，消费者可以直接看到、感觉到或者了解到。

而虚卖点则是指产品所具备的，需要通过品牌形象、企业文化、个人感受等方面的宣传和塑造才能让消费者产生认同和购买的卖点。例如，"葵中之皇，口口留香"属于虚卖点，需要去感受才能体会，而这种体会可以改变消费者对产品的认知，如图 3-27 所示。

图 3-27　虚实卖点（1）

虚卖点相当于是设计和绘画中的留白，适当的留白能给消费者以想象的空间，让消费者自己去体会。

例如，金龙鱼"1:1:1"是实卖点，消费者能直接感知到该产品是调和油，而黄金比例、平衡营养、科学好油就是虚卖点（图 3-28）。

图 3-28　虚实卖点（2）

虽然这些虚卖点看不到、摸不着，但能改变消费者的认知。例如，跑山猪的宣传中，"在海拔 1000 多米的大山里养足 300 天"是实卖点，可感知可验证，而"在大山任由奔跑，每一只猪都练出完美曲线"，这就是虚卖点，它可以加强消费者的对跑山猪的理解和认知。

3.4　"一句话"卖点的创作

在信息爆炸的时代，用户在每条信息上的停留时间极为短暂，当他们在商品琳琅满目的电商平台上浏览文案时，往往只在页面停留几秒，能接收的信息量极其有限。即便是长篇文案，真正被用户捕捉和记住的通常只有标题或几个关键词。既然如此，为何不直接用一句话精准概括产品核心卖点呢？这种"一句话营销"既能适应碎片化阅读场景，又能确保关键信息穿透信息噪音，实现高效传达。

3.4.1　创作原则

众多朗朗上口、令消费者脱口而出的一句话卖点文案都遵循了"一个价值点+一个触动力"的创作原则。基于此原则创作的文案能凸显商品的卖点，简明扼要，让消费者过目不忘。其中，"一个价值点"是指核心品牌价值，"一个触动力"是指能作用于消费者情感和记忆的核心卖点。含有"一个价值点+一个触动力"的卖点文案往往短小精悍，令潜在消费者印象深刻。消费者能脱口而出的广告文案几乎都是"一个价值点+一个触动力"的体现，例如"特步，飞一般的感觉""太太口服液，让女人更出色！""有汰渍，没污渍""立白洗衣粉，不伤手的洗衣粉"。

3.4.2　创作技巧

特仑苏文案视频

要想创作出成功的一句话文案，达到触动消费者情感，引发消费者兴趣，需要合理地使用文案写作技巧。写好一句话文案需要用到以下四个方面的写作技巧：

第一，通过文案建立商品与消费者的联系；第二，文案简短有力；第三，文案传递出的情感要真挚自然；第四，好的一句话文案要展现产品给消费者带来的好处和效果。下面逐一展开介绍。

（1）通过文案建立商品与消费者的联系。在琳琅满目的商品广告文案中，在各种电商平台被广泛使用的今天，消费者为什么会在快速刷屏过程中为一份广告文案多停留几秒，是什么勾起了消费者的好奇心呢？显然，多数人在多数场景下，面对与自身无关的事物时会采取忽略态度，他们更倾向于关注与自身相关的事物。这种选择偏好符合人类本能的信息筛选机制：人们只会为与己相关的内容停留。即便是在为他人挑选商品的时候，也是在完成自己的社会角色，维护自己的社会关系，所以在浏览扑面而来的电商文案时如果能看到和自身相关的信息，自然会多停留几秒，花时间多看几眼。

以"立白"洗衣粉的广告文案为例，"立白洗衣粉，不伤手的洗衣粉"，这个文案的目标客户群就是需要手洗衣服的人群，这样一个客户群体除了考虑衣服要洗得干净以外，也关心自己的手在使用洗衣粉时在多大程度上会受到损伤，而"立白"洗衣粉直接打消了洗衣粉用户群体对手部损伤的担忧，在意自己的手部美观和护理的人群更是能在第一时间感受到自己和产品之间的联系。

"睡在山海间，住进人情里"是全球短租公寓平台爱彼迎（Airbnb）广告文案（图 3-29），这句文案前半句在告诉文案阅读者，爱彼迎平台提供的短租公寓具备亲近自然的优势，后半句说的是旅客喜欢山林大海的居住环境，但并不是喜欢野蛮落后的无人区，而是希望自己能够在享受山林大海的同时，能够便利地生活。这一句文案立马能帮助寻找旅途中的短租公寓的旅客联想到自身的需求，既要享受自然，也要享受人性化的服务，让文案读者有一种"你懂我，你说出了我的需要"的感受。通过该文案，客户和产品产生情感上的关联。

图 3-29　建立商品和消费者联系的文案

（2）文案简短有力的核心在于用最少的文字传递商品最核心的价值。例如耐克"Just Do It"与阿迪达斯"Impossible Is Nothing"（图 3-30）这两个经典案例，均以三个英文单词构成宣传文案，实现了理解零门槛与受众全覆盖。这类文案之所以能成为业界标杆并广泛流传，根本原因在于其"短而有力"的特性，极简的表达形式反而强化了记忆点，使核心信息更易穿透信息噪音，最终被记住、被传播、促成购买。

IMPOSSIBLE
IS NOTHING

图 3-30　简短有力的文案

（3）文案传递出的情感要真挚自然。广告文案的实质是商家把希望传达给客户的产品信息以书面的形式呈现给广告文案的受众，既然是话语，只有饱含诚挚的情感，才能在情感上进引起用户共鸣，进而在认知上认可广告文案传递的商品讯息。Keep 是国内一款新兴的运动 App，包含健身教学、跑步、骑行等功能，该品牌的核心价值理念就是倡导运动，提醒用户保持健身习惯，它的广告文案中有一个系列展现的就 是 Keep 的运动理念宣传语出现在日常生活中的各种场景。

图 3-31 左边展现的场景就是两位好友吃完饭抢着刷卡，以此来表达对彼此的感情，这时出现 Keep 广告宣传语"吃饭谁刷卡不重要，能刷卡路里才重要"，语言简单直白，没有过多修饰，但是表现出来朋友之间如果真的对对方有感情，就会关心对方的健康，"能刷卡路里"代表要提醒好友，保持运动习惯，关注健康生活方式，该文案传递出朋友间友情的标准不是谁花钱，而是是否有诚挚的关怀。图 3-31 右边的场景是两个一起成长一起变老的闺蜜，在买菜途中相遇，这时出现 Keep 广告宣传语"闺蜜有多好，打卡打到老"，这句文案也很简单通俗，但是所传递的出的是贴心的关怀，那就是提醒闺蜜朋友，不论年纪多大，也要保持运动打卡的习惯。一起变老的闺蜜的友谊，除了体现在一起买菜、一起讨论家务，也体现在提醒对方健身、一起保持身心健康，这句文案传递了对中老年女性的生活方式和身心健康的关怀和引导。

图 3-31　传递情感的文案

（4）好的一句话文案要展现产品给消费者带来的好处和效果。除了与文案读者建立联系、语言简短有力、感情真挚以外，最终能让潜在消费者变成愿意买单的消费者的关键因素，是要通过文案让潜在消费者在价格上觉得"划算""赚到了"，在产品属性上感受到自己的诉求得到了满足，即产品给消费者带来的好处和效果。但是，切记在撰写广告文案时，不能夸大其词，如果消费者发现实物与文案不符就会起到相反的效果。文案撰写者不能为了博取眼球，杜撰与产品实际属性不符合的特征，国家法律对此也有明确规定。例如，步步高点读机的广告文案"哪里不会点哪里"，很好地体现了产品对于消费者需求的满足。又如，图 3-32 所示的国内某电商平台一款面膜广告文案，在图片上的文案可以看到两个主要信息，一个是产品的效果"多效补水 周期修护"，这就是告诉潜在消费者，使用这款面膜，面部可以得到补水和修护的效果。文案另外一个凸显的信息就是促销活动的持续时间，传递出来的讯息就是在这个时间段内消费会享受到更为优惠和划算的价格。

图 3-32　给消费者带来好处和效果的文案

📋课后练习

习题一：请结合下图中的电商文案，说明核心卖点的四大原则是如何体现的？

习题二：请为以下四个产品分别创作一句话文案。

产品一："大峡谷"牌帐篷

产品二："必胜"牌扫地机器人

产品三：亚马逊自营保险箱

产品四："巴比丽丝"牌卷发器

第 4 章　电商文案的标题优化

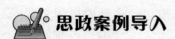

思政案例导入

"冰墩墩"何以征服世界？

2022 年 2 月 4 日，北京冬奥会的开幕仪式引爆了一场冰雪经济："中国式浪漫"刷屏朋友圈，得到世界各国人民的盛赞；胖鸽子灯、虎头帽售罄；吉祥物冰墩墩成为"新晋顶流"，在国内"一墩难求"。周边卖到断货，冬奥会的带货能力不容小觑。

近几日，超百万网友涌入天猫奥林匹克官方旗舰店，售价 88 元的冰墩墩被一抢而空。"前一秒还显示有库存，后一秒就提示已售罄。"不仅线上上架即售罄，线下也是一墩难求。在王府井工美大厦门口，排队购买冰墩墩毛绒玩具的队伍超过 1 千米。据工作人员介绍，该玩具每天只限量供应 300 个，每人限购一个，早上开门就已售罄。

"冰墩墩"等冬奥商品的火爆，是中国文化软实力持续提升的成果，也是民族自豪感、自信心的彰显。北京冬奥会吉祥物"冰墩墩"将熊猫形象与富有超能量的冰晶外壳相结合，体现了冰雪运动和现代科技特点。"冰墩墩"霸屏不仅因为它萌，更因为它的背后是北京冬奥会的热度和中国科技的"硬度"，是人们冬奥热情的一个出口。它超酷的外壳、超强的运动能力，承载了中国人"科技强国""体育强民"的希望。它传递了中国人美美与共、"一起向未来"的心愿。

与此同时，很多品牌也借机将特许商品加入品牌营销，当然仅限于北京 2022 冬奥会的官方合作品牌。例如北京冬奥会官方合作伙伴百胜集团旗下的品牌肯德基和必胜客就纷纷推出相应奥运套餐，例如肯德基文案标题为"冲啊！冬奥——跟着冰墩墩为冬奥加油"，消费者买套餐即可得冰墩墩周边，周边一时间也被抢购一空。"北京冬奥会官方合作伙伴伊利助你实现'一户一墩'"这样的文案标题，借助"冰墩墩"的"名人效应"进一步扩大了品牌的影响力。

由此可见，巧借社会热点是打造电商文案标题的创作技巧之一。好的电商文案标题对消费者有足够的吸引力，能激发消费者的购买热情。什么才是一个好的电商文案标题呢？本章将介绍电商文案标题的常见类型和创作技巧，以及撰写电商文案标题的注意事项，以帮助电商文案创作者有效、快速、富有创意地撰写电商文案标题。

学习目标

- 了解电商文案标题的常见类型。
- 熟悉优秀电商文案标题的特征。
- 掌握电商文案写作常见误区。

4.1 电商文案标题的常见类型

大卫·奥格威的经典著作《一个广告人的自白》里面有一句话，读文案标题的人比读文案正文的人多 4 倍。也就是说一个标题的价值是整个电商文案的 80%。尤其在互联网时代，信息呈现大爆炸以及碎片化的趋势，标题和正文的阅读量差距会更大。文案的标题是电商文案给消费者的第一印象，很大程度上决定了商品销售的成功或失败。一个好的电商文案标题，能够瞬间为这篇文案定下基调，渲染出感情，挑起人的阅读欲望。以下介绍八种经过市场检验且行之有效的常见电商文案标题。

4.1.1 宣事式标题

宣事式标题又被称为直言式标题，是目前采用较多的一种电商文案标题形式。其特点为如实地将电商文案的内容简要、直接展示给消费者，使消费者一目了然地了解电商文案的意图。此类标题多用于促销活动文案、商品上新文案等文案类型。此类标题的写法平实自然但往往新意不足，因此文案创作者在选用此类标题时，可以适当添加一些新颖的修饰词语，来吸引消费者的注意。

如图 4-1 所示，某童装品牌电商文案标题"舒舒 hǔ 虎过大年"，就是宣事式电商文案标题，文案巧妙地使用了谐音，不仅突显了虎年春节热热闹闹的情景，也生动地体现了童装品牌服饰亲肤柔软的特征，充满童趣，生机盎然。

图 4-1　宣事式电商文案标题

类似的宣事式电商文案标题还有不少。如天猫"双十一"全球狂欢节"全球好货，一折起抢"，通过"全球好货"和"一折起抢"这两个关键词，突出天猫"双十一"促销活动的全球性和价格优势；小米 MIX 3"重新定义全面屏"，通过"重新定义全面屏"这一表述，突出小米 MIX 3 手机在设计和性能上的创新；亚马逊会员日"畅享无限，只为更好的你"，突出亚马逊会员日的权益和价值，吸引消费者成为会员并享受更多优惠。

4.1.2 新闻式标题

新闻式标题采用正式、权威的语言报告最近发生的事情，多用于产品重大新品发布或者公司新措施告知等。新闻式标题具有如下几个特点：一是突出时效性，标题中常常会出现

"新""推出""即将""现在"等词汇；二是着重真实性，标题包含的信息必须是真实可靠的，能够获得消费者信赖，甚至要获得二次传播；三是力求简明性，简洁明快的标题可以巧妙地抓住消费者的视线，便于其用较少的时间获得较多的新信息。

如图 4-2 所示，"Harmony OS 鸿蒙操作系统及华为全场景新品发布会"就是常见的新闻式电商文案标题，它具备新闻简短、正式、权威可靠的特点，向消费者宣告企业的重大成果及产品，引发消费者的好奇心，告知消费者鸿蒙操作系统作为中国自主研发、面向 5G 物联网、面向全场景的分布式操作系统，标志着中国打造的操作系统在技术上是先进的，并且具有逐渐建立起自己生态的成长力。它一经问世，在全球引起巨大反响。

图 4-2　新闻式电商文案标题

新闻式电商文案标题在日常生活中较为常见，如"全新苹果手机，6 月全线登录中国""画质轻旗舰　小米电视 ES 2022 款新品发布会"等都属于介绍新闻式电商文案标题，这类标题特别能够吸引忠实"粉丝"如"果粉"（苹果公司电子产品的爱好者的昵称）"米粉"（小米品牌的粉丝团亲称）的青睐，并能有效地二次传播，扩大影响力。

4.1.3　提问式标题

提问式标题是通过发问来引起消费者的注意，从而促使消费者产生兴趣，启发消费者思考。提问是一种最快激起消费者求知欲的方式，被提问，消费者就会想知道答案，想知道答案就会点击文案标题。文案创作者如何提问是关键，所提出的问题要能引发消费者共鸣或隐含消费者想知道的答案。提问式标题的具体方式可以是设问句，如某鼻炎喷雾标题文案"如何用 10 秒钟，把堵塞的鼻子变通畅？用它喷一喷，舒服一整天！"，通过自问自答，激起消费者对该款鼻炎喷雾疗效的兴趣；也可以是反问句，如某防滑眼镜标题文案"你没戴过？在北京它已经很火了，出汗不滑，狂甩不掉！"，刺激运动爱好者的购买欲望。

如图 4-3 所示，某维生素功能饮料海报推广文案"累了困了 喝东鹏特饮"就是一个典型的提问式标题。首先提出问题"累了困了怎么办？"引发消费者的关注，一招击中消费者痛点，然后顺其自然地给出消费者"喝东鹏特饮"的解决方案，在无声中完成一次交流互动，促使消费者购买行为的发生。类似的文案还有"怕上火，喝王老吉""为什么海澜之家从来不打折？""凭什么'买 3C 信京东'"等等。

图 4-3　提问式电商文案标题

4.1.4　悬念式标题

悬念式标题是指通过设置悬念，利用消费者猎奇心理，诱发消费者追根究底，进而达到推广宣传的目的。前文提到的悬念，是叙事性文学常用的一种表现手法，到了某个关头，故意停住，设下卡子，对矛盾不加以解决，让读者对情节、对人物牵肠挂肚，以达到吸引读者的目的。最后通过解悬，使读者恍然大悟或顿开茅塞，产生强烈的艺术感受。因此，悬念式电商文案标题的设计是能够让人琢磨的、引发大家思考的。通过设悬，激发起消费者的关注情绪，通过解悬，使消费者记住了商品信息。

图 4-4 中写着"任性调"的悬念广告一经出现，即引发网友创作猜想争相揭晓品牌。"任性调"分分钟被网友"玩坏"，"#我出钱，你任性#"话题火爆，持续 24 小时占据新浪微博热门话题榜 Top6，阅读量超 6000 万。最后，悬念揭晓，这则广告是 TCL 空调、京东这一对"任性兄弟"的携手之作，目的是给新推出的网络定制智能空调制造关注度。

图 4-4　悬念式电商文案标题

4.1.5　对比式标题

对比式标题是指通过与同类商品对比，突出自身产品的优点或特色，从而加深消费者对产品的认知，并引起消费者的兴趣。写好对比式标题的关键在于选择消费者重视的点，可以通过数字对比、矛盾比较、超出常识等方式来进行比较，对比越强烈，消费者浏览具体的内容或者购买商品的可能性就越强。例如，统一润滑油的广告文案"多一些润滑，少一些摩擦"，通过对比突出产品优势，增强说服力，进而促进购买。

图 4-5 是汽车品牌奔驰的视频文案标题 "the best or nothing"（要么最好，要么没有），短片开始是一个老设计师在构思奔驰的性能和外观，画面从古代车辆一直到现代车辆，最终

转化成为奔驰的酷炫车辆。这句文案利用两个极端作对比，展示了该汽车品牌对于质量精益求精的态度，品牌的完美主义和强大自信一览无余。

图 4-5　对比式电商文案标题

4.1.6　恐吓式标题

恐吓式标题通过恐吓式的案例或者内容直击消费的痛点，这种推广方式更加直接，往往能够有效地形成内心指导，从而把产品推向客户。恐吓型标题可以适度夸张，但并不意味着可以无限放大，否则容易招致用户反感。

图 4-6 为某除醛的品牌使用"关于室内污染你知道多少？空气污染有害健康，你还能忍？"这样的标题引发消费者对室内有害气体污染的关注，使消费者产生危机，直击消费者痛点，进而产生因健康需求而购买的行为。类似的标题有某洗衣机广告"你知道吗？洗衣机比马桶脏 64 倍，也许你正在使用这样的洗衣机……"，使用具体的数据，突出洗衣机不清理的危害，接着介绍该品牌的特色——洗衣机桶的自洁功能；某床垫品牌的文案标题 "一生有三分之一的时间，是在床上度过的，为什么不选个好床垫呢？"，其中"三分之一"突出睡眠在人生命中的重要性，好床垫是健康睡眠的保障，进而吸引消费者注意力。

图 4-6　恐吓式电商标题文案

4.1.7　盘点式标题

盘点式标题通常是用来总结一系列事物或情况的标题，它是技巧或经验的总结性分享，是大量信息浓缩的精华，归纳总结性强。消费者可以快速从文案中获取有用信息、经验和技能，省时省事，因此更容易增加阅读量、收藏量和转发量。盘点式标题通常有以下特征：一是使用数字，例如，"2022 年十佳国产电影"；二是使用形容词，例如，"目前最值得入手的 4 款手机"；三是实用性强，例如，"最适合三伏天吃的 8 种菜，越吃越精神，健康度夏！"

这类标题目前在公众号文章标题中极为常见。图 4-7 所示的两个微信公众号常常使用盘点式标题进行产品推广，标题有效使用数字和形容词，实用性强，易受到消费者青睐。

图 4-7 盘点式电商标题文案

4.1.8 话题式标题

话题式标题中包含争议性、新鲜感、趣味性、情感共鸣等元素，能够吸引消费者参与讨论和分享。当"狂飙""多巴胺穿搭""淄博烧烤"等热门话题出现时，引起了广泛的讨论和热烈追捧。这些话题也频频出现在各媒体、公众号、广告等标题之中，有效地抓住了消费者眼球，激发了其阅读兴趣，从而提升了阅读量和曝光度。例如，随着"多巴胺穿搭"这股热风不断上涨，餐饮、零售、美妆等行业都开始借势"多巴胺穿搭"。瑞幸、库迪等茶饮推出"多巴胺"系列茶饮，老乡鸡发布"多巴胺餐饮人"视频。

图 4-8 所示为"狂飙"大火之后，不少电商平台店铺直接打出的"高启强同款""《狂飙》同款"的标语，更有不少商家直接附上"读孙子兵法，品启强人生""与其羡慕别人，不如提升自己"等等营销口号，致使《孙子兵法》曾一度登顶淘宝搜索，销售呈几十倍上涨。

图 4-8 话题式电商标题文案

案例1：万物皆可"多巴胺"

2023 年夏天，最火的梗无疑是"多巴胺"了！

自从某博主在 6 月初发布了一系列色彩鲜艳的同色系穿搭视频后，由于其缤纷的色彩、洋溢的青春活力、夏日搭配等因素，"多巴胺穿搭"迅速蹿红，各大社交媒体上的博主达人们纷纷跟风效仿，甚至影响到不少品牌方等官方账号参与其中，分享不同主题的"多巴胺穿搭"。

一个多月来，"多巴胺"和相关词的热度也持续上升：抖音包含"多巴胺××"的话题中，有 6 条播放量超过 10 亿次，小红书上也有超 452 万篇相关笔记，"多巴胺"已成为新的流量密码。除了"多巴胺美甲""多巴胺文案""多巴胺妆容""多巴胺女孩"等"多巴胺"衍生词不断出现外，食品饮料品牌们乘风而上，"多巴胺餐饮、多巴胺饮品、多巴胺零食"等标签也相继出现。

自带多巴胺"基因"的茶咖酒

夏日炎炎，要说与"多巴胺"的明亮色彩最为适配的，当属各式茶饮咖啡。现制茶饮的主要食材多为当季鲜果，这与"多巴胺"中常用的高明亮的色彩相呼应，各家茶饮品牌也没有错过这一优势，纷纷行动起来。

益禾堂打出"冰爽创造多巴胺"的标语，推出奶砖系列，包含芒果、莓果、抹茶等"红绿灯"三色口味，上线 9 天销量便超过一百万杯。奈雪的茶推出"冰酪酸奶系列"，打造夏日多巴胺配色酸奶。古茗则上新"甜心芭乐葡"，主打红心芭乐，谐音"满屏多巴胺能量"，饮品为清爽的粉青配色，如图 4-9 所示。悸动烧仙草与 Oatly 联名线下快闪店"多巴胺果力铺"，一站式打卡、拍照、饮用、参与到夏日多巴胺氛围中。

图 4-9　益禾堂、奈雪的茶、古茗的"多巴胺"

应季水果的酸甜可口，赋予现制茶饮们丰富的味觉体验，可刺激体内多巴胺的生成，其缤纷的色彩也能提供视觉享受，能给人愉悦感。

咖啡饮品对"多巴胺"的借势则更为直接。

6 月 14 日，瑞幸咖啡率先提出"多巴胺冰咖"概念，在现有产品矩阵中，选择色彩不同的六款果咖组成"多巴胺冰咖"系列，既有冰咖橙 C 美式撞明亮橙、也有青提拿铁撞清新绿，并搭配对应色系拍摄全新宣传图，稳稳拿捏了"多巴胺"风格的精髓。同时，瑞幸还在小红书上发起"色感挑战"，加深与用户的色彩互动，拉满多巴胺氛围，如图 4-10 所示。

图 4-10　瑞幸咖啡的"多巴胺"

　　星巴克则推出全新 Pink Drink 生咖系列，采用芒果、火龙果、草莓等多巴胺水果与生咖搭配，产品包含粉粉生咖、粉莓柠力生咖、幻紫生咖、芒紫柠力生咖，从原料到色彩到命名都狠狠把握"多巴胺"概念，在带来味蕾和精神双重快乐时，也让消费者愿意晒图打卡。

　　百加得推出"多巴胺夏日莫吉托"活动，官宣了四大彩色莫吉托的多巴胺调酒公式，引发人们打卡参与不一样的莫吉托体验，如图 4-11 所示。

图 4-11　星巴克、百加得的"多巴胺"

餐饮品牌的多巴胺"争奇斗艳"

　　多巴胺的概念范围广，各个品牌秉承"谁还没有个多巴胺美食"的想法，纷纷参与这场多巴胺联欢中。

　　"十级网上冲浪选手"老乡鸡在 6 月初就在 B 站发布短视频《五颜六色的老乡鸡，多巴胺餐饮人》，西瓜生椰、番茄炒蛋、农家蒸蛋等经典单品成为员工的穿搭主题，甚至连品牌色工服都上镜了。

　　中华老字号陶陶居酒家以"多巴胺茶点"参赛，宣传牛油果蜜柚酥皮包、红玫瑰核桃包、流心脆蜜紫薯果等多款色彩艳丽的粤式点心，实现眼福口福双满足。

　　哥老官则转行做起美食博主，将锅底红、啤酒黄、毛肚黑、腰片粉、黄喉白等食材集合，凑齐一桌"多巴胺火锅"。汉堡品牌 S19st.食个堡推出"多巴胺 mini 汉堡"，将面包胚换成黑色、红色、绿色的，激发消费者打卡试吃的兴趣。

　　当然，餐饮店铺的"多巴胺"不止于从菜品上玩花样。6 月 9 日，好利来开出北京首家粉色主题店，从门店装修到内部装潢，再到店员着装、纸袋包装、购物托盘、限定单品等细节配色，统一为多巴胺粉，甚至连小票都是粉色的，深度参与多巴胺粉的氛围，如图 4-12 所示。

图 4-12　哥老官、S19st.食个堡、好利来的多巴胺

4.2　优秀电商文案标题的特征

电商文案的标题就跟人的名字一样重要，是展现给他人的第一印象。当消费者在寻找他们所需要的商品时，商品标题是吸引他们的第一要素。只有吸引了消费者的注意力，才能激发他们对产品的兴趣，进而达到销售的目的。那么，什么样的标题才能吸引消费者呢？总的来说，一个优秀的电商文案标题应包含以下五个特征：

4.2.1　主题鲜明，卖点突出

标题是文案内容的高度概括，将文案的核心直截了当、清晰明了地展现给消费者。通过标题，消费者能快速获取文案的主要内容和信息，并确定是否符合自身需求，从而激发购买欲望。因此，标题必须切合文案内容，而且要足够鲜明。如图 4-13 所示，海飞丝洗发水的文案标题为"头屑无处藏　雾霾无所惧"，非常清晰地展示了其洗发水的主要功能就是去屑和防雾霾，消费者一看便知是不是自己想要的产品。此类主题鲜明，突出卖点的经典标题还有很多，例如，"娃哈哈钙奶，营养又补钙""全面守护，360 度无死角""神州热水器　安全又省气"等等。

图 4-13　主题鲜明，卖点突出的标题

4.2.2　简明扼要，直击痛点

文案标题需简明扼要，尽可能用简短的语言有效地将文案主题、中心思想和关键词融为一体，并合理使用字、词、句以及标点符号。任何复杂的词汇和冗长的句子都可能使消费者感到枯燥乏味，失去阅读兴趣，那么标题就失去其意义了。

图 4-14 为美的变频空调的文案标题："一晚 1 度电。"众所周知，消费者使用空调的最大痛点之一就是费电，而美的告诉消费者"一晚只用 1 度电"，将产品的价值简单明了地直接展现出来，消费者一看就知道美的空调的卖点何在。九阳空气炸锅的标题"无油无虑　悦享健康"与之有异曲同工之妙。

图 4-14　简明扼要，直击痛点的标题

4.2.3　诚实守信，实际益处

诚实守信是人类提倡的美德之一，在商品交换中尤为重要。好的文案标题应当是诚信的，不隐瞒真相、不做假。诚实守信且能给消费者明确的利益承诺的广告更容易受到消费者的青睐。例如，如图 4-15 所示，"书亦烧仙草　半杯都是料"这个文案标题，不仅直白精简而有画面感地道出了品牌的精髓，更是展现出了"半杯都是料"的产品品质，让人看到就觉得实惠。只要见过这则广告标题的消费者，即使是从未消费过的新用户，想喝奶茶的时候，可能脑海中就会条件反射性地联想到"半杯都是料"这样一家实惠的店铺。

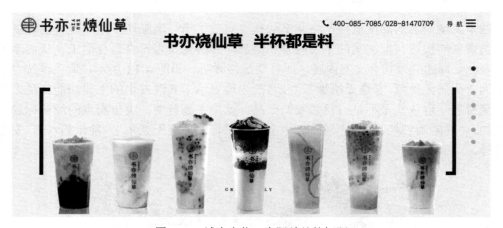

图 4-15　诚实守信，实际益处的标题

4.2.4　彰显个性，人无我有

功能、功效反映出了一个商品所能产生的意义，也让客户更直观地感受到与其他产品的区别，同时商品的功能和使用效果也是消费者十分关心的问题。因此，文案标题需要符合商品的个性，找出商品中有竞争力的功能，并突出这个功能。否则，一个平淡无奇、毫无特色的标题，很难激发消费者好奇心，也很难给消费者留下印象。

例如，OPPO 手机 R9 系列"充电 5 分钟　通话 2 小时"的标题，突出了其充电快续航时间长的功能特点，因而被消费者熟知，提高了品牌知名度，促进了品牌销售。又如，华为 Mate 50 系列发布（图 4-16），"北斗卫星消息　仰望星空之旅"的标题狠狠地抓住了消费者的眼球，因为搭载了一项"向上捅破天"技术，此系列手机成为业界首款支持北斗卫星消息的大众智能手机。这就意味着，用户即便在荒漠无人区、近海遇险、地震救援等无地面网络信号覆盖的极端环境下，也能随时通过畅连 App，将文字和位置信息发出求助，并支持多条位置生成轨迹地图，给广大用户时刻带来十足的安全感。华为 Mate 50 系列手机因其独特而实用的功能，一经发布，受到广大消费者的追捧。

图 4-16　彰显个性，人无我有的标题

4.2.5　契合网络，紧随热点

契合网络，紧随热点主要包含两个方面的内容：一方面标题要契合网络搜索引擎优化（Search Engine Optimization，SEO）的结果，另一方面标题要契合网络文化。

在搜索为王的网络时代，搜索引擎营销成为主流方式。在电商网站中，商品是否能被买家搜索到，主要取决于商品的标题关键字与买家搜索关键字的匹配程度和宝贝标题的规范性，也就是说，搜索引擎通过买家搜索和卖家标题匹配度来推荐商品。符合 SEO 标准的标题有利于提高商品在买家面前的呈现率，从而提升点击率和转化率。所以创建标题的时候就必须考虑 SEO 对于标题的相关标准：首先是标题字数不要超过 30 个字，其次是合理设置标题关键字，最后标题要简单直接、突出卖点，这样才能容易被搜索到，才能增加店铺流量。例如，"【三只松鼠_量贩夏威夷果 500g】奶油味健康零食特大干果坚果"。

网络文化是指依托于互联网和数字技术产生和发展的一种文化形态，包括文化观念、文化方式、文化产品、文化活动等内容。网络文化具有其独特的文化特性，如娱乐化、小众化、碎片化、草根性、互动性等。电商文案标题需要契合网络文化和网民心理特征，利用网络流行语、网络话题或相关的网络红人来吸引网络受众的关注。例如，在双十一"你争我抢"的内卷氛围里，卫龙紧随热点，选择了"佛系"躺平。在情绪焦虑的当下，卫龙采用佛系的躺平姿态和消费者站在同一战线上，使用"下单就是缘""你买或不买，辣条都在，不悲不喜""全都不贵，佛系面对"等一系列标题，既戳中了打工人的同理心，也赢得了消费者的共鸣，如图 4-17 所示。

图 4-17　契合网络，紧随热点的标题

案例 2：话题出圈，引领国潮生活方式

2023 年的暑期档电影中，《长安三万里》给全国影迷留下了深刻的印象。影片讲述了在唐代长安城，两个性格迥异、境遇悬殊的好友（高适和李白）共同经历人生起伏、面对挑战，最终实现自我成长和蜕变的励志故事。可是，提到诗仙李白，怎么能没有酒？在电影之外，熊猫精酿借势带来与《长安三万里》的联名——"把酒言欢荔枝玫瑰啤酒"以及系列周边，与电影所传递的"赋诗高歌、御马迎敌、把酒畅饮的大唐气魄"高度契合。

在电影赢得更多票房和口碑之时，熊猫精酿也借势通过线上与线下结合的方式，多场景触达消费者。在线上，熊猫精酿全面布局新媒体矩阵，通过图文、视频、直播等方式，让联名产品实现多重曝光。在线下，熊猫精酿 21 家门店展开与电影相关活动，不仅搭建了与电影主题契合的场景，还积极展开了一系列"背诗送酒""大唐礼仪学习"等文化活动，如图 4-18 所示。

图 4-18　紧随热点的文案标题

熊猫精酿始终坚持传递中国文化，从酿造口味到品牌文化上均注入了中国元素。如今，国潮已经成为一种具有世界影响力的潮流文化，此次熊猫精酿与《长安三万里》合作也是国潮文化上的强强联合，同时熊猫精酿也进一步夯实了在目标消费者中的国潮文化品牌地位。

4.3　电商文案标题写作常见误区

电商竞争越来越激烈，想要增加销量就要增加店铺访问量，好标题就是增加店铺流量的主要密码。很多卖家不清楚在撰写电商文案标题时要注意哪些问题，因此，尽管花费了很多心思去创作文案标题，但效果并不理想，访问量寥寥无几。一般来说，在电商文案标题写作中，常见的问题主要包括以下四种。

4.3.1 "标题党"，文案与实物不符

"标题党"是指在以互联网为代表的论坛或媒体上制作引人注目的标题来吸引受众注意力，点击进去发现内容与标题落差很大而又合情合理，以达到增加点击量或知名度等各种目的的网站编辑、记者、管理者和网民的总称。简而言之，即发帖的标题严重夸张，帖子内容通常与标题完全无关或联系不大。

对于电商文案而言，吸引受众的目光从而令其产生消费行为是其主要目的，而标题作为文案的重要部分自然需要承担吸睛的任务，引发人们的阅读兴趣从而达到广告的效果。因此，在电商领域，部分文案标题也存在"标题党"的情况，标题和产品严重不相符，只为赚取消费者眼球和点击率。需要注意的是：不仅读者会反感"标题党"，一经举报和核实，还会受到相关平台的处罚。

4.3.2 违禁词、敏感词滥用

违禁词是指具有夸张虚假宣传、弄虚作假、不切合实际等特征的词，一般出现夸张的广告语当中。敏感词是指带有敏感政治倾向（或反执政党倾向）、暴力倾向、不健康色彩的词或不文明语。

《广告绝对化用语执法指南》

一些商家为了快速吸引消费者注意，可能在标题中添加一些违禁词或敏感词以博眼球。电商平台带有审查过滤功能，如果标题中含有违禁词或敏感词，就会将整个标题过滤掉，用户就无法搜索到相应的文案信息了。而且，我国《中华人民共和国广告法》《互联网广告管理办法》以及《广告绝对化用语执法指南》等广告相关法律法规也已明确了互联网广告制作及发布的要求，如果违反规定会受到相应处罚。"国家级""高仿""最低价""全网第一"等都属于违禁词类。

案例 3：新《广告法》下的处罚案例

2018 年 11 月 15 日，金瓜子科技发展（北京）有限公司因在广告中使用瓜子二手车"创办一年、成交量就已遥遥领先"的不实宣传语，被罚款 1250 万元。

2021 年 10 月 31 日，吉利汽车集团在杭州湾研究总院举办了"智能吉利 2025——吉利龙湾技术荟暨全球动力科技品牌发布"活动上，多次使用了"国家级"等极限词字眼来对其品牌产品进行宣传广告。宁波市市场监督管理局于 2022 年 8 月 17 日对宁波杭州湾新区吉利汽车销售有限公司进行处罚决定，罚款 60 万元。

2023 年广东百易信息技术有限公司通过自设 App "百易宝"，在首页发布有"手机号码测算""万灵预测：可测万事万物""车牌号测算：行车安全必看"等广告；对商品"九星除煞钱"，发布"可以化解是非"广告；对商品"梅花钱挂件"，发布"可以去假好人"等广告。当事人通过互联网媒介发布含有迷信的用语，宣扬风水、命相等思想，与社会主义精神文明建设格格不入，有违社会公德，并以此销售了商品和服务，被罚款 30 万元。

2023 年北京青颜博识健康管理有限公司为推销其商品，发布内容为"老公气我，喝！熬夜追剧，喝！又老一岁，喝！胶原蛋白流失快，五个女博士补得更快。喝五个女博士，都是你们逼的！"的广告，违背社会良好风尚。北京市朝阳区市场监督管理局查明并认定其行为违

反了《中华人民共和国广告法》有关规定，依法对其作出罚款 40 万元的行政处罚。

4.3.3　标题无区分度

在同质商品较多的店铺中，往往容易出现一种情况，就是将同一标题应用到类似的商品中，使这些商品标题变得高度相似甚至完全相同。使用同一标题虽省时省力，但是万万不可取，因为它不仅会降低买家对店铺的印象，还容易被电子商务平台判定为重复铺货作弊而降权。商家应充分挖掘不同产品的特性，创作出具有独特个性的文案标题，尽量避免高度相似。图 4-19 所示两款苏泊尔豆浆机标题的关键词几乎相同，标题高度相似，导致标题无区分度，易让消费者产生疑惑。

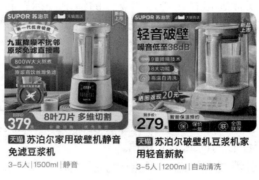

图 4-19　无区分度的电商文案标题

4.3.4　标题更新频率过快或过慢

频繁更换或修改标题不利于商品宣传，但若长时间不更新标题则会让消费者产生倦怠甚至厌烦情绪。为了维持消费者对产品的兴趣，商家应当适时地、有针对性地调整文案标题。例如，对处于发布期、成长期、爆款期、衰退期的产品的文案标题进行及时更新；对于有显著季节性的商品，应当随季节变化而进行标题创新；结合节日、热点、促销等，对标题进行适当的优化，图 4-20 为兰蔻根据七夕节而进行的文案标题创新，精致的包装加上"翩然心动"的标题，谁又能拒绝得了"爱 在翩然心动时"呢？

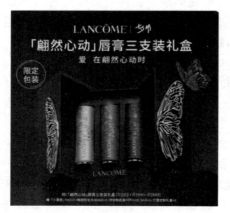

图 4-20　配合节日进行更新的电商文案标题

课后练习

习题一：根据所学，分别说出下面标题的类别。

凭什么"买 3C 信京东"？

双面艺术　小米电视 2019 春季新品发布会

吃喝玩乐　过"足"瘾——零食

想有多高，自己决定——女鞋

干货踢馆到你家，一片安睡到天亮——纸尿裤

什么剥夺你的型男形象？和家人分享同一瓶沐浴露？——男士沐浴露

你看得见这些室内污染吗？

面膜排行榜 top10

习题二：现有一款产品，具体信息如下，请根据所学，利用不同写作技巧为本产品撰写至少两个具有吸引力的电商文案标题。

产品名称：电炸锅。

颜色：子夜黑。

容量：5L。

额定功率：1400W。

功能：烘烤食物。

特点：无油空气炸，不粘锅，不用翻面，自由控温定时立体烘烤，可视大窗口，抽锅自动断电。

售后服务：七天无理由退换货，一年保修。

第5章 电商文案的内文创作

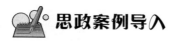
思政案例导入

中国银联的诗歌 POS 机

银联诗歌 POS 机是中国银联股份有限公司发起的一个公益项目，用户使用云闪付 App、银联手机闪付、银联二维码或银联卡在银联诗歌 POS 机上捐赠一元钱，即能收获一张印刷着山区孩子诗歌的精美"小票"，通过创新公益形式，让孩子们平等有尊严地通过自己的才华获得帮助。同时，云闪付 App 也已经上线银联诗歌 POS 机小程序，用户可以帮助更多人看到山里孩子的才华。中国银联诗歌 POS 机公益行动从 2019 年 7 月正式启动，当年所募善款已陆续投入到安徽怀远、河南南阳、四川绵阳、新疆喀什、云南南华地区，帮助 3140 名家庭困难儿童接受艺术教育。

2020 年，云闪付 App 用户数突破 3 亿，银联再度启动"银联诗歌 POS 机"公益行动，让一条长达百米的印制诗歌"长河"从张家界的山峰间垂下，将中国古代诗歌和山里孩子的诗歌串联起来，展示中国诗歌文化的传承，并创作了六张平面海报，文案如下：

每个中国人都曾在这条河上垂钓乡愁
那些穿透石头的象形文字从诗经
流到我们每根神经
低头的时候就有一轮明月从秦朝流下来
一千年来我们饮酒，望月，千金散尽
成为李白的一条支流
念着诗长大的孩子
遇到的每一条瀑布都有三千尺
愿你握住千里烟波
一字一句续写中国

这个项目不仅震撼而且很有想象力，文案也同样充满诗意与感染力。对于从小背着古诗长大的中国孩子来说，诗是印在灵魂深处的民族烙印，是独属于这个国度的集体记忆。从先秦、两汉，到唐宋元，再到如今，因为诗的存在，我们无论身在何处，心中都保留有一片瑰丽的风景。

中国银联用这个年度最富有诗意的文案，积极践行社会责任，助力高质量打赢脱贫攻坚战及精神扶贫，促进全社会对欠发达地区的少年儿童的关注，帮助他们接受更优质的教育。这就是文案的力量，本章将围绕电商文案内文创作展开。

学习目标

- 掌握电商文案开头的写作方法和技巧。
- 掌握电商文案正文的写作方法和技巧。
- 掌握电商文案结尾的写作方法和技巧。

5.1 电商文案开头部分

电商文案的核心目标是驱动购买转化，这与品牌文案侧重传递价值理念存在本质差异。在碎片化消费决策场景中，电商文案的开头作为用户注意力捕获的黄金窗口期，其设计质量直接决定了内容的留存率与转化可能性。

5.1.1 常见电商文案开头类型

1. 交互式开头

电商文案以网络为营销媒介，因此在营销中更注重结果和效率，在目标和动机方面更为明晰。要想在开头就紧紧抓住消费者的注意力，与消费者进行互动是一个较为直接的方式。电商文案以解决企业与消费者之间的沟通问题为本质，因此在文案开头就要激发消费者对商品的兴趣。交互式文案的开头方式可以大致分为以下三种：

（1）提问交互。这种方式既可以自问自答（文案中提出的问题，会在后文中自行给出答案），也可以互动问答（文案提出一个开放性问题，留待消费者回答）两种类型。例如下面这条文案开头：

看起来每天熬夜，却只是拿着手机点了无数的赞；

看起来在图书馆坐了一天，却真的只是坐了一天；

看起来买了很多书，只不过晒了个朋友圈；

看起来每天很晚离开办公室，上班的时间却在偷懒；

看起来去了健身房，却只是和帅哥、美女搭讪。

那些所谓努力的时光，是真的头脑风暴了，还是只是看起来很努力而已？

文案的开头以一系列排比句提出了普通人工作、生活中的各种矛盾，文案第一段的结尾以一个开放性问题结束，意在引起读者的思考：任何不走心的努力都是徒劳的。如果只是看起来很努力，最终的结果可能是一无所获。读者在产生思考的同时，也会寻求改变和出路，从而契合了商家的营销内核。

再如，某社交平台在母亲节发布的一则文案（图 5-1），开头就提出问题：单亲妈妈可以谈恋爱吗？中国有超过 1600 万单亲妈妈，她们不仅要承担独自育儿的压力，还经常面对私生活被指指点点……将话题聚焦在备受争议的女性当中的少数群体——单亲妈妈，以及她们所面临的痛点——来自自身和外界的双重压力。最后在结尾给出了解题方向：没有答案的问题，是因为问题出了问题，怎么选都不行，说明这些评价毫无意义，谁都可以提意见，那么谁的意见都不用理，爱你的人会让你自己选择。

图 5-1 提问交互文案

（2）场景交互。直接在文案开头将产品放入日常使用情境中，通过对产品使用情景的描述，将消费者期待的氛围渲染出来，让消费者不知不觉融入情景中。例如，RIO 的 30 秒品牌 TVC 里，有一句话——"终于，我把自己还给自己了"。这句话乍看似乎没头没脑，却符合 RIO 一贯的"微醺"概念，从而前后连接组成了一组微妙的对话"微醺，把自己还给自己"，如图 5-2 所示。RIO 是一个非常擅长讲一个人故事的品牌。从 2018 年的"微醺恋爱物语"到 2020 年的 30 秒短片，没有复杂的编排、冗长的文字，光凭情绪和环境就讲了一个高级的故事，广告及文案氛围感拉满。

RIO 微醺文案视频

图 5-2　场景交互文案

（3）服务交互。在推广文案的开头塑造一个消费者的生活场景，通过描述日常生活中遇到的困境和难题，引发消费者的共鸣，然后过渡到所推广的产品和服务。2020 年在疫情阴影的笼罩下，很多品牌写过走心、励志、鼓舞、安抚的文字。其中，如图 5-3 所示，五菱的"人民需要什么，五菱就造什么"，兴业银行的"尽我所能，敬我所不能"给消费者留下深刻印象。五菱的这句文案是口号的形式，这种说到做到的决心让人敬佩；而兴业的文案，却为读者打开了一个世界观：无论身处哪个行业、哪个岗位，每个奋斗的人都是英雄。

图 5-3　服务交互文案

2. 诱惑式开头

诱惑式文案开头就是通过创新文案表达形式，选择新颖内容，以"诱惑性"为导向，创作能够吸引受众注意、点击乃至转发、参与讨论的文案。在电商文案中，诱惑式文案主要有以下三种开头方式。

（1）利益诱惑。部分消费者有追求实惠的心理，他们上网购物就是冲着商品价格相对便宜，有价格优势来的。因此在电商文案中进行利益诱惑是较为常见的，如"囤货过大年！水果生鲜年货速抢，超甜脐橙每斤只要 2.76 元""限时 1 折秒杀""断码清仓"等，都是点击率较高的文案短句。

（2）情感诱惑。消费者会格外关注有关爱情、友情、亲情的文案，因为这三类情感关乎人们日常生活中情感体验或困惑，在文案中对他们的情感需求做出某种回应，就可以引起消费者的共鸣。例如，某心理学公众号的一条文案第一句话就是"你会爱上什么样的人？答案藏在这个剧本里"，以"爱情"为诱饵，几小时内就吸引了 7000 多的点击率。

（3）趣味诱惑。消费者对于具有娱乐性的文字具有较强的倾向性，对极具创意且有趣的文字，消费者甚至主动分享转发，成为病毒式营销的一分子。如果文案能抓住消费者喜爱阅读具有娱乐性的文案这一特征，文案的点击率将会明显提高。这里的"趣"包含两层意思，一是文案语言充满情趣，二是阅读方式有趣。例如，B 站 2024 年发布的公益宣传文案《大魔术师》，开头通过套用网络热梗，运用夸张到离谱的谣言案例，一本正经胡说八道的语气，让用户会心一笑后产生继续阅读的欲望。

3. 论点式开头

将论点放入电商文案开头，既能明确地向消费者传递电商创作者的核心意图，也能使消费者更轻松地捕获电商文案的主要内容。当消费者面对与自身认知契合的观点时，会因认同感驱动而深入阅读；即便遇到相悖的观点，也会因好奇心与批判性思维倾向而产生探索欲望。这种顺承认同或逆反思辨的心理机制，恰是文案开头设计的关键。例如，文化内容品牌"东七门"（米未传媒旗下新媒体账号，曾打造《奇葩说》《一年一度喜剧大赛》等爆款综艺）在探讨社交潜规则时，便以《奇葩说》中某明星的经典辩论金句作为文案开篇："我认为任何人之间，都有恰当的人际关系。人跟人的关系一旦越过'分寸'，就成了给他人添麻烦。"此句直接点明社交边界的重要性，既呼应了《奇葩说》观众对犀利观点的期待，又通过该明星的个人影响力引发情感共鸣。无论读者是否认同"分寸感"的界定标准，都会因话题的争议性与名人的观点输出而产生阅读兴趣，进而在批判性思考或认同性阅读中完成对文案核心信息的接收。

4. 对比式开头

在电商文案开头通过设置对比，间接推广产品信息，可避免消费者对广告痕迹过重产生反感情绪，从而起到抛砖引玉的效果。常见的有价格对比："家里没纸了？来这里买！超市卖十几的，这里通通几块钱就能买！""平时卖几百元的高档大衣，先清仓优惠超便宜，三四十女人穿最时髦！"这类文案就是通过数字上的对比，把商品最吸引消费者的价格因素直接抛出来，虽然简单粗暴，但有时也能立竿见影。

更高级的对比是如下这种生活方式的对比：

你写 PPT 时，阿拉斯加的鳕鱼正跃出水面，

你看报表时，梅里雪山的金丝猴刚好爬上树尖。

你挤进地铁时，西藏的山鹰盘旋云端，

你在会议中吵架时，尼泊尔的背包客端起酒杯坐在火堆旁。

淘宝女装品牌"步履不停"的这则文案通过四组对比场景，交替呈现了都市工作场景与

自然野性画面，构建了都市生活与理想生活的强烈反差。这种对比手法激发了消费者对自由、探索的向往，进而使其产生情感共鸣，增强品牌认同。

5. 警句式开头

名言警句通常言简意赅且含有丰富的寓意和人生哲理，在电商文案开头引用名言警句，不仅有助于引出中心论点或论题，树立鲜明观点；又能激发读者阅读兴趣，产生启发；还可以增强论证的说服力和权威性。例如下面这篇文案中引用了曾国藩的名言：千古第一完人曾国藩的日常生活，除去公务外皆以修身十二法按部就班，以此为戒，终成伟人。"主敬、静坐、早起、读书不二、读史、谨言、养气、保身、日知所亡、月无亡所能、作字、夜不出户"，是曾国藩给自己及后人订下的修身十二法，这十二条中，又有八法可供现代人借鉴。常常谨记并严格执行，必事有所成。

5.1.2　电商文案开头写作技巧

1. 重视首句

俗话说"好的开头，是成功的一半"。开头是电商文案最重要的一部分，如果开头没有吸引到消费者，他们也许就懒得往下看了。因此，文案的第一句值得像标题一样反复雕琢。不要预设消费者会主动对产品产生好奇，除非该产品能解决他的问题。因此要尽量打破常规，以商品为出发点进行陈述，从消费者的利益出发，唤起他的注意力，引发他的好奇心。写好文案开头的第一句话最重要的两个要素就是"引起好奇+创作共鸣"。例如，护肤品牌SK-II 宣传文案《她最后去了相亲角》的开头："她，34 岁，未婚，是一家广告公司的高管。人们总问她：你为什么不结婚？"该文案以一位 34 岁未婚女性开头，直接触达社会对女性年龄与婚姻关系的敏感话题，迅速吸引目标用户（关注女性议题群体）的注意力。文案后续通过"相亲角"这一具象化场景，展现女性面临的传统观念压力，再以 SK-II"改写命运"的品牌理念为转折，强调女性自主选择权，最终通过"你决定你的年龄"等口号，将品牌与女性独立价值观深度绑定，提升了品牌好感度。

以上这篇文案从创作者自身经历出发，让读者一方面对他的经历产生好奇，同时又扪心自问为什么自己做不到，进而产生继续往后阅读，学习经验的欲望。

2. 围绕标题

如果文案的标题已经很具爆点，那么在开头时只需要延续标题的内容，继续为消费者答疑解惑。这种写作技巧通常可以使用以下两种方式进行。

（1）开门见山。开门见山指文案将关键词语第一时间呈现出来，直截了当地提出文案要介绍的内容，能够让读者快速理解文案的内容，如果读者有购买意向就会仔细看下去。这种文案开头布局胜在"直接"二字，强大的针对性能提升文案的转化率。例如，一个高领打底衫文案的开头："冬天，无疑是高领打底衫的天下。几个世纪以来，它在时尚界从未缺席。"文字数量不多，却点明了产品的主要应用场景，干净利落，入题快捷，既省力，又能引人入胜。

（2）直接点题。直接点题法即直接点明文案的主题。文章一开头就直接呈现主题对象、事例，或摆出中心论点，拉近读者与题目中描写或议论的对象之间的距离，从而令其快速地进入创设的情境中。例如，肯德基在吮指原味鸡 80 周年之际推出的主题海报上有这么一句，"我们钦佩复杂的事物，却爱着那些保持原味的人"（图 5-4），这个创意很巧妙，以"原味"为关键词，借周年之势，唤起消费者对吮指原味鸡 80 年来不变初心原味的品牌记忆。

图 5-4　围绕标题的文案

3. 引用权威

权威不仅包含权威人士，还包含某个行业的调查数据、分析报告、趋势研究等权威资料。权威效应的存在，首先是由于人们有"安全心理"，总认为权威人物、事务或数据资料是正确的"楷模"，服从权威会使自己获得安全感，增加不会出错的"保险系数"；其次是由于人们有"赞许心理"，即人们总认为权威人物、事物或数据资料的要求往往和社会规范相一致，按照权威的要求去做，会得到各方面的赞许和奖励。例如，一篇励志文案这样写道："67 岁董明珠自曝 30 年没周末没休假，称年轻人不要怕累。""杨绛先生曾经说：人要成长，必有原因，背后的努力与积累一定数倍于普通人。所以，关键还在于自己。""奇葩说新一季冠军傅首尔说：今天的我如果让大家觉得身上有一些光芒，那是因为我把女人最美的那几年，都花在了那张冷板凳上。"有这么多位权威人士现身说法，读者会在内心将她们的行为模式和取得的成功联系在一起，从而顺利接受文案提倡的方法。

文案创作者在引用权威开头时，可同时提供准确的数据增加电商文案的可靠性，使电商文案更有说服力。例如："2021 年底上线公测的《绝对演绎》上线首周便取得了惊人的成绩：首日登顶 App Store 免费榜，次日额外获得 App Store Today 重磅推荐，还一跃跻身 2021 年为数不多上线单周就进入畅销榜 Top 30 的游戏。"

4. 内心独白

内心独白是以电商创作者作为事件亲身经历者来进行开场陈述。要在文案中以内心独白方式开头，就需要对文案进行戏剧性改编或采用作者陈述的口吻撰写，使用两个人物对话或某一人物独白的方式将内心活动向消

耐克《内心独白》

费者道出。一般来说，内心独白被认为是内心活动的真实反映，不掺杂虚伪的感情，所以极

易给受众以情真意切、述之肺腑的印象，引起受众的共鸣与信任。对于内心独白型的文案，需要注意以下三点：

（1）情节安排。描写相对完整的内心历程。

（2）氛围创设。用语娓娓动人，贴近生活。

（3）人物塑造。一人独白，或二人对话推动情节。

例如，网易云音乐在一度深深打动人们的那些歌曲评论中，层层筛选了 5000 条优质乐评，用音乐故事印满了杭州市地铁 1 号线，这些文案多是内心独白，句句戳心：

祝你们幸福是假的，祝你幸福是真的。

究竟有多喜欢才会温柔成这个样子

年轻时我想变成任何人，除了我自己。

最怕一生碌碌无为，还说平凡难能可贵。

我不喜欢这世界，我只喜欢你。

"你还记得他吗？""早忘了，哈哈""我还没说是谁。"

这些曾在某时某刻让人们忘记睡眠的睡前故事、感受到温暖和认同的乐评，现在出现在线下，引起众多乘客和网友共鸣，他们也自发在社交媒体上传播。网易云音乐也借此活动，准确锚定了商家和受众的情感连接，从而确立了自身有温度、有情感的音乐社区的定位。

中国台湾食品品牌珍谷益的文案精准洞察了当代人的生活状态，以人们的日常口头禅"人生好难"为切入口，通过一组组的人物独白，道出了符合当下社会人们的心声，引起了消费者共鸣，部分文案如图 5-5 所示。

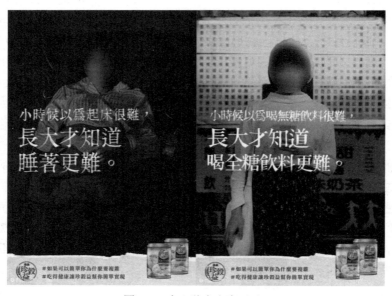

图 5-5　内心独白文案（1）

文案创作者可以采用拟人修辞手法赋予产品人格化的形象，撰写该产品的"内心独白"，例如，杜蕾斯在"感谢你"系列文案中，用第一人称视角，感谢了绿箭、德芙、李维斯、宜家、美的等 13 个知名品牌，部分举例如图 5-6 所示。

图 5-6　内心独白文案（2）

杜蕾斯的这一波感恩节借势的营销操作，不仅在形式内容上求新求变，而且在感恩节全天候分时段轮流"挑衅"各大官微，将时间把握得相当精准，加上其他品牌的积极反馈，互相借势，最终成功刷屏。

5. 制造悬念

所谓悬念，就是受众群体对品牌故事或者品牌事件的发展变化所持的一种急切期待的心情。所谓制造悬念的内文营销，就是在撰写广告内文时，于情节发展的关键点进行分割，然后利用设置悬念这种方法，持续不断地吸引用户的兴趣。不论展示哪种商品或品牌，以悬念开头的文案，通常都会把吸引消费者放在第一位。以悬念开头的文案通常有以下几种方式。

（1）设疑。在文案开头抛出疑问，然后随着文章的展开逐层剥开。例如，植观洗发水广告语"他为什么年薪百万辞职去做洗发水呢？"这样的文案开头，会引发读者的疑问，年薪百万辞职和做洗发水之间存在这么大的落差，他为什么要做这样的选择？

美团优选文案视频

（2）倒叙。把读者最感兴趣，最想知道的东西先说出来，之后再采用叙述前因的方式来写作，通过后文解读，读者就能够知道为什么会出现开头的事情。例如一款面膜的文案开头："再见面是三个月之后，她的肌肤细润如脂，仿佛年轻了 10 岁，她是如何做到的？"爱美的女性马上会产生联想：她到底用了什么方法、什么产品或者仪器，能产生如此迅速而神奇的效果？

（3）隔断。当前文已经引起了读者的兴趣，在他们特别想要知道后面的发展时，可以突然中断，改叙其他内容，读者就会非常惦记前面未完成的内容，从而起到悬念效果。例如一则培训文案的开头："90 后创业打破融资难局，创业难？一波三折？你缺乏的是精准解析"。这个悬念直击痛点，年轻一代面临创业困境的读者自然想要点开文案了解更多。文案的目的是让读者产生足够的兴趣，因此在抛出一部分解析思路之后，文案"留白"，转而展示部分成功案例，并提示读者更多解析方法将在培训课中讲授。若读者读完这一部分之后觉得切实有效，就会产生转化了。

虽然写悬念开头的方式大致相似，但电商文案的开头需要做到字字雕琢，需要有真正的卖点，如以下比特币文案的开头：

梁诗雅，新婚快乐。今天是你的大喜日子，我没有什么好馈赠的，花了些钱找自媒体的朋友买了全国 100 个城市的头版版面，希望你总会看到一个。其实不贵，39 个比特币而已。是的，就是前几年我们一起存下的那几百个比特币。

这篇文案意在宣传比特币的投资价值，本是一个营销文案，却采用了一个"曲径通幽"的写作方法。以一个真真假假的"爱情复仇"故事，让读者先陷入其中，与故事主人公共情，然后在故事后半段悟出营销意图，留下深刻印象。

5.1.3　电商文案开头写作误区

1. 不以读者为中心

进行电商文案创作时如果不能将"我"视角转换为"你"视角，不能做到以读者为中心，考虑读者或潜在消费者的感受，则不是一份成功的文案。以读者为中心不仅表现在文字本身，由此延伸的相关内容也同样直接影响着文案的成败。在具体的创作中，文案创作者必须要从读者中心的角度出发，在内容创作中不仅要考虑到潜在读者希望在广告中看到什么内容，消费者从产品中能获得怎样的消费利益，还要提供充分的理由让读者相信产品具有这些利益点，以及对产品相关性能进行展示。

2. 开头没有强调重点

文案的重点信息必须在一开始就传递给受众。如果文案开头内容堆砌过多，层次清晰度不够，主次没有区分，那么就不是一个成功的开头。得当的文案开头应该是简洁、突出重点、适合媒介传播、适合目标群体阅读的。

3. 写作风格繁杂

对于文案而言，重要的不是篇幅，所有的图文都是为了突出文案的中心内容，如果只需要简简单单几个字就能达到效果，那么不妨使用简洁一些的方式。这个时候，繁冗的文字和复杂的描述反而可能适得其反。有些成功的文案，只用了寥寥数语就将产品的价值和利益有效地传递出来了，有时哪怕是一个词语，只要运用得当，也能很好地凸显产品特色。

5.2　电商文案正文部分

正文是电商文案中处于主体地位的语言文字部分，以解释或说明电商文案的主题为主要功能。电商正文文案通过对标题中引出的广告信息进行详细的叙述，使目的消费者了解相关产品，并对其产生兴趣，激发购买欲望。

正文的写作方法多种多样，文案创作者虽然有很多途径可以选择，然而只有有效地指出产品的卖点，切实解决消费者的实际需求或引发消费者情感共鸣，才能真正地说服和打动消费者，促成转化。下面将介绍电商文案正文常见的写作方法。

5.2.1　电商文案正文写作类型

1. 直接式正文

电商文案的目的是提高页面传达效果、提升用户体验、传递关键信息给消费者，因此直接式文案的正文内容就应该直击消费者内心。调查表明，大部分消费者浏览产品页面的时间不超过两秒，如果电商文案内容表达不清晰，就容易丢失潜在的消费者，所以传达产品信息需要快速、高效且准确。电商文案大部分是与商品详情相结合的，消费者需要靠电商文案了解产品信息，所以电商文案对产品信息表述得越简洁有力，产品越容易给消费者留下深刻印象。例如，京东×敦煌联名礼盒文案：

> 市面上与敦煌博物馆联名的礼盒千千万，
> 见到京东生活服务这一款限定礼盒，
> 还是有被惊喜到！
> 整个礼盒以中国红作为底色，
> 用金色线条勾勒出很多敦煌元素，
> 寓意幸福美满的九色鹿、飘逸灵动的飞天女神、象征吉祥如意的祥云佛手，
> 烘托出中国新年喜庆、祥瑞的温馨氛围，
> 为新年带来鸿运与惊喜。

这篇文案意在推荐新年礼盒，要让消费者在众多竞品中看中这款礼盒，就必须第一时间凸显其卖点，展现其与其他竞品的差异性和优势性。文案以"敦煌""九色鹿""飞天女神"等中国文化元素为特色，以博物馆联名为权威背书，准确击中消费者"求新求异求圆满"的迎接新年的愿望。

2．递进式正文

层层递进型的正文布局的优点是逻辑严谨、思维缜密，按照某种顺序将内容一步步进行铺排，给人一气呵成的畅快感觉。电商文案之于商品，就像餐厅里的招牌菜，举足轻重。想要让自己的商品能在众多的竞争者中脱颖而出，那么文案的描写就必须与众不同，要有感染力。文案和商品描述之间，是血与肉的关系。因此，层层递进型的正文布局，其着重点在于层递关系的呈现，只有层次分明、节奏感强，才能对消费者更有感染力。正是由于这种正文布局是层层递进地表达电商文案的，因此，电商文案创作者在创作这类文案时，在其开头就要牢牢吸引住消费者，引导消费者观看完整的文案。例如，京东小金库的"你不必成功"文案，就在"你不必"的层层堆叠中将读者情绪推至高潮，产生强烈共鸣。

案例 1：你不必成功

你不必把这杯白酒干了，喝到胃穿孔，也不会获得帮助，不会获得尊重。你不必放弃玩音乐，不必出专辑，也不必放弃工作，不必介意成为一个带着奶瓶的朋克。你不必在本子上记录，大部分会议是在浪费时间，你不必假装殷勤一直记录。你不必总是笑，不必每一条微信都回复，不必处处点赞。

你不必有什么户口，也不必要求别人要有什么户口。即便生存不易，也不必让爸妈去相亲角被别人盘问出身。你不必买大房子，不必在月薪一万的时候就贷款三百万。三十年后，当孩子们问起那些年你有什么故事，你不能只有贷款。

你不必去知名的大公司追求梦想，你想逃离的种种，在那里同样会有。你不必去大城市，也不必逃离北上广。不必用别人的一篇 10 万+，来决定自己的一辈子。你不必改变自己。不必相信一万小时定律，不必读成功学，不必加入高管群，不必成为第二个什么人。

你不必让所有人都开心。不必每次旅游都要带礼物，不必一次不落地随份子，不必在饭

桌上辛苦地计算座次。你不必在过年的时候衣锦还乡。不必发那么大的红包，不必开车送每一个人回家。你不必承担所有责任。不必为拒绝借钱给朋友而过意不去，不必为父母的节俭而内疚，不必向路边的每一个乞讨者伸出援手。你不必刻意追求什么彼岸和远方，每一个你想抵达的地方，都有人和你一样想逃离。你不必在深夜停车之后，在楼下抽支烟再回家。

你不必背负这么多，你不必成功。

别用所谓的成功，定义你的人生。

京东小金库，你的坚持，我的支持。

我们从小就被教育要做一个伟大的成功的人，这则文案却用几十个"你不必"告诉我们，不要用别人的成功来定义自己。这篇文案想要表达的是，用京东小金库的收益来支撑用户的小小梦想，在立意上赢得了用户的尊重。

3. 情景式正文

情景式电商文案从用户的角度出发，用或温暖关爱、或幽默诙谐、或富有哲理的口语化较强的句子，给顾客有一种面对面交流的感觉，因而容易引起消费者的情感共鸣。电商文案创作者在撰写这类文案时，可选择富有讨论性的话题，打造情景作为载体，然后植入软广告，与消费者形成有效的沟通。例如，碧桂园这条非常硬核的品牌广告《犇》，如图5-7所示。

案例2：犇

伙计们，抄家伙！

你是闲得没事了，听我个糟老头子瞎叨叨。我不明白啥叫前浪后浪，但是我知道年轻就是得浪。一帆风顺的叫活着，十有八九不如意的那才是生活。动不动就喊着回家种田，你来试一下，还有啥远方的田野？

喂，年轻人，醒醒吧！电视上不是经常说嘛，啥叫硬汉，就是认清了生活的真相还依然爱着它！哪怕再扯再累，莫怂！怂要有用的话，我早怂了。在哪里跌倒就在哪里躺下了吗？

呵，歇一会儿，给它来个硬邦邦的回击！愿你依旧硬核！

图5-7　情景式电商文案

全文就是一位大爷的叨叨，像极了家里爸妈的吐槽。年纪大的人不懂当下流行的概念和热点，但他们懂得最朴素的生活哲学。虽然是个公益广告文案，但这种"伪沟通"的形式很是新颖，口语化的文案风格能够直达内心，观众看完突然明白：我们可以去调侃、可以去"自黑"生活中的苦难，但直面艰难才是唯一的生存答案。

4. 故事式正文

一个精彩的电商文案不仅能给读者以深刻的产品印象，还能记住整个文案的细节，这时文案就像一篇微型小说，其目的在于吸引消费者的眼，抓住消费者的心。对于电商文案创作者而言，打造一篇完美的故事文案首先需要提炼产品的特色，设置一定的场景引发共鸣，同时将产品关键词放到故事线索中，让消费者产生情境感的同时留下深刻印象。此外，故事类的正文写作最好满足以下两个要点。

（1）代入感。代入感是让读者和故事里的主人公产生共情，好像把自己代入了故事中一样。代入感写作主要要靠场景描写和细节描写。可以通过人物对话、情绪词的描写、人物动作、环境细节描写等方式实现。文案创作者要明白，人的感情是微妙而复杂的，很多情绪说出来了反而破坏了美感。

（2）设转折。转折是推动故事前进的钥匙。一个故事一个转折的写法在各种营销文案中特别常见。通过设置伏笔、描述过程、突现转折、皆大欢喜等套路，吸引读者一步步读下去。

故事类电商文案的创作方式有两种视角，一种是产品视角，另一种是消费者视角。电商文案创作者在撰写故事类文案时，可运用不同的写作风格，传递不同的情感内容。

1）产品视角+设转折。

以产品为主角或叙述者能够很好地把产品的特色融入故事中，使产品形象化，增添产品的感情色彩，以此来打动消费者。

案例 3：小度小度，在呢

这就是生活你坚持、努力到头来，可能是白费力

你憋屈、心塞想抱怨几句，想想，还是算了

吃得苦多了吃再多糖水，还是觉得苦

抱歉，这就是生活

付出多过回报是常态太拼的人未必一生太平

成年人的每一天都像上战场明知山有虎拎一根打狗棒，也得硬着头皮上

幸好，有一份陪伴，一直在家

在，等我回家在，一起笑，一起闹在，我们一起在，一个人的时候，也不再孤单

小度一直在

（小度小度，在呢）

小度在家，陪伴在家

大多数毕业季文案，为描述迷茫、挣扎，但最终会升华到理想和光芒，而这篇文案却纯粹是打破想象的滤镜，把真实摊在初出象牙塔的年轻人面前。这种扎心的文字往往让人醍醐灌顶，反而更能支撑我们坚定走下去，用勇气互相治愈。

2）消费者视角+代入感。

以消费者为主角或叙事者创作故事能够更加贴合消费者的生活场景，清晰地传递消费者

自身真实的情绪、情感，能够引起消费者的共鸣，使产品和品牌受到消费者的青睐。"你对生活的热爱，很可爱"这句话出自快手的一支品牌宣传短片《可爱中国》，短短两分钟，看哭了不少人。

案例4：可爱中国

> 我们喜欢看那些可爱的东西
> 因为生活有时候一点都不可爱
> 它要你坚持
> 不告诉你要坚持多久
> 它告诉你这事很有意义
> 但做起来挺没意思
> 它让你觉得委屈
> 却隐瞒了另一个的狼狈
> 它说你的故事能有什么惊喜
> 年年重复同样的情节
> 想看你的笑话所以先让你尴尬
> 生活就是这样
> 其实它知道真正热爱生活的你不会被生活打败
> 你对生活的热爱，很可爱
> 在快手，点赞可爱中国

快手通过密集输出大量品牌广告文案，完成了品牌升级，宣传口号文案也从原来的"看见每一种生活"，迭代为"拥抱每一种生活"。虽然只是两个字的改变，我们却能感受到它正从一个旁观记录者的角色，转变为一个更有情绪的参与者。

5.2.2　电商文案正文写作技巧

电商文案的核心是包装商品，实现更好的销售。经过文案标题的吸引和开头的引导后，文案的正文需要对商品的卖点进行深入挖掘，并在潜在消费者心中建立起信任感，会用到各种技巧。

1．由点到面

由点到面中的"点"指的是卖点，需要突出卖点；"面"指的是扩充内容，这种写作方法实际上是商家对卖点的深入挖掘和描述。例如，乐嘉性格色彩测试线上课程的文案由一个问题开头："有网友问过这样一个问题：选择伴侣时你最看重什么？高赞答案是：性格好，相处舒服。"文案进而将问题和适用范围推而广之："的确，无论在感情里还是工作中，性格好的人都占尽优势。家庭里，伴侣对 ta 言听计从，夫妻恩爱；工作中，领导、同事、客户都愿意主动配合；生活中，出了事一堆朋友帮忙解决"，在列举了一系列性格好或性格不好的人遭受的不同境遇之后，引入正题，"性格色彩改变了很多人的人生……课程一共 3 天，都是乐嘉老师亲自直播……3 天课程，你能学到……"，从卖点"性格好"的种种优势深度剖析入手，结合广泛的应用场景和真实案例，体现出产品的广度。

2．数据表达

数据通常是事实的一个最佳佐证。使用数据说话，可以让文案的表达更准确，事实更明确，细节更精确。用数据说话，讲求的是一种负责任的态度。而且把明确的数据摆在读者面前，让消费者感知产品的差异化，并能够通过数字一眼看出产品的功能特点；同时数字最容易被人记忆，易于传播。拼多多深谙数字表达的力量，从多角度开展数字文案营销：

（1）价格优势。"太便宜了！这些水果终于降价了，9.9 元起免费送到家""即将涨价！面膜/眼霜等美妆今日特价 3.9 元起，10 个人有 9 个买！""花花公子、南极人、俞兆林等，全场 6.9 元起"，拼多多以绝对低价对标淘宝、京东的竞争平台，在抓人眼球上就占了先机。

（2）限时限量。"现在买最划算，今日清仓 1 折起，恭喜您被选中成为第 6853 位 1 折清仓体验用户""最后一天，苏泊尔血亏甩卖！1.68 元起抢电饭煲/甩脂机等"，拼多多用稀缺的东西造成消费者的焦虑，从而缩短用户购物的决策流程，促成其下单。

（3）迎合需求。"不用去美容院啦！发现几样护肤神器，亲测用完后年轻了十岁！""不会做饭不用愁，有了这 3 款厨房用品，秒变五星级大厨"，拼多多的文案贴合消费者对理想生活的愿景，为消费者打造一个美好的未来生活状态，体现了对消费者需求的深刻洞察。

除此之外，数据表达的文案还能打造出商家专业化强、工艺流程规范、产品质量过硬的效果，例如下面这则农夫山泉长白山饮用水的文案。

案例 5：农夫山泉长白雪

厚达两米的积雪
会用几个月时间
融化成水
透过土壤
渗入玄武岩山体
再经历三十到六十年的融滤净化
变成泉水
滋养长白山 2806 种野生植物
1588 种野生动物
农夫山泉长白雪：
你喝到的水，是长白山松软雪花的味道

3．幽默语言

在消费者越来越"挑剔"的当下，电商不仅要提供合理的价格和到位的服务，还要有个性的宣传文案，才能更受客户青睐和喜欢。在这个信息爆炸的时代，人们每天会接收海量的信息，而幽默风趣的内容不仅会让消费者会心一笑，为他们缓解压力，同时也会给他们留下更为深刻的印象和

菜鸟裹裹文案视频

记忆点，因此撰写诙谐幽默的电商文案内容是一种行之有效的吸引消费者的方法。诙谐幽默的电商文案淡化了文案的推销口吻，将产品卖点巧妙地融入段子中，因此具有天生的亲和力，能够消除消费者的戒心，让消费者在轻松愉悦的状态下了解产品、接受产品。

在电商文案中表达诙谐幽默有很多方式，下面对其中四种幽默方式进行简单介绍。

（1）巧用谐音梗。在电商文案中，巧用谐音梗是一种通过读音相近的词语进行创意替换，以降低理解成本、增强趣味性、提升记忆点的营销策略。这种手法不仅能够吸引消费者的注意力，还能巧妙传达品牌信息或产品特点，实现"好玩、好记、好传播"的效果。例如，高德地图在文案"低得显'鹅'易见，低得'喵'一眼就看到，低得立'马'能看到"，通过使用"鹅""喵""马"这些动物的谐音，搭配着有趣的萌宠图，使人越看越上瘾，让人不自觉记住了高德地图想要传达的"低价"。

再如，奥迪"与众 8 同"，麦当劳"就酱 7"，钉钉"生活有'照骗'，职场有'名骗'"，天猫 618"生活，不燃怎样"。

案例 6：世界上最有名的颜色

疫情期间，五菱通过一条广告"人民需要什么，五菱就造什么"让人们形象记住了上汽通用五菱。2022 年，五菱官方发布宏光 MINI EV GAMEBOY 系列配色，颜色有黑、灰、粉等。原本这些颜色都是汽车中的大众配色，但五菱宏光偏偏不走寻常路，发挥脑洞创意，将车子的颜色和谐音梗玩在一起，再结合地方特色、网络热词等经典元素，轻松拿捏本平平无奇颜色，将其赋予更多内涵。

从五菱官方的几张配图（图 5-8）来看，银色外观命名为"东北银"，并配文"开上它，不管东西南北，没人敢瞅你"，巧妙地借用了东北方言的谐音梗和"你瞅啥？瞅你咋地！"的网络热梗。蓝色外观命名为"深藏 BLUE"，利用了中英文谐音梗"不露"和"BLUE"，并借用网红梗配文"蓝瘦香菇，做 GB 好难"。粉色外观则命名为"螺蛳粉"，巧用了宏光 MINI 生产地柳州的招牌美食，网友看到后直呼："好看，就是味道有点上头。"

图 5-8　谐音梗文案

对于五菱的这一波颜色命名操作，有网友表示："这是中国人才懂的幽默。"与此同时，网友们也纷纷为五菱"建言献策"，表示还可以新出一些配色叫"黄灰红""酒酱紫""绝绝紫""苦力怕绿"等。从这一波颜色命名引发的讨论来看，五菱真是掌握了流量密码，以最接地气的方式玩出了高级感、幽默感。一些网友也称，这真是年度最有鬼才的命名。

（2）擅用夸张。夸张的广告文案往往具有独特的表达和形象，能够迅速吸引消费者的注意力，容易在消费者心中留下深刻印象。例如，"牛皮钱包——你的钱，我包了；保温壶——昨天的水，小心烫嘴"，"劳斯莱斯——这辆新型劳斯莱斯在时速 100 千米时，最大的噪音来自于车上的电子钟"，以及图 5-9 所示的京东"双十一"文案。这些文案，通过夸张而非夸大的语言描述，增强了幽默效果，同时突出了产品的卖点，给消费者留下记忆点。这种强烈的记忆点有助于消费者记住品牌和产品，并在需要时能够迅速回忆起相关信息。

（3）借势调侃。在文案中运用调侃和讽刺元素可以增加吸引力，因为它们能够引起读者的注意，激发共鸣，同时让内容更加生动有趣。例如，2025 年 6 月苏超联赛爆火，球场内外话题疯狂刷屏，美团团购借势调侃，用一组"好菜"梗海报，把球场竞技和江苏美食玩出花，如图 5-10 所示。

图 5-9　夸张的文案　　　　　图 5-10　美团团购借势调侃苏超联赛

三丁包、盐水鸭、大闸蟹等"好菜"对应江苏不同城市的特色美食，这波一语双关，直接让江苏美食和苏超联赛锁死 CP，将球场竞技感和美食安利完美绑定，和美团团购业务紧密结合，精准收割球迷+吃货双层流量。

（4）流行语互动。前几年火爆全网的辞职申请"世界那么大，我想去看看"，引发了一波国企文案密集输出：中国国旅—同意！握紧国旅手，世界任你走；中国移动——同意！"和"你一起看世界；中国联航——同意！才 8 快，跟联航飞吧；中国石化——同意！你带上我，我带上卡，你负责精彩，我为你护驾；南方电网——同意！远方美景尚好，你一路前行寻觅。身边万家灯火，我为你点亮旅途；中国海油——同意！我们眼中的世界只是脚下的土地。广袤的蓝色国土更值得探索！不如，小螺号带你登上 981 看看吧！每一年的流行语都层出不穷，并且自带巨大流量。文案创作者只要紧跟流行语/网络热词趋势，抓住营销时机，使用流行语与消费者互动，与其他品牌联动，不仅制造出幽默效果，还能事半功倍，增强转化。

轻松、段子、愉悦、押韵、对仗、双关、拟人、比喻等，都是这类文案的常用表现方式，只要角度新颖、立意明确、风趣搞笑，就很容易引起消费者的注意。

4. 以情动人

"言有尽而意无穷"是古诗词的语言描述能达到的最高境界，对于电商文案来说也一样，融入故事和情感的产品，能在潜意识的作用下使得消费者产生共鸣，刺激消费者的购买欲望，并且以充分合理且有效的文字手段，最大可能让消费者产生实际购买行为，并提高口碑营销的效果。所以，电商文案如果能以情动人，即使是简单的词句，也打动消费者。

情感类文案，有以下三个写作原则。

（1）用词精准，直击痛点。情感类文案有时不需要长篇大论，不拘泥于形式和逻辑，短小精悍的情感型文案特点在于用词的准确性，只要这些词语能成功打动消费者，就是好文案。例如，红星二锅头的燃情文案："将所有一言难尽，一饮而尽""用子弹放倒敌人，用二锅头放倒兄弟""把激情燃烧的岁月，灌进喉咙。"这些放在海报上的文案都只有一句话，却具有让人泪目的力量，将兄弟情、沧桑感和生活的艰难等感受，与二锅头准确关联，让消费者感同身受，无法拒绝，如图 5-11 所示。

图 5-11　红星二锅头燃情文案

（2）自然流露，温暖走心。情感的文案有时不需要刻意，当文案创作者捕捉到那些情绪奔涌的瞬间，并用恰当的形式把它们呈现出来，就能起到水到渠成的效果。例如，支付宝×万家基金文案——"全世界都在催你早点，却没人在意你还没吃'早点'"；钉钉致敬创业者——"过程越沧桑，眼神越有光；感觉自己这次会成功，这种感觉已经是第六次"。凯爵啤酒——"浮萍漂泊本无根，天涯游子君莫问"（图 5-12）。这些打动上班族和创业者们的文案，就是抓住了那些情绪点，让读者产生了强烈的共鸣，用极具感染力信息，增强了消费者的信任感，提升了品牌的温度。

图 5-12　凯爵啤酒情感文案

（3）情理相融，促进转化。用情感打造的电商文案，最终的目的是促进消费者产生购买行为，完成转化。要想留住消费者，除了情感动人的文案，还需要质量过硬的产品，和扎扎实实做品牌的态度。"没有一种身材，是微不足道的"（No Body is Nobody），这句文案出自内衣品牌 NEIWAI 内外的春夏大片。作为内衣品牌，NEIWAI 内外在营销手法上自成一派，2019 年一则题为"我是舞者，也是我自己"的短纪录片，惊艳了世人。NEIWAI 内外并没有局限于追求感性上的美与舒适体验，而是在试图理解和阐释内衣与人的关系，正如品牌的自我宣言："在人与衣物之间创造默契而有温度的情感连结，探索并了解内在自我与外部世界。'我的内外'，你都了解——是告白，亦是宣言。"

2020 年，NEIWAI 内外邀请了六位不同年龄、不同身材的女性，演绎多元体态之美。她们或许不是大众意义上的"好身材"，但她们展现出来的独立、自信、真实与坦然，却让这份女性之美熠熠生辉。

<h2 style="text-align:center">案例 7：没有一种身材，是微不足道的</h2>

致　我的身体：

平胸

真的不会有负担

承认胸大

反对无脑

我 58 岁

我依然爱我的身体

成为妈妈后

我没有丢掉自己

我喜欢我的肚腩

喜欢我的人也喜欢它

疤痕

完整我的生命线

没有一种身材

是微不足道的

这段文案三观正、态度明，每一句话都在表达自己，每一个观点都在回击外界的敌意，这份外柔内刚的坚定，是属于 NEIWAI 内外这个品牌的独家记忆点。

5.2.3　电商文案正文写作误区

1. 中心内容不突出

电商文案正文的长度有长有短，可选择的写作方式也有很多，但如果因为追求形式的丰富而失去了对中心内容的把握，就得不偿失了。文案创作者在进行写作构思时，必须要思考清楚客户是谁，他们的需求是什么，文案要如何针对这些需求来撰写等等这些关键性问题。

以客户为中心，以迎合客户需求的方式描述产品卖点，是文案需要把握的中心。中心内容要足够醒目，文字要精炼，容易理解和记忆。定好了中心内容以后，再围绕产品属性、使用场景、适合人群等来组织文案结构，撰写完整内容。

2. 泛泛而谈不具体

文案创作最后需要落地到产品实际的作用和适用场景上，这样消费者才能了解使用这款产品有助于解决什么问题。消费者不会购买他们不需要的产品，更不会为空泛的文案浪费时间。如果一味夸夸其谈销量如何好，价格如何实惠，却避而不谈产品的质量证明或者以往消费者的正向反馈，那么只会给潜在消费者留下"套路深"的印象。

得当的文案能够精准突显产品的品质，深度挖掘目标群体的需求，充分展现产品自身的差异化特质和区别于竞品的独特性，以达到契合需求，引起共鸣，促使消费者产生购买行为的最终效果。

3．词句不够通俗

写文案不是"掉书袋"，也不必为突显专业性而讲"行话"。说到底，文字通俗易懂，雅俗共赏，才是文案的诉求。让读者能一目了然，能快速理解，是创作者必须了解的思维技巧之一。

文案撰写者应从通俗易懂的角度出发，追求文字带来的实际效果，而不是追求文字优美性，重点考虑是否适配媒体、产品的市场以及产品的卖点。

在实际的创作过程中，短句所展示的信息比长句更容易被接受。因为文案中的长句往往会让读者精神疲劳，读者容易遗忘之前的内容。在成熟的广告文案中，短句字数往往在 10 个左右，少数较长的句子也控制在 15 个字左右。

5.3　电商文案结尾部分

写电商文案就如同做人做事，需要有始有终。电商文案有一个好的开头和精彩的过程，还需要一个好的结尾。文案的结尾其实也大有文章可做，因为能坚持看到结尾的读者，要么对产品产生了兴趣，但还在犹豫；要么对文案内容产生了兴趣，但不确定自己是否需要这个产品。那么一个好的文案结尾，就要给读者一个助推力，让他们明白看完文案之后应该采取什么行动，行动对他会产生怎样的意义，以及采取了行动之后会有怎样的改善。下面将介绍常用的电商文案结尾的几种写作方法。

5.3.1　常见电商文案结尾类型

1．自然式结尾

自然式结尾是指顺应电商文案正文的内容水到渠成的结尾。这种结尾没有明显的设计感，也不用考虑如何别出心裁或进行怎样的转折，只是将想要表达的意图写完以后，顺其自然地结束全文，这也相当于一种"留白"，让消费者自己去体会和做出判断，把主动权交还到消费者手中。New Balance 联合 papi 酱发布的《致未来的我》文案中，papi 酱用一封信的方式透露出了作为一个"创作者"内心有过的紧张和不安，分享了在北京度过 12 年的心路历程，这封信的结尾是这样的：

生活就是寻找自己的过程，

你就是该一直奔跑着。

在不知道要去哪里，不知道还有多远时，

只管跑就是了。

未来是什么样？给未来的自己回答。

我们都不用为了天亮去跑。

跑下去，天自然会亮。

这个文案在正文部分已经交代了详细的经历，完整分享了成长蜕变的过程，所有的情感和想要表达的观点已经明了，因此不需要在结尾继续铺陈或者"上价值"，聪明如消费者必然已经洞悉创作的艰辛和成长的艰难，消费者读完文案，也将借用品牌带来的力量继续前进，这是一个将品牌形象契合正能量价值观的成功案例。

2. 隐藏式结尾

与自然式结尾相比，隐藏式结尾是目前电商文案写作中更为常见的一种方式。消费者对于广告痕迹明显的文案会产生一定程度的反感，为了避免这种情况的发生，一些文案创作者采用了"迂回战术"，选择在电商文案的开头和正文部分以故事、新闻或者热点的方式呈现，但在结尾笔锋一转，过渡到某个产品的推荐中，而消费者直到结尾才知道读到的文案是在推销某种产品，这样的结尾就属于隐藏式结尾。设计巧妙的隐藏式结尾会因为其意想不到的结局和神奇的脑洞，给消费者留下较为深刻的印象。例如，当年王老吉和加多宝对簿公堂，加多宝败诉，随后加多宝官微发出一组"对不起"系列微博。你如果以为加多宝是在道歉，那就太草率了。来看看加多宝的隐藏式"自吹自擂"（图 5-13）：

对不起！是我们太笨，用了 17 年的时间才把中国的凉茶做成唯一可以比肩可口可乐的品牌。

对不起！是我们无能，卖凉茶可以，打官司不行。

对不起！是我们太自私，连续 6 年全国销量领先，没有帮助竞争队友修建工厂、完善渠道、快速成长……

图 5-13　隐藏式文案

这一系列微博文案以一组哭泣孩童为主画面，衬以加多宝红，面世后广为流传，"对不起体"不但帮助加多宝摆脱了竞争中落败的消极品牌联想，而且这种神反转的趣味化创意表现方式，让消费者对红罐加多宝有了更深刻的印象，24 小时微博相关讨论量新增 529849 条，众多网红、媒体官微、国内外品牌参与转发、关注和微广告创作，为加多宝获得"输了官司，赢了人心"的赞誉。

3. 号召式结尾

号召式结尾就是在文末向人们提出某些请求或发出某种号召，以加深读者的印象。这类结尾方式常用于推广文案中。例如，新华社×小红书2022年度回顾文案的结尾——"2022，带着向上的生活力，奔赴新的美好生活"；腾讯微博——"与其在别处仰望，不如在这里并肩"；宝洁——"别想太多，大胆去闪耀"；携程——"带上携程，来一场说走就走的旅行"（图 5-14）；快手年度追忆文案结尾——"谁说平凡的手揽不下九天梦想，看我们用夺冠的火焰为这世界署名。生在这个时代，你我互为见证"，这些都属于号召式结尾，正能量满满，给读者加油鼓劲，带来新的希望。

再如推文《日本断货王 NO.1，肌肤嫩到重返 18 岁，闪电美白！》，这篇推文中作者介绍了一种平价水乳精华——日本大创淡斑美白套装，结尾是这么写的："觉得 SK-II 精华抹脖子太奢侈？那就用大创来拯救你吧，实用满分！这个冬季坚持护肤，明年夏天白成一道闪电吧！"通过号召式结尾，号召消费者来购买使用推荐的产品，还塑造了一个消费者非常渴望的场景/预期，有效地刺激了消费者的购买欲。

图 5-14　号召式文案

4. 点睛式结尾

点睛式结尾，顾名思义是指在结尾时用简短的话语来明确电商文案的观点，使电商正文的思想上升到一定高度，感情达到一定的浓度，从而起到升华主题、画龙点睛的作用。这种方式的结尾，需要前文层层铺垫，将读者的情绪和思考逐步积累起来，使他们读到结尾时有拨云见日、豁然开朗的感觉，既提升了整篇电商文案的质量，又能给消费者留下深刻的印象。例如，步履不停的经典对比文案结尾写道："有一些高跟鞋走不到的路，有一些喷着香水闻不到的空气，有一些在写字楼里永远遇不到的人。"连续使用三个排比句，将读者受困于办公楼、无法出门体验世界之大的苦闷完全释放，为读者的情绪找到出口，为潜在消费者说走就走的旅游找到理由，实现了情感共鸣与品牌营销双赢。蚂蚁金服一则宣传文案（图 5-15）以"付车费、买咖啡、充话费，'用 Paytm 就可以'"结尾，突显了蚂蚁金服的服务范围广以及便捷性强。

图 5-15　点睛式文案

5. 呼应式结尾

呼应式结尾是指结尾和文案的标题或开头相互照应，使文案全文形成一个首尾圆合的整体，这样能使文案的内容更为完整，结构更为紧密。呼应式结尾一般有两种用法。一种是直接重复标题或文案的开头，起到强调

美的空调《是谁，在意着天气？》

主题的作用，例如，招商银行信用卡为其 Visa 留学信用卡的发行拍摄了一支短片。短片讲述了一名在美国的中国留学生想给自己的外国朋友做"番茄炒蛋"，而去寻求远在中国的母亲的帮助来完成这道菜。时差 12 个小时，夫妻二人强忍睡意给儿子拍摄做菜视频，后面呈现在信用卡主海报上的文案写道"我们终于发现，世界再大，大不过一盘番茄炒鸡蛋。当孩子走向更大的世界，爱仍然如影随形"。首尾两次出现的番茄炒蛋，开头处的是留学生为了融入新环境而做的菜，结尾处的一道凝结父母浓浓爱子深情的菜。回归家国情怀的番茄炒蛋，其红黄配色一如鲜艳的五星红旗，因此也被亲切地称为"爱国菜"。

呼应式结尾的另一种用法是对标题或开头进行解释说明，即文案的标题或开头提出了观点，中间进行分析，结尾则自然而然地回到标题或开头的话题，使得文案浑然一体。招银理财一则名为"走动走动"的短片，影片从热心肠的老妈展开，在小镇里老妈与邻里和谐相处，每天都在走动，而女儿对这样的社交能力却嗤之以鼻。女儿长大后试图用都市生活的疏离法则改变母亲，却在朝夕相处中，被母亲温暖的生活哲学悄然融化。影片结尾文案点亮了整个片子的核心："我们以后可能都不会像父母那一代，拥有那样热情浓烈、不分你我的人情味儿，但在这个强调边界感，互不麻烦的世界里，偶尔'走动走动'，好像也不错。"这番表达，也让屏幕外的观众感同身受，那些变淡甚至丢失的年味，其实就是靠"走动走动"积累下的人情味。

5.3.2　电商文案结尾写作技巧

进入内文写作收尾部分时，电商文案写作者要注意对文案进行通篇的审视和调整，使全文风格统一，内容安排合理，主要从以下几个方面来进行统揽布局。

1. 段落明晰

以文字为主的文案最忌讳就是所有文字堆砌在一起，长篇累牍不分段、无标点、没重点，很容易让读者迅速失去继续阅读下去的兴趣。文案中文字的排列可以不规则，但不能不美观。这也就是为什么一些较长的文案被排列成诗一样。

文案创作者要善用段落对文案内容进行分割排列。同时还要注意控制段落字数，将文案整体内容的排版稳定在一个可以接受的字数范围内。长短有致的段落排列方式能创造出一定的韵律感，有详有略更能突显文字内容，起到强调的作用。例如，图 5-16 所示的凡客诚品的文案，整个文案段落布局错落有致，富于美感，重点突出，令人有阅读的欲望。

图 5-16　段落明晰的文案

2. 全面展示

文案内容的全面性是指从多角度展示产品信息，以满足受众对产品深度了解的需求。正如展示产品细节时需要提供正、侧、外、里、上、下等甚至全方位的拍摄角度一样，使用文字描述产品时，也需要从质量、用途、品牌、工艺、口碑、外形等多个方面呈现。

为了达成宣传效果，也有些商家选择通过多种不同形式文案来展现产品，有的商家还会选择多个时间来逐步分段释出产品文案，形成系列文案，同时产生"犹抱琵琶半遮面"的效果。而在系列文案作品中，各则文案所表现的信息内容之间，主要呈现三种关系：①信息并列关系；②信息同一关系；③信息递进关系。例如，蒙牛在 2023 年母亲节推出的《同岁妈妈》，从时间的角度切入，讲述了一个母亲和孩子同频成长的故事，刻画出一个幼稚、胡闹但也要强、有担当的母亲形象。在此过程中，蒙牛的品牌文案"一杯牛奶，为爱要强"得以潜移默化地传达，让消费者感受到品牌"要强精神"背后的柔软、温暖，如图 5-17 所示。

图 5-17　全面展示文案

3. 项目编号

长篇文案由于涉及的内容过多，在兼顾全面展示的同时，即使能做到段落明晰、条理清楚，也不免会因为篇幅过长，让读者望而生畏。解决这个问题有一个方法，就是使用小标题并添加项目编号。通过字号、颜色或字体的变化，将编号的小标题区别于内文其他文字，或者在正文开头列出全部小标

资生堂《红了》全文

题，并设置超链接直接链接正文相关内容，这样就能起到一个类似目录的作用，让读者快速了解文案的内容信息。

例如，资生堂《红了》通过 150 句文案，给出了 150 种有关美的阐释。虽然文案主色调只有红色，但字体的变换、版式的创新，都为消费者带来了全新的阅读体验。部分文案截图如图 5-18 所示。

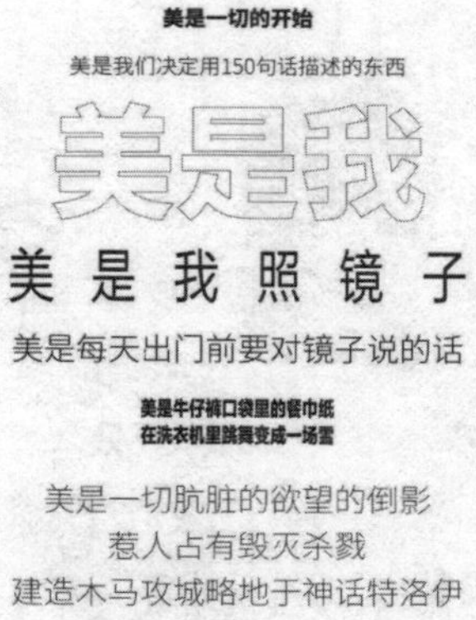

美是一切的开始
美是我们决定用150句话描述的东西

美是我

美 是 我 照 镜 子
美是每天出门前要对镜子说的话

美是牛仔裤口袋里的餐巾纸
在洗衣机里脱胎变成一场雪

美是一切肮脏的欲望的倒影
惹人占有毁灭杀戮
建造木马攻城略地于神话特洛伊

图 5-18　项目编号文案

5.3.3　电商文案结尾写作误区

在电商文案结尾时，文案创作者不仅要把握结尾语言的准确性和表现力，同时也要通读全篇、查漏补缺，将文案作为一个整体完美地呈现出来。

1. 未删除不必要的词句

文案的内容贵精不贵多，多余的文字不但浪费读者的时间，而且可能会造成潜在消费者的厌恶，反而提高跳失率。文案中文字多余往往会造成问题描述模棱两可，文字说服力弱，乃至内容毫无意义。解决多余文字最直接的方法就是缩短长句、删除无用句、限制段落字数，这也是突出关键词句最为直接的方法。

2. 过多使用术语

专业术语是指特定领域和行业中，对一些特定事物的统一业内称谓。这里强调"业内"，也就是普通消费者并不懂专业术语。因此文案写作要接地气，要将专业术语用更简单易懂的描述替代。消费者的阅读体验是一篇文案能否获得成功的重要因素之一，如果因为过度使用术语而使得消费者"望而生畏"，那么这篇文案的创作就彻底失败了。在当今快节奏的生活中，能节省阅读者的时间和精力，为之提供愉悦的阅读体验并帮助其迅速做出决定才是至关重要的。

3. 使用有偏见的词汇

文案创作者在创作时要避免代入个人偏见，使用相对中性的词汇描述问题和现象，以免引起部分消费者的反感。常见的偏见如性别偏见、地域偏见、职业鄙视链等，为了避免这个问题，创作者可以在文案中避免提及性别，或者同时提及两种性别；提及地区或职业时可使用笼统称谓来代替具体、特定称谓。

课后练习

习题一：请根据电商文案正文的四种写作技巧，找到对应的文案案例。

习题二：以端午节为主题，创作一系列产品宣传文案。

习题三：请结合本章所学知识，为下面这款系列守护符撰写一篇故事式文案。

产品介绍：

全新 7 款御守盲盒，和风挂件，橘猫霸霸款"猛吃不胖"，黑猫酱油款"桃花朵朵"，奶牛二喵款"水逆退散"……

精细的刺绣工艺，图案清晰，色彩明丽，萌猫可爱又讨喜。

多场景使用：可以挂在车内，出入平安！可以挂在包上，万事大吉！

贴心细节：防尘又惊喜，自带透明保护套——增加耐用性，更耐脏；附赠橘神保佑金色贴纸——让好运气随处可"贴"；更有升级版专用包装袋，除了可以存放御守之外，还能收纳耳机之类的其他小物哦~

第6章 展示类电商文案写作与策划

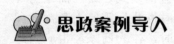

最懂年轻人的白酒

江小白是重庆江记酒庄生产的一种轻口味型高粱白酒，以红皮糯高粱为单一原料酿造而成。目标用户定位于新青年群体，在一部分人感叹"年轻人不懂白酒文化"时，江小白则认为是"白酒不懂年轻人"。它抛弃了传统白酒高档的包装，倡导简单纯粹，以印在瓶身的走心文案与消费者互动，在白酒市场已经处于红海厮杀的情况下，江小白硬是用文案开辟出一方天地。

江小白的目标消费群体是那些"80后""90后"的年轻人，其实年轻人很少有懂酒的，他们在一起喝酒很多时候是为了一种心情的释放，追逐的是个性和快乐。传统白酒，对于年轻人来讲有点高贵正式又遥远，而江小白却是很容易亲近人的、也是很容易被人记住的。江小白的所有文案都是在用第一人称"我是江小白"诉说着故事、表达着情感，其实江小白就是每个人那段惶恐、压力、奋斗的青春岁月。

江小白抓住了"80后""90后"这一青年群体，他们刚刚踏入社会，事业、情感都不稳定，因此品牌在文案内容上主要选择关于青春、理想、爱情、朋友、生活、家、自己、情感等方面的经历和想法，始终站在目标群体的角度阐述经历，增进了用户与产品之间的情感连接，使产品有了温度，易引发共鸣。同时，江小白洞察了容易让目标群体产生很丧、很伤心、很失落的情绪的事件或者经历，在瓶身文案中塑造一种很低落的情绪，并且把这种情绪传达给目标客户，绝大多数客户在江小白塑造的场景中产生共鸣，释放出低落情绪，进而需要酒，购买江小白就变得顺理成章。图6-1展示了江小白部分文案。

图6-1 江小白文案

凭借走心的文案，江小白火遍全网。2012年3月推出第一款高粱白酒"我是江小白"，在最难生存的白酒行业，江小白做到了年销售额 3 亿、每年 100%逆势增长、京东官方旗舰店两周销售 1000 万的成绩。2019 年更是将客单价只有 20 元的白酒，卖出了 30 亿的销售额。江小白的文案具有沟通力，足以引起年轻消费群体的共鸣，并且人们在畅舒情怀时便不自主地给江小白做了二次传播，制造话题，形成品牌效应。

　　江小白之所以能赢得用户心智，主要在于其不走传统白酒的营销模式之路，而是另辟蹊径，找准定位，从目标群体着手，用文案吸引客户。因此，有时候我们需要不断探索和突破，改变自己的思维模式，以更好地适应环境和面对挑战。同时，作为商家，也应当意识到，目标明确的优秀文案会带来意想不到的收获。本章将介绍展示类电商文案的写作与策划。

📙 学习目标

- 了解并掌握海报文案写作技巧。
- 了解并掌握产品详情页文案写作技巧。
- 了解并掌握促销文案写作技巧。
- 了解并掌握产品评价回复文案写作技巧。

中国海报设计师黄海

6.1　海报文案写作

　　海报具有广告宣传的作用，是最常用的一种推广方式。对于电商来说，海报可以通过版面的构成在第一时间内吸引人们的目光，能有效地介绍商品和推广品牌，所以，海报文案是电商常采用的一种文案表达方式。

　　一张完整的海报通常是图片、文字、色彩、空间等要素的完美结合。其中，图片、色彩、空间主要用来打造视觉效果，吸引消费者的注意，而文字则用来表现或突出主题。本章所介绍的海报文案是指海报中的文字，它是海报的主题，用来展示海报的宣传要点。图 6-2 为京东"厨房小家电 815 周年庆"的宣传海报文案。

图 6-2　京东海报文案

6.1.1　海报文案构成要素

　　电商海报文案通常由品牌名称、主标题、副标题、图片、辅助说明、商品卖点、促销信息等要素构成。图 6-3 所示为一款护肤品的网店海报，图文简洁明了。此海报文案中，包含了很多基本构成要素：

品牌名称：LA MER。

主标题："愈颜如初 无微不至"。

副标题："愈颜抗老明星系列"。

图片：主产品包装和外观，附赠礼品（绮绘专属贺卡、同心陶瓷挂坠、艺术高定丝巾）。

辅助说明：产品具体信息（数量、大小）。

卖点：24 小时顺丰发货。

图 6-3 电商网店海报文案

6.1.2 海报文案写作技巧

海报是商品营销过程中的一个重要环节，是将商品展示给消费者的直接途径。它将商品核心信息传递给消费者，增进他们对商品的认识，从而激发他们的购买欲望。海报文案的内容在很大程度上决定了销售推广的广度和产品营销的效果，这就需要海报文案对消费者有足够的吸引力。那么，如何才能创作出好的海报文案呢？下面将从四个方面来介绍海报文案的写作技巧。

1. 重视主标题，展现利益诉求

海报营销能否取得成功，很大程度上取决于海报文案主标题是否足够吸引消费者眼球，是否符合消费者利益，从而激发其好奇心和购买欲。因此，一个好的海报不仅要打出具有吸引力的主标题，还要直接将产品展现给消费者，通过细致刻画并着力渲染产品质地、功能、用途，突出产品最打动人心的部分，运用光影、颜色和背景进行烘托，将产品置于一个具有感染力的情境之下，给消费者以逼真的现实感，使其对海报所宣传的商品产生一种亲切感和信任感。图 6-4 所示为某款防晒产品的海报文案，主标题简单明了地向消费者展示出了"超强持久防晒"这一利益诉求。

图 6-4 重视主标题，展现利益诉求的海报文案

2. 构思创意，激起兴趣

美国广告大师大卫·奥格威曾说："要吸引消费者的注意力，同时让他们来买你的产品，非要有好的点子不可。除非你的广告有很好的点子，不然它就像快被黑暗吞噬的船只。"这个点子，就是创意。他也指出："如果海报内容没有卓越的创意，注定是要失败的。"可见，在广告和营销领

宜家广告促销公式

域，创意是至关重要的。颇具创意的文案总能脱颖而出，让人耳目一新，更易激起消费者兴趣，更能打动消费者，让消费者产生就该买此产品的念头。好的构思创意不胜枚举，下面简要介绍三种较常见的方法。

（1）合理夸张。合理夸张是在文案中对所宣传的产品品质或特性进行适当的夸大，以加深消费者对产品的印象和认识。这种手法能更加鲜明地强调产品的功能或特性，揭示产品的使用价值。如图 6-5 所示为某保温壶的海报文案，文案"昨天的水 小心烫嘴"采用夸张的修辞手法突出了壶的保温效果之好，让人印象深刻。

图 6-5　合理夸张的海报文案（1）

又如图 6-6 所示，2004 年戛纳广告节平面类全场大奖作品——大众 POLO "Small but Tough，Polo（虽然小，却够硬）"就是利用夸张的表现方式来突出 POLO 车子坚硬特点。路上有一排车子，所有的警察却都躲在 POLO 后面，把它作为挡箭牌来准备一场枪战。

图 6-6　合理夸张的海报文案（2）

（2）诙谐幽默。诙谐幽默是指运用风趣的语言和搞笑的图片，营造出一种充满笑点而又耐人寻味的幽默意境，进而引出要宣传的商品或品牌。这种手法有利于巧妙地展示商品的特点，赋予其鲜明的个性特征，有利于消费者在轻松愉悦的氛围中主动阅读和接收产品的关键信息，从而发挥文案的作用，达到宣传和销售的目的。图 6-7 所示为苏泊尔电饭煲的一组海报文案，文案用幽默风趣的语言和图片展示了产品的"蒸汽"特点，同时也在无形之中展现出此款产品的与众不同之处。

图 6-7　诙谐幽默的海报文案

（3）以情托物。海报通过文字和图像的完美结合，展示商品或品牌，成为连接产品与消费者的桥梁。消费者观看海报的过程，就是与海报进行情感交流、产生共鸣的过程。海报文案可以适当借助情感来烘托主题、渲染产品特征，从侧面反映产品的价值，从而有效发挥文案的艺术感染力，调动消费者的情感体验，达到吸引消费者的目的。如图 6-8 所示为滴滴打车平台的海报文案，回家的情境向消费者展现了人们出行的心境和必要性，易引起消费者共鸣，达到宣传的目的。

图 6-8　以情托物的海报文案

（4）对比衬托。对比，是把具有明显差异、矛盾和对立的双方安排在一起，进行对照比较的表现手法。用比较的方式可以非常直观地展示产品的性质和特点，给消费者鲜明的视觉感受，让消费者在比较中鉴别，给消费者留下深刻的印象。如图 6-9 所示的北京同仁堂祛斑美白霜的海报宣传，使用大篇幅的图片对比，展示了产品使用前后的效果，消费者一眼就能感受到产品强大的祛斑美白功效，从而产生购买欲。

图 6-9　对比衬托的海报文案（1）

再如图 6-10 所示"从小玩到大"的创意海报，通过对比手法，非常直观地展示了从第一代掌上机到大屏机的变化，表现出了平台虽变，但经典游戏不变的含义。

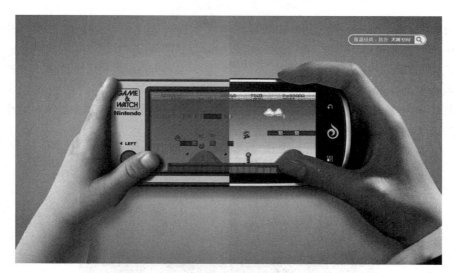

图 6-10　对比衬托的海报文案（2）

3. 借力热点，提高知名度

人与人之间有了共同话题才能聊，而热点话题就为商品和消费者的沟通搭建了一座桥梁。大到国际形势，小到娱乐花边，这些都能成为商品和消费者的共同话题。在一定程度上，海报文案巧妙使用热门话题，能迎合消费者的心理，满足消费者的需求，因此更容易吸引消费者的眼球。图 6-11 为百威啤酒在 2022 世界杯期间发布的一则宣传海报，文案有机结合产品和世界杯的相似点，借势宣传产品，提高了产品曝光率和知名度。

图 6-11 借力热点，提高知名度的海报文案

4. 巧设排版，图文并茂

在海报文案中，图文的空间关系会影响到消费者的视觉感受，甚至可能影响消费者对海报文案的兴趣和关注。所以，在海报文案的设计中，要深思熟虑，深入了解文字的多少、图形的类型、海报的设计要求和风格，并选择相应的构图和图文结构关系。好文字、好图片，再加上好的构图能充分展现产品特征，吸引消费者阅读兴趣。图 6-12 为一款睫毛膏的海报文案，此文案主色调和字体呈现出了品牌所强调的主题复古感，文案背景的细波纹从侧面展示出了产品的丝滑、根根分明、栩栩如生等特点，图文搭配和谐完美，给消费者一种视觉享受，能有效吸引消费者注意和兴趣。

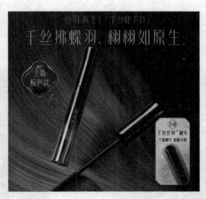

图 6-12 巧设排版，图文并茂的海报文案

案例1：《神奈川冲浪里》的别样打开方式

《神奈川冲浪里》是由江户时代的浮世绘大师葛饰北斋所创作，是一幅木版画，为系列版画《富岳三十六景》之中最著名的一幅，如图 6-13 所示。

《神奈川冲浪里》精妙的构图和日本民族风格为未来的艺术从业者留下了宝贵的财富。其诞生至今，有着持久不衰的神秘吸引力，影响深远。梵高的《星空》就曾参考了这幅画的构图及色彩；德彪西也曾从中汲取灵感，创作了《大海》交响诗，连曲谱的封面设计都参考了原画中的浪花。在现代广告设计领域，葛饰北斋的独特创作风格也激起了设计师的巧思，现代社会以它为元素的广告作品更是比比皆是。

图 6-13　葛饰北斋《神奈川冲浪里》

　　例如，咖啡小旅店（Coffee Inn）曾借鉴《神奈川冲浪里》创作宣传海报为 Flat White 咖啡进行了广告营销。Flat White 在中国台湾被称为"白咖啡"，是一种牛奶比较少、咖啡比较多的澳洲咖啡。在宣传海报中，蓝色的巨浪被咖啡豆替代，牛奶代替了巨浪雪白的浪花。非常形象贴切地展示了广告语中所说的：less milk more coffee（少一点儿牛奶，多一点咖啡），以示其 Flat White 的纯正，如图 6-14 所示。

　　法国白酒 Now and Zen 亦是乘着《神奈川冲浪里》之风出圈。Now and Zen（现在和禅）是 now and then（有时）的谐音。白酒的名字中的 Zen（禅），很容易让人想起来日本佛教的中禅修。白酒的包装（图 6-15）就是一个在神奈川巨浪上划船的白人，这样具有日本风情的名字和包装，让人感觉这白酒一定也非常适合日本甚至亚洲料理。幽默的谐音和对名画有趣的模仿，既让人觉得这款白酒很时尚，也让人感受到一种独特的文化韵味。因此，这款白酒在种类繁多、价格低廉的白酒市场上成功脱颖而出。

图 6-14　咖啡宣传海报

图 6-15　白酒宣传海报

　　2009 日本电器品牌松下以 Ideas for life 为宣传文案，以《神奈川冲浪里》为原型为其冰箱、电吹风、洗衣机创作了一组宣传海报，如图 6-16 所示。在这组海报中，分别用绿叶、头发和床单摆出原画中海浪的造型，表达蔬菜在冷冻后依然鲜翠欲滴，使用过电吹风的头发也像水纹一样顺滑，洗净的衣服更是丝柔。虽然是模仿名画，但没有局限在原作的气氛中，三张海报各自营造出独有的氛围，分别将产品新鲜、温和、清洁的特点和功能直观生动地呈现在消费者眼前。

图 6-16　松下宣传海报

6.2　产品详情页文案写作

产品详情页是指在淘宝、京东等电商平台中，商家以文字、图片或视频等手段展示所销售产品信息的页面。消费者在电子商务平台购物时，不能触摸到实际的物品，只能通过产品详情页来充分了解产品的各项信息。产品详情页就像是一个无声的推销员，它能最大限度地将商品的卖点展示出来，让消费者在了解商品的各项信息的同时，获得消费者的信任和好感，间接引导他们下单，从而提高店铺流量的转化率。如果商品的详情页文案不能打动消费者，就无法达到销售目的，无法带来经济效益，因此商家要尽可能地让产品详情页详尽而有吸引力。

6.2.1　认识产品详情页

通常来说，产品详情页的内容大致包括以下几个方面：情感诉求语句、产品功能介绍、产品实拍图、质量标准、价格促销点、商品获得的荣誉、客户体验、产品最独特的卖点、和同类目的产品的对比、售后保障、品牌介绍。

1. 产品详情页写作原则

产品详情页是通过视觉来传达产品特征的一种形式，能让消费者快速了解到产品的主要信息，对提高店铺的成交转化率起着决定性的作用。要写出优秀的产品详情页，需要注意以下原则：

（1）虚实结合。"实"是指产品详情页的商品信息描述要符合实际情况，特别是商品的细节描述、材质和规格等基本信息，一定要真实可信，不能肆意夸大，也不能隐瞒或弄虚作假。若因使用虚假实信息忽悠消费者购买了产品，很可能带来差评或者投诉，会有损品牌信誉，得不偿失。"虚"是指对商品的生产背景、加工过程和买家反馈等信息，可以进行适当的美化和加工，让商品更加有内涵和品质，但一定要把握好度。

（2）图文并茂。产品详情页需要文字来进行必要的说明，但吸引消费者的主要还是图片。若忽略图片而采取大段的文字描述将会引起阅读不适，从而降低商品的吸引力。所以，产品详情页应注意图文的有机结合，有图有文、图文协调，为消费者提供良好的视觉体验。

（3）详略得当。凡事要有重点，产品详情介绍亦如此。好的商品详情页应该详略得当，主次分明，突出重点：产品的基本信息要尽量详细；产品的卖点要简洁明了；对于买家比较关心的售后服务、产品质量、产品功效和注意事项等内容也要详细介绍，尽可能地让买家感到放心。

2. 产品详情页主体架构

产品详情页中的内容众多，只有了解并熟悉产品详情页的框架，才能更好地策划、布局、填充内容、展示产品信息，下面将从图片、产品、消费者三个层面讲解产品详情页主体内容的填充方法。

（1）图片。清晰的图片可以非常直观地展现商品的特点，是商品详情页中不可或缺的元素，它和文字一起构成了产品详情页的主要内容。下面介绍五种产品详情页可能需要用到的图片。

1）焦点图。焦点图一般出现在网店首页，或者产品详情页最显眼的位置（一般为上方），以宣传推广店铺中的产品，具有一定的视觉冲击和吸引力，容易引起消费者的关注，激起消费者兴趣。图6-17为某护肤品牌在其网店展示的产品详情页焦点图。

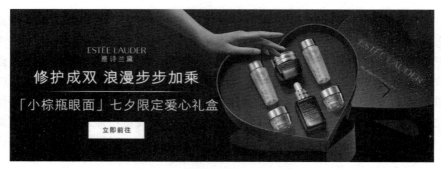

图 6-17　产品详情页焦点图

2）总体图和细节图。总体图是指展现产品全貌的图片，主要是从不同角度和不同颜色来展示产品信息。图6-18为某款时尚包的总体图。

图 6-18　产品详情页总体图

细节图是指展现产品局部的图片，主要从款式设计细节、做工细节、材质细节、辅料细节、内部细节、大小尺寸等方面展示产品具体信息。图 6-19 为某款连衣裙的细节图。

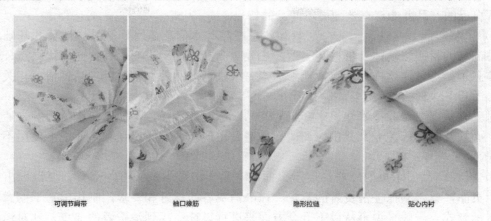

可调节肩带　　　　　袖口橡筋　　　　　隐形拉链　　　　　贴心内衬

图 6-19　产品详情页细节图

3）场景图。场景图是指产品与背景图融为一体的实拍图片，不是通过后期抠图生成的图片。场景图可以更立体地展示产品的特点，同时使产品充满生活气息，给消费者良好的视觉感受和吸引力。家具、服饰、箱包等生活类产品，最好提供场景图片。图 6-20 为某款沙发的场景图。

图 6-20　产品详情页场景图

4）效果图。效果图是指将使用产品后的效果，以图片的形式呈现在产品详情页中。这种方式既可以为消费者提供参考，也可以证明产品的价值。图 6-21 为使用某化妆品产品前后的效果对比图。

（2）产品。在实体店购买产品时，消费者可以通过感官以及销售人员的详细介绍了解产品的外观、功能、性质和特点，有时甚至还可以亲自体验产品效果。这些可以让消费者切实感受到购买产品后所能获得的好处和利益，从而刺激消费者产生购买行为。然而在网店，消费者只能通过文字、图片等元素获取商品的相关

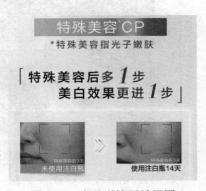

图 6-21　产品详情页效果图

信息。因此，在产品详情页中，用灵活且富有创造性的图文将产品的全貌、性能和特点展现出来，有利于消费者对产品进行鉴别、挑选，并以此激发消费者的购买欲望。这需要商家充分了解自己的产品并能够有效地展示产品的特点。

1）了解产品基本信息。充分了解和熟悉产品基本信息是写好产品详情页的基础。不仅要熟悉商品的材质、功能、价格和类型，还要对商品的使用说明、性价比、优缺点、售后服务等信息了如指掌，这样才能有效地组织语言来进行产品的介绍，使商品详情页相关内容在顾客心中留下深刻的印象。

对于某些需要专业技术知识来介绍的商品，态度要严谨，不能以自己的理解来随意进行描述，必须及时向相关专家或供应商请教，避免出现名词解释错误和专业词汇使用不当等基本错误。

2）设计产品展示页面。产品展示页面是产品详情页中最关键的部分。要设计出好的产品展示页面，就必须抓住消费者的需求、抓准消费者的喜好和要求，制作出富于创意和吸引力的展示方式。一般来说可从以下五个方面来进行设计：找到消费者的痛点，针对消费者需求进行设计；列出产品的特性及优势；挖掘消费者最希望改善或最希望被满足的需求；按产品特性、优点及利益进行组合；按产品能够满足消费者的利益进行优先组合。

3）保证产品的完好性。在介绍产品时，需特别注意展示产品的完好性，不论其内在质量还是外在包装、附件及外观设计等方面都不能有任何疏忽，这样才能打消消费者疑虑，引起他们的兴趣，从而刺激购买行为。

4）突出产品的特色。产品特色是一个产品与市场上同类产品区别开来的一个重要特征，可以是产品的设计特性、产品的功能特性或者产品的附加值。在同质产品众多的电商平台上，想要吸引消费者的注意力，就要在产品详情页的设计中，突出产品的特色，让消费者一眼就能看到产品的独特之处，从而促使消费者下单。在设计中可以通过图片、文字、颜色等方式来突出产品特色。图6-22为iPhone14产品详情页对产品特色的介绍，通过颜色和图片的巧妙运用，突出产品特色的同时给消费者带来较强的视觉冲击，很容易吸引消费者。

图6-22　产品详情页产品的特色展示

5）语言得当。在产品详情页，应当注意使用目标消费群体的官方语言进行产品描述，同时描述的语言也应当简洁明了，不能故作高深，用一些不常见的词汇或者深奥的专业词汇做"专业"描述，而不从消费者的实际情况出发，这样会引起消费者的反感，导致客户的流失。好的产品描述应该是用语浅显，生动易懂，由浅入深地介绍商品，达到引人入胜的效果。

（3）消费者。顾客就是上帝。如果产品详情页能让客户觉得"太了解我了，这是我需要的"，那么产品就不愁销量了。所以在设计产品详情页的时候，更要站在客户的角度去思考。一般来说，可以从不同消费群体的不同消费心理和需求、消费者最关心的问题进行思考和设计。

1）不同消费群体的消费心理和需求。产品详情页要体现消费者需求，满足消费者消费心理，所以不同产品的详情页要突出的点不尽相同。只有抓住目标消费群体的消费心理和需求，才能吸引消费。例如，针对实惠型消费者，详情页应侧重于物美价廉的表述；对于从众型消费者，要着重于展现"××同款"的场景；针对"颜控"型消费者，需着重于展示产品的美观性；对于品控型消费者，侧重展示产品的品质。具体举例如图 6-23 至图 6-26 所示。

图 6-23 针对实惠型消费者的详情页

图 6-24 针对从众型消费者的详情页

图 6-25 针对颜控型消费者的详情页

图 6-26 针对品控型消费者的详情页

2）消费者最关心的问题。产品详情页的内容要从消费者切身利益出发，展示消费者最关心的问题，解决消费者的后顾之忧。可提前开展有针对性的市场调研，将消费者关心的问题收集起来，并将解决办法一并展现在详情页当中。目前比较常见的有引用第三方评价、安装指导服务、售后服务、关联推荐等。具体举例如图 6-27 至图 6-30 所示。

图 6-27　引用第三方评价的详情页

图 6-28　安装指导服务的详情页

图 6-29　售后服务的详情页

图 6-30　关联推荐的详情页

6.2.2　产品详情页文案写作技巧

如果产品详情页中突出展示了商品的特性，也拍摄了精美的实物图，但下单消费者却寥寥无几，这不一定是因为产品品质不够好，或者价格不够优惠，很有可能是因为详情页文案不够吸引人，没有激发消费者的购买欲望。产品详情页文案一般出现在详情页中的产品卖点介绍、设计诠释、细节描述和功效介绍等地方。优秀的产品详情页文案，可以大幅度提高店铺的转化率，促使消费者进行消费。怎样才能写出优秀的产品详情页文案呢？以下提供几点参考：

1. 图文搭配，简洁真实

深入人心的文字搭配精美的图片，往往会给消费者留下深刻的印象。因此，在产品详情页要合理布局图片和文字，同时也要确保文案用词简单直白、内容真实可靠。任何故弄玄虚、夸大其词或有所隐瞒都会影响消费者的购物体验，从而影响店铺转化率。图 6-31 所示的文案用"全钢伞架　磐石之固"这简短的八个字配上图片，简单明了，既道出了产品材质，也展现了产品细节。

2. 抓住痛点，凸显价值

在进行产品描述时可以换位思考，站在消费者的角度，想一想消费者到底为什么必须要购买这款产品，要学会剖析消费者的购物心理，抓住他们购买这款产品时所关心的问题。只有真正找到并抓准消费者的痛点，才能以此凸显产品的价值，加深消费者的认同感，激发消费者的购买欲望。例如，户外运动爱好者购买运动产品时，要求产品舒适、防水、透气和耐磨；宝妈购买母婴用品时要求产品纯天然、舒适、健康和安全。图 6-32 为一款婴儿推车，其文案抓住了传统婴儿推车不便折叠携带的痛点，通过"一键折叠单手可收"的描述，很容易打动消费者。

图 6-31　图文搭配，简洁真实的产品详情页文案　　　图 6-32　抓住痛点，凸显价值的产品详情页文案

3. 紧贴定位，讲好故事

产品详情页文案不仅要符合消费群体的需求，也要明确并且紧贴店铺定位，不断强调自身的优势与特色。另外，大多数消费者是有故事情怀的，若文案能在突出自身特点的同时讲好故事，那便是锦上添花了。只要能讲好故事，就能激起消费者的阅读兴趣，让他们在潜移默化之中认同商品的价值，最终促成订单。例如，我国彩妆品牌花西子，以"东方彩妆，以花养妆"为宣传口号，主打东方文化情怀，所有产品和网店的设计都紧贴店铺定位，充满了浓浓的东方古典文化的气息，个性独特，让人耳目一新，印象深刻。与此同时，花西子赋予每款产品一段美丽的故事，很容易调动消费者的情绪，促成消费。图 6-33 为花西子某款口红的文案。

图 6-33　紧贴定位，讲好故事的
产品详情页文案

4. 晓之以理，逻辑引导

产品详情页文案主要是与消费者沟通，表达产品优势，促成买卖。那么，如何与消费者沟通呢？如果说上文提到的抓痛点和讲故事是"动之以情"，那么"晓之以理"又何尝又不是一种好的沟通方式和策略呢？可以通过有理有据讲道理的方式，用理性诉求来打动消费者。图 6-34 所示的详情页文案，首先告诉消费者螨虫是什么以及螨虫带来的危害，让消费者对螨虫有一定的认知，意识到除螨的必要性。然后再对产品特点进行相关介绍，让消费者对产品有了更深入的了解。对有螨虫困扰的消费者而言，这种

产品的详情页文案就可以有效引导其进行相关产品的选购。

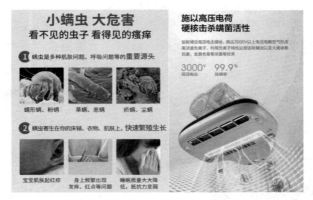

图 6-34　晓之以理，逻辑引导的产品详情页文案

5. 利用权威，增强信任

在消费者眼中，专家和实验室代表着权威、正确与信任。大多数消费者在购物时不愿意花费大量时间寻找产品好的本质原因，但又不能准确判断产品质量好坏与否。这时使用权威证明，既能解决消费者的疑惑，又能赢得他们的信任，轻松引导下单。

关于权威组成，一般包括权威奖项、权威认证、权威供应商、权威代工厂、权威专家、权威报告等。在产品详情页利用权威，可以证明产品的高品质，更加快速地赢取消费者的信任，进而促成订单。图 6-35 为引用相关权威的两款产品详情页。

图 6-35　利用权威，增强信任的产品详情页文案

6.3　促销活动文案写作

促销活动文案是电商为了促进商品的销售，在特定的时间范围内，利用降价、满减、打折、赠送等营销手段制作的文案，是一种非常特殊且功能性很强的文案。每当遇到"双十一"

"618"或者其他电商节日时，各电商都会设计各种促销活动文案吸引消费者的眼球，增加网店商品的点击率和转化率。

6.3.1　促销活动类型

促销活动的形式多种多样，因此促销活动文案的种类也极其丰富，包括价格折扣促销文案、奖品促销文案、节日促销文案、店庆促销文案等。

1. 价格折扣促销文案

价格是消费者最关心的问题之一，因此价格折扣成为电商常用的一种促销方式，常见的价格折扣促销文案有错觉折扣、打折降价、限时抢购、临界价格、阶梯价格。

（1）错觉折扣。不同于传统的折扣方式，错觉折扣在于让消费者形成一种错觉：他们购买的不是打折商品，而是原价商品，只是商家又让利了。常见的错觉折扣文案有"满 99 减 40""满 199 返 100""花 100 享 200"等。

（2）打折降价。顾名思义，就是打折和降价并行的促销活动，充分让消费者感受到双重实惠的诱惑。例如，"全场 6 折起，折后满 300 再减 50"。

（3）限时抢购。利用消费者错失恐惧症心理，通过在限制的时间范围内低价促销产品的方式，吸引消费者抢购产品。这种促销方式虽然会大幅降低产品的售价，却会带来更多的消费者，因而带来更多的商机。常见的此类促销活动文案有："今晚 19:00—19:10 全场 1 折""24 小时后，恢复原价"等。

（4）临界价格。临界价格就是在视觉上和感性认识上让消费者有第一错觉的那个价格。例如，以 100 元为界线，那么临界价格可以设置为 99.99 元或者是 99.9 元，这种临界价格主要给消费者造成视觉错觉：这个商品并没有上百，也只不过是几十块而已。

（5）阶梯价格。所谓阶梯价格，就是商品的价格随着时间的推移出现阶梯式的变化。例如，新品上架第一天按五折销售，第二天六折，第三天七折，第四天八折，第五天九折，第六天原价销售。这样给消费者造成一种时间上的紧迫感，越早买越划算，减少买家的犹豫时间，促使他们冲动购物。

2. 奖品促销文案

奖品促销通常是以向消费者赠送奖品的方式给予消费者优惠。目前常见的奖品促销文案有以下四种。

（1）进店有礼。不对消费者设限，只要进店就送礼，活动受众多，利于引流，因此应用十分广泛。

（2）积分抽奖。只要消费者在店内消费了，就能兑换相应的积分，达到一定积分就能进行抽奖或者兑换礼物。这会让消费者感到实惠，让他们愿意一直光顾店铺来增加积分，从而给店铺带来了创收的机会。

（3）百分百中奖。消费即可抽奖，且百分之百中奖，迎合了消费者讨"好彩头"的心理，同时落到实处的利益也让消费者得到了物质上的满足。

（4）定额赠送。定额赠送是指对购买产品的消费者进行相应的赠送，让消费者感受到实惠。例如，"买二送一""买一箱送一箱""买一得二"。这类定额赠送的赠品往往价值较高，对消费者有很大的吸引力。

3. 节日促销文案

电商通常会巧妙利用新年、情人节、中秋节、端午节、母亲节等等各种节日进行促销。除了常规的节日营销外，还有大量电商平台的节日营销，如天猫"双十一"、京东"618"等。制作精良的节日促销文案往往能吸引大量消费者。

京东七夕文案

4. 店庆促销文案

为了提高店铺知名度、增加销量，商家往往会推出店庆促销的活动。店庆开始前，一般会创作相关文案，进行店庆活动预热，让消费者知道本店铺即将举行店庆活动，透露部分活动内容，点燃消费者参加活动的热情。

6.3.2　促销活动文案写作技巧

在促销活动期间，营销文案的创作对商品的转化率起着至关重要的作用，但促销活动文案绝非价格、限时、限量这三要素的简单堆砌。那么，如何才能写出有效的促销活动文案，在同质化商品中脱颖而出呢？这就需要掌握促销活动文案的写作技巧，具体可从以下四个方面展开思考。

1. 主题明确

主题是文案的灵魂，看似无关紧要，却无处不在，任何活动都要有一个明确的主题。只有充分了解商家的实际情况（包括活动的时间、地点、预期投入的费用等）和市场情况（包括竞争对手当前的广告行为分析、目标消费群体分析、消费者心理分析、产品特点分析等），才能做出准确的判断，扬长避短地选择最重要也最值得推广的一个主题，这样才能引起消费者的关注，让消费者记住文案想要传递的信息。图 6-36 所示为某服装品牌以"夏不为利"为主题的促销文案。

图 6-36　主题明确的促销活动文案

2. 与我相关

有效的促销活动文案之所以有效，是因为它是写给目标消费群体的，而不是大众用户。类似于"跳楼价"的促销文案，在消费者看来，和自己没有太大关系。所以，有效的促销文案首先应该加强产品与消费者之间的关联性，让消费者觉得这个产品与自己相关，能引起消费者对产品的关注和兴趣，促使其了解，进而购买。

图 6-37 中的各大基金品牌推出的宣传文案，"你每天都很困，只因为你被生活所困""每

天都在用六位数的密码，保护着两位数的存款""世界那么大，你真的能随便去看看吗？"从消费者的角度出发，凸显现实的无奈，增强了消费者的情绪体验，使消费者感受到自身与商品的关联性，容易激起消费者的兴趣和购买欲望。

图 6-37　与我相关的促销活动文案（1）

图 6-38 中的京东超市"#9012 宇宙好物种草指南#"活动发布的一系列促销文案"神机一出手　爱情跟你走""干了这杯星空酒　爱情甜蜜长久久"以爱情为主题，锁定消费群体，再加上粉色等浪漫色的背景色烘托，直击情侣内心，让人觉得购买了产品就会有长长久久的甜蜜爱情。

图 6-38　与我相关的促销活动文案（2）

3. 主动参与

促销活动如果没有消费者的参与，就是一场无法落地的海市蜃楼。优秀的促销文案要能调动消费者积极性，使之主动参加活动，购买产品。具体可以从两个方面出发进行文案设计，第一，强调促销权益的个人独享性，即营造"不是人人都可以享受这个权益，只有我可以"的氛围，给予目标消费者一定的优越感，激发其积极性，例如仅限会员的限时特惠，如

图 6-39 所示。第二，设计只有消费者才能参与的活动，一方面用简洁的语言让消费者了解活动规则，另一方面用奖励激发消费者参加活动的积极主动性，如图 6-40 所示为某店铺的买家秀征集活动。

图 6-39　仅限会员的促销文案

图 6-40　买家秀征集促销文案

4. 扩大增量

促销活动文案不仅要针对目标消费群体（存量用户），更要吸引非目标消费群体（增量用户）。一般来说，扩大增量用户的关键，在于强化存量用户和增量用户之间的联系，说服增量用户为非增量用户购买商品。

例如，图 6-41 为某手机的促销文案，"尊老助老　孝行天下"，以年轻用户和其父母的关系为出发点，强调尊重和孝道的重要性，激起年轻用户为年迈的父母购买手机的欲望。戴森以"别让两千以下的风　吹过她的头发"为促销文案，一方面用数字突出了此款吹风机的特别尊贵之处，强调了"她"的重要性以及产品价格的合理性，另一方面从关心的角度出发，吸引消费者为心中那个重要的"她"购买吹风机，有效地扩大了增量。

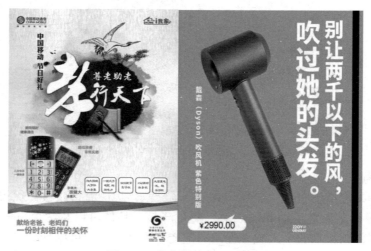

图 6-41　扩大增量的促销文案

6.4　产品评价回复文案写作

有一个心理学的效应，叫作"观察者效应"，就是当人们觉得对方很在乎自己的想法，倾听自己的反馈、重视自己的意见时，人们就会对这件事情产生拥有感，从而对对方产生正面的印象与情绪。产品评价区不仅仅是消费者的反馈之地，更是消费者与商家的互动沟通之所。商家要充分重视评价区里消费者的想法和意见，并及时予以回复。如果能在回复商品评价时，写出独到的文案，同样可以达到促进网店销售的效果。

6.4.1　产品评价回复类型

针对不同类别的消费者评价，应有不同的产品评价回复。产品评价回复大致可以分为以下三类。

1. 感谢型

好评背后也蕴含着消费者的情感需求，当消费者给予积极正面的评价时，商家也要及时回复，表示感谢。有时可通过回复评价，增加消费者好感，把消费者从"有好感"变成"忠实粉丝"。图 6-42 为感谢型回复。

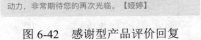

2023-08-03 18:14

已购商品：平衡粉底液试色五连包

没用过花西子的粉底液，所以买来试一下色号的，每小包里面正好是一次的用量，包装很讲究，不愧是大品牌，确定好了色号再来买正装

商家回复：花伴，感谢您对花西子的肯定，花西子坚持匠心研发产品，坚持以花养妆打造健康彩妆，坚持用户参与式共创，满足更多用户的需求，您的心声便是我们的天籁之声，您的满意为我们增添一份前进的动力，非常期待您的再次光临。【娅婷】

图 6-42　感谢型产品评价回复

2. 解释型

对于中评、差评或是好评中提到的问题，商家有必要进行及时的回复，回复时要特别注意给出合理的解释，让消费者看到商家诚恳负责的态度，了解到问题产生的原因，找到解决方案，从而化解误会，避免其对品牌产生不好的印象。图 6-43 为解释型回复。

尺码正，就是面料有些易皱，唉，一般般吧

衣服质量很一般 尤其领口 洗了两次 发现变形 两百多的裙子不值 质量不行 不建议购买

商家回复：感谢亲爱的选购她池，很遗憾没能给您带来完美的体验。咱家衣衣从选材到成衣每个环节都是经过正规测试的，您可以放心穿用。此款连衣裙材质含棉，由于面料特性，随着穿用整体结构会更加松软，属于正常情况。清洗穿用时需尽量避免长时间大力绞拧或拉拽，此情况会大大改善。感谢您对店铺的支持，有任何问题都可以联系客服为您处理～感谢您的理解，期待您的再次光临～

商家回复：感谢您的喜欢和支持。货品因折叠并在仓库存放，加上发货的时候快递扔来扔去难免会有褶皱的，亲收到货后稍微熨烫下就平整了。还希望请理解哦！

图 6-43　解释型产品评价回复

3. 引导型

主要是指商家在产品评价回复中补充产品的用法、推荐配套产品、介绍新产品等，让消费者更信赖产品，从而引导消费者进行二次消费。图 6-44 为两条引导型产品评价回复，引导客户优化产品使用方法，引导客户收藏店铺关注产品更新，都有助于获得客户好感，增加客户黏性，达到促进二次消费的目的。

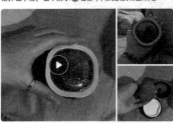

图 6-44　引导型产品评价回复

6.4.2　产品评价回复文案写作技巧

对于任何商家而言，消费者的评价（无论是好评、差评还是中评）都是增进与消费者联系的宝贵契机。

1. 个性化

智能客服的机械回复或者模版化的人工回复，虽然可以确保回复的及时性和准确性，节省时间和资源，但回复过于统一化和机械化，缺乏个性和真诚，易让消费者感到被忽视，影响满意度，且对差评的影响比好评更显著（图 6-45）。图 6-45 中 K 值代表斜率，表示商家回复满意度随模版化程度变化的趋势。K 值的大小反映了模版化程度对商家回复满意度的影响程度。K 值的绝对值越大，表示模版化程度对满意度的影响越显著。在此图中，差评回复的 K 值绝对值更大，说明模版化对差评回复满意度的影响更为明显。所以，赋予回复者性格和喜怒哀乐，从不同角度、用不同的言语对每条评论做出针对性的个性化回复，像朋友一样聊天互动，可以增加真实感，拉近距离，有效提高满意度。建议收集一些当下热门的段子、歌词，加入到回复中，让回复变得走心又具有趣味性。图 6-46 为个性化的回复。

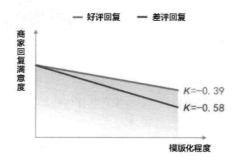

图 6-45　模板化回复对满意度的影响

2. 长短适宜

回复消费者评价有利于拉近与客户的距离，但并不是回复内容越多效果就越好。研究表明，无论对好评还是差评，回复长度都应该适中，太长或太短的回复都不利于提升消费者满意度。

 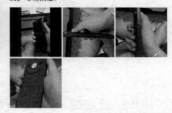

图 6-46　个性化产品评价回复

好评回复字数可略长，控制在 190～260 个字之间最佳。好评回复长度和商家回复满意度关系如图 6-47 所示。

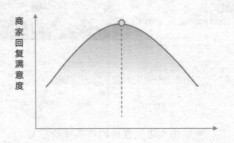

图 6-47　好评回复长度和商家回复满意度关系

差评更为敏感，最优回复字数在 180～240 个字之间。差评回复长度和商家回复满意度关系如图 6-48 所示。

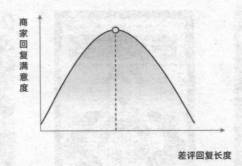

图 6-48　差评回复长度和商家回复满意度关系

同时，研究发现对短评论的长回复效果优于对长评论的长回复效果，这可能是因为当消费者给出短评论但收到了长回复时更能感受到商家的用心。图 6-49 为长短适宜的产品评价回复。

图 6-49　长短适宜的产品评价回复

3. 借机宣传

产品评价区也可用作广告宣传。如果消费者对某款产品表示满意，商家在表示感谢的同时，还可以告知消费者产品的制作工艺、品牌理念等信息借机宣传，提高消费者对品牌的认知，加深对品牌的印象。图 6-50 为借机宣传的产品评价回复。

图 6-50　借机宣传的产品评价回复

课后练习

习题一："双十一"是一年一度的电商狂欢节，各大电商平台纷纷推出了相关海报（如下图所示），你觉得哪个最有吸引力呢？请根据海报推广文案相关知识，说出你的理由。

苏宁　　　　　　　　　　天猫　　　　　　　　　　京东

　　习题二：以下为某店铺一款产品的详情页，请根据本章产品详情页相关知识，分析其存在的问题并提出优化方案。

可爱小兔子的大小高度

可爱小兔子挂饰
采用獭兔毛制作
毛毛柔软顺滑
摸起来软软萌萌的
挂包包钥匙车内都ok
均配送马蹄扣【钥匙挂件连接专用扣】

第7章 品牌类电商文案写作与策划

思政案例导入

以百年品牌为师，花西子风因何起势？

2017 年 3 月花西子成立，并且依靠国风文化迅速崛起，坚持以"东方彩妆，以花养妆"作为品牌的定位和理念，随着强大明星阵容和顶级主播加持，迅速成为国货彩妆领域的现象级新锐品牌。在 2020 年"618"之际品牌更是收获了超 1.9 亿元销售额，在天猫彩妆类目排名第一，从产品设计、明星选择、头部 KOL 投放、全渠道社媒营销等全方位收割年轻消费人群。

与此同时，花西子在海外社交平台口碑及在海外的销售额都一路走高，根据天猫"双十一"期间公布的国货美妆"出海"榜单中，花西子位居国货美妆"出海"榜第一，共有 100+国家和地区的消费者参与购买了花西子彩妆产品。

花西子创始人兼 CEO 花满天在采访中曾表态："国潮"背后的引力是中国上下五千年的文化底蕴，基于这样的引力，国潮会从当下"潮流"逐渐变成社会"主流"，而花西子并不把自己定义为"国潮品牌"，"我们的终极目标是成为中国优秀的文化品牌，打造出独具一格的花西子风"。

飞速增长的背后，花西子何以跨越时代周期成为百年品牌？

"花西子"以花为姓，西子为名。"欲把西湖比西子，淡妆浓抹总相宜。"西子，即西施，是中国古代四大美女之一，同时西子也是"西子湖"西湖，暗合了品牌的孕育之地——杭州西子湖畔。"花"字则来源于花西子的品牌定位——"东方彩妆，以花养妆"。除此之外，花西子在包装设计、产品工艺等方面，处处将中国传统文化元素匠心独运：品牌 Logo（图 7-1），取形于江南园林的小轩窗；品牌主色粉色和黛色，灵感源自略施粉黛和粉墙黛瓦；产品工艺，复刻中国传统工艺，将其与现代技术、现代审美相融合，匠心打造产品；甚至还设计出了品牌专属字体——"花西子体"。

图 7-1 花西子品牌 Logo

更难能可贵的是，花西子不仅仅是在做一个品牌，更是在尽最大的努力，去创造一个全新的品类，搭建一套全新的标准、规则和体系。花西子并不简单把自己定义为"国潮品牌"，花西子团队的终极目标是成为中国优秀的文化品牌，打造出独具一格的"花西子风"。他们潜心挖掘中国传统文化和东方美学，坚持在东方审美体系下，将传统文化与现代时尚进行融合。在产品原料配方、品牌视觉识别系统（Visual Identity，VI）、品牌内容等所有维度上，塑造基于花西子品牌定位的独特性和专属性。

在信息全球化、产品同质化的今天，电商企业要在市场经济中占得一席之地，一定要有自己的特色与个性，强势品牌的打造、良好的品牌形象、成功的品牌推广，这些是提升企业核心竞争力的关键。优秀的品牌电商文案能够为企业树立好的品牌形象，对企业的发展至关重要，本章将详细地介绍品牌类电商文案的基本知识。

📕 学习目标

- 了解品牌类电商文案的文化价值、特征和功能。
- 掌握电商品牌名称设计、电商品牌标语文案写作方法和技巧。
- 掌握电商品牌故事文案写作类型、原则和技巧。

当今社会，电子商务经济的发展已进入激烈的品牌竞争时代，电商品牌文化是电商品牌的核心，是电商品牌永葆竞争力的源泉。纵观成功的电商企业，都十分重视电商品牌的文化含量，无不努力挖掘和提升电商产品的文化内涵，将象征品牌的价值观、审美情趣、行为导向的文化内涵融入产品中，使产品成为文化的载体，以此满足消费者的心理需求、价值认同与社会识别等人文需求，从而从情感上触动消费者，导致购买力的提升。科学、全面地理解电商品牌文化，对于发展品牌显得极为关键。

7.1　认识电商品牌文化价值

品牌，是以产品为物质载体，超越产品的具体形态形成的集合概念，在本质上代表着卖方交付给买方的产品特征、利益和服务的一贯性承诺，包括属性、利益、价值、个性等方面的含义。如今，品牌更是作为一种时尚、一种生活方式，作为情感的表达和文化的象征，深刻地影响着人们的价值观念、生活方式和工作方式。

品牌塑造是良好的品牌形象在消费者认知中建立的过程。在业内称之为品牌形象识别（Corporate Identity，CI），是该企业品牌在公众心中树立一个标准性的追求差异化、凸显自身个性的认知，对企业经济效益和社会效益有一定的提升。

电商品牌文化是指与产品相应的文化特质，如经营观、价值观、审美观等观念形态结晶在电商品牌中的沉积和电商品牌经营活动中的一种文化现象，是利益认知、情感属性、文化传统、个性形象等价值观的总和。电商品牌文化塑造则是一种更深层次的营销方法。

文化是一个包罗万象的术语，人们的一言一行、社会的风俗习惯、国家的价值理念等皆是文化的反应，不同的社会、不同的民族、不同的国家孕育不同的文化，产品也不例外。一个优秀的品牌背后一定有深度的品牌文化做支撑。品牌文化是一种无形的竞争力，通过给品牌赋予丰富且独特的文化内涵，并利用高效的宣传推广途径，使消费者对品牌在精神上达到一种高度认可，从而对品牌产生一种精神信仰，最后品牌就可以具有较高的忠诚度。电商品牌之间的品牌文化比拼，实则是商品"软实力"的表现。无论电商品牌规模大小、知名度高低，品牌都应该慢慢创立自己的品牌文化，这样才能在电商时代的激烈竞争中立于不败之地，品牌之路才能越走越远。

7.1.1　电商品牌文化的特征

电商品牌文化也可以叫作网络品牌文化，它是一种网络市场品牌，是企业、个人或组织在网络上建立的优质产品或服务在人们心目中的形象。电子商务因为其特殊的载体，是通过互联网通信技术来进行交易过程中的信息存储、传递和发布等环节，这种商务活动模式实现了企业管理和服务活动全过程的在线交易，从而加快信息和物流的传递，降低成本并提高商务效率。电商品牌文化具有以下几个特征：

（1）信息含量大。电子商务模式因为网络的虚拟性质，受众的真实身份能被很好地隐藏，但同时也导致了无法很好地定位潜在的消费或隐形消费的受众群体。在信息社会里，信息内容、信息传播和信息的复杂性高度地结合在一起。因此，电子商务品牌文化的内涵所包含的信息必须足够宽泛，才能尽可能多地覆盖受众群体，增加品牌文化的受众范围。

（2）传播成本低。传统的品牌文化的传播一般都是通过报纸、新闻、广告和电视等媒体的，企业必须付出高额的费用才能进行广泛的传播，而电子商务品牌文化的传播是基于互联网的，网络商家自己就可以在网络中进行品牌文化的传播，这样的方式降低了品牌文化传播的成本。同时，消费者在了解电子商务品牌文化后，还会分享给他人、参与活动，引发再创作和二次传播。

（3）传播速度快、传播范围广。网络传播是一种数字化传播，它几乎覆盖了全球，具有迅速、快捷和方便等特点。另外，网络的传播还具有及时刷新的特点，所以电子商务品牌文化的传播不受空间和时间的影响，能让受众随时随地接收消息。

（4）受众的主动性和独立性强。随着网络技术迅速向宽带化、智能化、个人化方向发展，用户可以在更广阔的领域内实现声、像、图、文一体化的多维信息共享和人机互动功能。网络环境中，人们面对大量的信息，他们会积极主动地对信息进行选择、接收和处理等活动。他们可以随时随地根据自己的需求在网上进行搜索、选择，并进行网上消费。消费者的这种购物方式相较于传统购物方式，更加便捷和省时省力，这也体现了网络购物的主动性和独立性。

（5）忠诚度不高。消费者进行网络购物时考虑的因素不仅是价格、经验或品牌，更有商品与品牌价位、信誉、服务以及消费带来的风险等等。同样随着品牌营销竞争的日益升温，消费者拥有了更加广泛的选择方位，他们可以随时抛弃某个品牌而转向另一个品牌。消费者对品牌的忠诚度十分脆弱，因此推动品牌文化，塑造企业与消费者之间的关系，提升消费者对企业和产品服务的忠诚度，成为了企业提升竞争力的重要策略。

7.1.2　电商品牌文化的功能

品牌是物质和精神、实体与符号、品质与文化高度融合的产物；而文化则是品牌的生命，产品的精髓，企业形象的内核，产品品质的基础。品牌不能没有文化，没有文化内涵的品牌不具有生命力、灵魂和气质。品牌文化不是天生就有的，品牌文化必须根植于企业文化、社会文化，同时又必须被消费者理解和认同。品牌文化一旦形成，就会对品牌的经营管理产生巨大影响和能动作用。它有助于各种资源要素的优化组合，提高品牌的管理效能，增强品牌的竞争力，使品牌充满生机与活力。具体来说，电商品牌文化具有以下功能。

1. 导向功能

在电子商务环境下，企业文化对企业的发展起到了导向的功能。企业文化能够通过改变员工的思想和态度，把企业的宗旨、理念、目标和利益纳入员工个人的思想体系中，使员工对企业产生认同感、使命感和归属感，并自觉地付诸行动。企业的发展是有一定方向的，并不是一种盲目的自发发展。从现象上看，有各种各样的力量，如随着电子商务的不断发展，社会需求的变化趋势、社会生产力的发展方向等等。但从深层次看，其实是文化和企业文化发挥引导企业按照正确方向发展的导向作用。品牌文化集中反映了员工的共同价值观，规定着企业所追求的目标，因而具有强大的感召力，能够影响员工的理想、信念、目标、追求和价值观念的发展，能够引导员工始终不渝地为实现企业目标而努力奋斗，使企业获得健康发展。同样，品牌文化所倡导的价值观、审美观、消费观，可以对消费者起到引导作用，把消费者引导到和自己的主张相一致的轨道上来，从而提高消费者对品牌的追随度。

2. 凝聚功能

品牌文化的凝聚功能体现在两个方面。一方面，在企业内部，品牌文化就像一种有力的黏合剂，把企业的全体员工凝聚成一股力量，使员工们同心同德、共谋发展，从而使企业发挥出巨大的整体优势。这样，品牌文化就成为团队精神建设的凝聚力。另一方面，在企业外部，品牌所代表的功能属性、利益认知、价值主张和审美特征会对广大消费者产生磁场作用，使品牌像磁石一样吸引消费者，从而极大地提高消费者对品牌的忠诚度。同时，其他品牌的使用者也有可能被吸引过来，成为该品牌的追随者。

3. 激励功能

企业的主体是人，企业的一切活动都在人的参与和主导下进行。如果没有人的参与，企业的生产经营活动就无法进行。人不论是企业家还是职工，都以某种精神为其支柱，而这种精神又以文化，尤其是以企业文化为源泉。企业家和职工的精神是其价值观和信仰的具体体现，是指导其行为的精神动力，而这些精神并非与生俱来，而是通过培育和激励，伴随着企业的发展而不断更新，逐步成为企业发展的精神动力。

优秀的品牌文化一旦形成，在企业内部就会形成一个良好的工作氛围，它可以激发员工的荣誉感、责任感、进取心，使员工与企业同呼吸、共命运，为企业的发展尽心尽力。对消费者而言，品牌的价值观念、利益属性、情感属性等可以创造消费感知，丰富消费联想，激发他们的消费欲望，使他们产生购买动机。因此，品牌文化可以将精神财富转化为物质财富，为企业带来高额利润。

4. 约束功能

品牌文化的约束功能是通过规章制度和道德规范发生作用的。企业的伦理道德是企业文化发挥作用的重要方面，如果企业的道德文化缺失，企业就难以健康发展，也难以立足社会。特别是在电子商务环境下，企业的商务往来大多通过虚拟网络进行，企业的诚信文化和安全文化显得尤为重要。如诚信文化，企业如果无诚信可言，就会破坏企业与企业、企业与职工、企业与社会之间的和谐关系，使得企业寸步难行。可见，遵守道德原则十分重要。企业文化要通过对道德原则的规范，树立良好的企业形象。

5. 推动功能

品牌文化可以推动品牌经营长期发展，使品牌在市场竞争中获得持续的竞争力；也可以帮助品牌克服经营过程中的各种危机，使品牌经营健康发展。品牌文化对品牌经营活动的推动功能主要源于文化的能动作用，即它不仅能反映经济，而且能反作用于经济，在一定条件下可以促进经济的发展。利用品牌文化提高品牌经营效果有一个时间上的积累过程，不能期望它立竿见影。但只要持之以恒重视建设品牌文化，必然会收到良好的成效。其实，品牌文化的导向功能也算是另一种推动功能。因为品牌文化规定着品牌经营的目标和追求，可以引导企业和消费者去主动适应更有发展前途的社会需求，从而导向胜利。

6. 协调功能

品牌文化的形成使员工有了明确的价值观念和理想追求，对很多问题的认识趋于一致。这样可以增强他们之间的相互信任、交流和沟通，使企业内部的各项活动更加协调。同时，品牌文化还能够协调企业与社会，特别是与消费者的关系，使社会和企业和谐一致。企业可以通过品牌文化建设，尽可能地调整自己的经营策略，以适应公众的情绪，满足消费者不断变化的需求，跟上社会前进的步伐，保证企业和社会之间不会出现裂痕和脱节，即使出现了也会很快弥合。

7.2　电商品牌名称设计

品牌是品牌类电商文案宣传的主要内容，如果品牌类电商文案不够出众，就会使消费者忽略品牌，无法达成宣传目的。一篇优秀的品牌类电商文案如果能够在一开始就对电商品牌的名称做出优化，就能创造出非常大的品牌影响力，有助于品牌形象的树立与传播，进而使消费者了解品牌、认可品牌。

7.2.1　品牌名称设计的重要性

品牌名称是指品牌中的标志性文字及其读音，是品牌的核心要素。品牌名称十分重要，艾·里斯和劳拉·里斯在《品牌 22 律》中指出："从长远的观点看，对于一个品牌来说，最重要的是名字。"消费者一提到某一品牌名称，就会对品牌所代表的产品质量、技术、服务等有一个总体概念。

品牌命名是品牌建设的第一步。品牌名称是产品的精神、象征和灵魂，它可以激发消费者的联想。品牌名称是消费者感知品牌的第一印象，当品牌名称出现时一定伴随着消费者对产品的感受。

品牌名称本身就是一句最简单、最直接的广告语，能迅速而有效地表达品牌的中心内涵和关键联想。在真正的以消费者为中心的营销时代，品牌名称绝对要满足消费者的精神呼应条件，必须要让目标人群一听一看到这个品牌名称，就能感觉到自己与这个品牌之间的"血缘"关系，就会产生自己与品牌是同一类族的感觉，想要快速购买这个品牌的产品。

以互联网坚果品牌"三只松鼠"为例（图 7-2），松鼠的主要食物就是坚果，因此，以松鼠为名就很容易联想到它的食物，同时松鼠这种动物的形象憨态可掬，也给这个品牌形象带来了很好的印象。同样以零食为主要销售产品的品牌"良品铺子"也给消费者直观的感受

（图 7-3），这家店铺里的都是精心挑选的优秀产品。还有以"买包包？麦包包"为口号的品牌麦包包，就非常好记，易传播。

图 7-2　三只松鼠品牌名　　　　　　　　　　图 7-3　良品铺子品牌名

7.2.2　品牌名词设计原则

在所有的营销大师们的品牌理论中，对于品牌的命名"易记、朗朗上口、无歧义、与产品、行业或者产地有关联则更好"等的阐述。品牌名称设计得好，容易在消费者心目中留下深刻的印象，也就容易打开市场销路，增强品牌的市场竞争能力；品牌名称设计得不好，会使消费者看到品牌就产生反感，降低购买欲望。正如孔圣人所说："名不正则言不顺，言不顺则事不成。"在品牌名称设计过程中，一般应遵循以下几个原则。

1. 通俗易懂，体现特征

品牌要从不同角度体现品牌商品的特征。如，"女儿红"绍兴酒（图 7-4）、北京"二锅头"，突出了制造工艺的特征；"上海夏普"空调，突出了中外联合生产的特征；张小泉剪刀，突出了传统工艺的特征；老城隍庙五香豆（图 7-5），突出了特定产品的特征；欧洲联合飞机制造公司的"空中客车"大型客机，突出了其内在形体和用途的特征；"脱苦海"膏药是日本一种用于医治伤痛病的膏药名称，突出了治病解脱痛苦的效能特征。消费者看到这些品牌商品名称显露出的特征信息，就有可能引起购买欲望。

图 7-4　绍兴女儿红酒　　　　　　　　　　图 7-5　老城隍庙五香豆

2. 简洁明了，便于传播

单纯、简洁、明快的品牌名易于形成具有冲击力的印象，名字越短，就越有可能引起公众的遐想，构成更宽广的概念外延。鹰牌洋参丸，以鹰的勇猛、矫健，暗示着健康和强身的保健作用。雄牌休闲西装系列产品，以"雄"字作为品牌，体现了青壮年男性的雄健、豪放和洒脱，可谓一字尽显风流。这两个品牌创立时间都不很长，但很快就提高了知名度。可见，名称简洁有利于传播，其认知度往往就高。

3. 构思独特，新颖易读

品牌名称应该有独特的个性，力戒雷同，避免与其他企业或产品混淆。柯达公司的创办人乔治·伊士曼在为自己的商标取名时，特意选用了语气较强的"K"，想出了"KODAK"这个铿锵有力的名字。它除了朗朗上口、易发音外，还使消费者联想到照相机快门那令人兴奋的"咔嗒"声。健伍"KENWOOD"是音响产品中的名牌，其原名是特丽欧"TRIO"，改名的原因是"TRIO"发音节奏感不强，前面的"特丽 TR"的发音还不错，一到"O"时，念起来便头重脚轻，气势上削弱很多。现名"KENWOOD"一词中的"KEN"与英文"CAN"（能够）有谐音之妙，且发音响亮。"WOOD"（森林）有短促音的和谐感，节奏感很强，朗朗上口的发音在公众脑海中留下至深印象，成为人们乐于称道的名牌产品。

在发音上，像"可口可乐""雪碧""芬达"等名称，读起来音韵好听，发音响亮，易读易记，这样的品牌信息随其响亮的名称迅速传播，博得消费者的广泛认同和接纳，如图 7-6 所示。

图 7-6　可口可乐

4. 文化认同，入乡随俗

由于客观上存在着不同地域、不同民族的风俗习惯及审美心理等文化差异，品牌名称要考虑不同地域、不同民族的文化传统、民众习惯、风土人情、宗教信仰等因素。例如，日本人忌讳"四"字和菊花，法国人忌讳孔雀和核桃，英国人忌讳山羊和橄榄绿色，东南亚诸国忌讳白鹤，加拿大忌讳百合花等。

在我国出口商品名称犯忌的事例不在少数。如，上海某厂家生产一种出口的对虫咬蚊叮有一定疗效的膏，取名为"必舒膏"，名下之意，用了这种涂膏，必定舒适，药到病除。但是，该产品出口到香港却大为滞销。原因是香港市民不少爱好搓麻将，他们想赢不想输。而"必舒"的谐音是"必输"，极不吉利。再如，"芳芳"（FANGFANG）婴儿爽身粉，在国内十分畅销而在国外几乎无人问津。因为，"FANG"在英语中是"毒蛇的毒牙"。显然，即使产品质量再好，商标名称选择不好，也很难打开市场销路。

　　此外，品牌的命名要站得高、看得远，要有超前意识和发展眼光，要站在世界和国际市场大环境的高度去把握和选定品牌的名称，使自己的产品不仅成为某一地区的名牌，更要成为全国名牌，乃至世界名牌。

7.3　电商品牌标语文案写作

　　市场竞争越发严峻，几乎在每一个领域都有很多的企业和品牌在争夺市场资源，如何在市场中脱颖而出，让产品和品牌深入人心，这就是多种相关联元素的共同作用。除了品牌图标或标志外，传播范围较广且能为消费者留下深刻印象的就是品牌标语了。品牌标语是用来对品牌进行描述，对外表达品牌在市场上的态度，突出品牌所代表的产品或服务的独到之处，或品牌希望对消费者许下的具体承诺，以利于加强消费者对品牌的积极认知。如金利来——"男人的世界"，拼多多——"拼着买，才便宜"，饿了么——"饿了别叫妈，叫饿了么"（图 7-7），小红书——"标记我的生活"，这类耳熟能详的品牌标语不仅仅是品牌标语，更是对自身品牌的定位，消费者从字里行间能够清晰地感受到这些品牌独一无二的形象。

图 7-7　饿了么品牌标语

　　品牌标语的魅力就在于用最简单的文字表达出品牌的内涵。品牌形象的塑造中，品牌标语起着决定性的作用。品牌标语的目的是传递品牌精神、反映品牌定位和品牌价值等，以加强品牌特质在消费者心中的印象。而企业品牌的建立、传播，以及企业具体的营销策略、战略目标等都会围着品牌标语来实施。用品牌标语传递品牌的核心，使之成为令人难忘的强劲品牌，将超越产品本身。那么，电商文案创作者怎样才能构思并撰写出一个既让人印象深刻，又能体现品牌特质的品牌标语呢？下面将介绍一些常用的品牌标语的撰写方法和技巧。

7.3.1　直接嵌入品牌名称

　　直接嵌入品牌名称就是将品牌名称或者产品名称直接放入电商文案中，成为标语的组成部分。这样的文案通过简明扼要的说明，使消费者对

贵州贵酒文案视频

产品的特点一目了然，让消费者看到标语就能明白电商文案所要表达的意图。例如，图 7-8 所示"农夫山泉，有点甜"文案中的"农夫山泉"就是指农夫山泉饮用水品牌，"有点甜"则是农夫山泉一直强调的品牌理念"环保、健康、天然"。一个"甜"的简单概念不仅传递了良好的产品品质信息，还直接让人联想到了甘甜爽口的泉水，喝起来自然感觉"有点甜"。总之，将品牌名称嵌入品牌标语的文案非常有利于深化消费者对品牌的认知和记忆。

图 7-8　农夫山泉品牌标语

　　直接嵌入品牌名称的品牌标语，是由品牌名加上表达品牌内涵和特质的其他词语或短语构成。这种标语标明了品牌身份，是消费者在第一时间对品牌或产品产生初步记忆，能够带来理想的品牌传播效果。因此，在不影响整个文案的基调和表达意图的情况下，可以考虑将品牌名称直接嵌入品牌口号中。当然，嵌入品牌名称的品牌标语要符合逻辑，保证自然、不牵强。

7.3.2　使用语义双关提高意境

　　双关就是利用词的多义及同音（或音近）的条件，使语句有双重意义，言在此而意在彼。双关可以使语言表达更含蓄、幽默，而且能加深语意，巧妙运用双关语来撰写品牌标语，能生动形象地传播品牌形象，给消费者留下深刻的印象。

　　例如，某极速变色镜片的电商文案标语"有膜油样，能颜善变"，某针织帽产品的电商标语"请原谅我，如此帽美"，如图 7-9、图 7-10 所示。再如，网易云音乐"网易云音乐，听见好时光"；德芙巧克力"牛奶香浓，丝般感受"。

图 7-9　极速变色镜片品牌标语　　　　　图 7-10　针织帽品牌标语

　　用双关语撰写品牌标语，一方面让产品的品牌得到了凸显；另一方面，可以作为关键词引导整个文案的情感基调，提升产品/品牌的精神内涵。例如，百年糊涂酒的品牌文案（图 7-11），"百年人生，难得糊涂"四个字的品牌名被拆解成"百年"与"糊涂"两个部分，短短不到百年的人生，有些事情、有些时候，我们需要装做不知道，尽管内心都明白。适当的糊涂是一种难得的处世智慧，侧面反映了糊涂酒的生活理念。又如，舍得酒的品牌文案"智慧人生，品味舍得"。"舍得"既是酒的名称，还有"愿意付出，不吝惜"的意思。舍得是一种人生哲学和态度，聪明的人，懂得去体会并运用这种生活智慧；当然，聪明的人也懂得去品尝舍得酒。

图 7-11　舍得酒品牌文案

7.3.3　从产品属性入手

　　产品属性是指产品本身所固有的性质，能够与其他产品在不同领域进行区分。产品常见的属性包括产地、时间、历史、价格、颜色、型号、包装、大小、用途、保质期、质地、材料、加工等。在产品高度同质化的今天，应通过对产品属性的挖掘，找到甚至人为制造具有差异性的点，如新工艺、新材料、独家传承、独特包装等等，选取最具差异化或者最有优势的某一个属性，作为产品的核心诉求点，通过文字的阐述与概念的引导，最终形成独特的产品/品牌文案，让消费者由低认知模式进入到高认知模式，从而取得品牌的竞争优势。

　　1. 历史

　　从产品的历史属性入手，简而言之就是通过品牌标语彰显品牌的悠久历史。通常情况下，能够经过漫长的历史考验延续至今的品牌，其产品质量有目共睹，并且能获得消费者的信任，悠久的历史就是产品或品牌的名

国窖 1573 经典广告

片。例如，对于酒类品牌来说，酿酒的过程本质都是一样的，但每个环节，都可以有一点差异，如某个环节加入了新的制作工艺、材料的配比独一无二、原料采用独家秘方、储藏的时间、窖池的大小都有所区别。而除了工序上的差异，还有某些自然形成的产品属性，包括原产地与悠久的历史传承。例如，五粮春酒的品牌标语"名门之秀五粮春，香醉人间三千年"（图 7-12）。五粮春作为中国最高档白酒之一、并有中国三大名酒之称的五粮液系列酒的核心品牌，与五粮液同工艺、同原料，是名副其实的"名门之秀"，更加难得的是，它已经具有了三千多的历史渊源。再如，"陈酿白云边"通过"陈酿"一词，突出历史传承带来的品质保证。这种方式不仅强调了产品的独特性，还让消费者相信其可信度。

图 7-12　五粮春酒品牌文案

2. 时间

时间既可以强调产品的功效，又可以代表产品的来源与状态，所以从产品的时间属性来构思品牌标语是一种常用的方法。如图 7-13 所示，OPPO 手机的"充电 5 分钟，通话 2 小时"品牌标语，标语中的 5 分钟对比 2 个小时，突出了这款手机充电技术的快速与高效。另外，劳斯莱斯的某条广告片中有这么一句文案："一辆劳斯莱斯，在遇到自己的主人之前，在它身上，凝聚了 60 双手，超过 450 个小时的设计与制造。"这句文案突出了精湛的工艺与匠心、独特的定制与专属感、品牌的高端形象。再如，"钱大妈，不卖隔夜肉"，同样也是通过时间体现产品的独特之处。

3. 产地

产品的原产地通常赋予了该产品有别于其他产品的特性，因此从产地出发来撰写品牌标语可以作为切入点，塑造品牌形象。例如，橄榄油品牌贝蒂斯的品牌标语为"来自橄榄油王国西班牙"（图 7-14），充分利用原产地营销，借原产地光环给品牌注入深刻内涵。"原产地"的概念作为一种光环，提升了消费者对产品属性的信任，促进消费者形成对于产品或品牌的认知和态度。西班牙素有橄榄之乡的美称，西班牙皇室形象赋予了贝蒂斯品牌历史底蕴。贝蒂斯作为新进入中国市场的产品，有了西班牙皇室的历史光环，能够有效提升消费者的品牌信任度。

图 7-13　OPPO 手机 VOOC 闪充品牌文案

图 7-14　贝蒂斯橄榄油品牌文案

又如，矿泉水品牌百岁山的品牌标语"水中贵族，百岁山"（图 7-15）。百岁山天然矿泉水采用千年未被改变和触动过的百岁山天然矿泉水源，为世上少见的优质矿泉水水源之一。一流的自然生态环境赋予了百岁山优质的矿泉资源，在特定的地质环境作用下，水源经百余年深层循环及涌动，其水质天然纯净、无污染，倍显甘甜，经专家鉴定为优质、天然矿泉水。这不仅是产品品质的代言，更是对产品品质有效的保障。

图 7-15　百岁山天然矿泉水品牌文案

4. 材质

产品的材质在很大程度上就是能区别于其他产品的重要元素，如独家配方、新材质、优质的原材料等等。消费者普遍认为好的材质才能做出好的产品，才会对品牌产生信赖感，所以，根据产品的材质来撰写品牌标语一定能产生非常具有吸引力的文案。例如，服装产品的面料、设计、剪裁等特色都会让一件衣服出彩。而文案可以利用这种"出彩"，让这种产品特点闪现出意料之外的"优势"，如图 7-16 所示。

图 7-16　木耳边针织复古开衫品牌文案

5. 工艺

企业的产品区别于同类型的产品的很大原因在于其独特的制作工艺，只有这样，产品才能成为消费者认同的品牌。如果品牌产品的制作工艺具有独特的差异性，那么其产品就具有极高的竞争力，而在文案中就可以将产品的特殊工艺进行强调，作为营销的亮点。

例如，光明乳业推出的高端酸奶光明莫斯利安的品牌文案"长寿村的神奇秘密，莫斯利安"（图 7-17）。光明莫斯利安酸奶是国内首款无须冷藏的高端常温酸奶，被业界称为"继乳业大地震后光明的再次重磅出击"。光明莫斯利安酸奶这个名字起源于"酸奶之乡"——"保加利亚长寿村莫斯利安"。光明莫斯利安酸奶的高端不仅在于其具有异国风情的时尚品牌形象，还在于它是国内第一款无须冷藏、保质期长达四个月的常温酸奶。光明莫斯利安酸奶的问世，颠覆了传统酸奶的存储模式，可以说是酸奶品类的一次巨大创新。

图 7-17   莫斯利安品牌文案

7.3.4   场景化塑造

场景化塑造是指对产品使用场景进行描述，从而引起消费者的共鸣。例如，在写衣服的描述性文案，经常会写到穿着场景。但是换种方式，不再是简单地罗列场景，而是把场景和穿者的心情、情绪、性格融合在一起，这样就比较容易写出文艺的句子，同时，又让服装有了人格的底色。如图 7-18 所示的沙滩衬衣品牌文案，图文结合地将穿搭场景呈现出来，让产品有了生命力和吸引力。

图 7-18   沙滩衬衣品牌文案

电商文案创作者在进行产品的场景化文案创作时，应该清楚地了解消费者使用该产品的场景，分析这些场景背后所包含的主要因素（如场合、对象、时间、心理活动等），然后提炼出该场景下的主题（如庆祝节日、亲朋好友聚会、宴请），并结合品牌的定位与理念，用合适的文字进行描述。

例如，520 谐音我爱你，所以这一天被大家称作表白日，但不只是爱情，亲情和友情也同样值得关注。品牌文案针对恋爱的消费者，可以做浪漫攻略、送礼指南以及鼓励大家分享爱情故事等活动，突出爱情里的仪式感。如图 7-19 所示，美菱滚筒洗衣机——"再多'我爱你'比不上一句'我来洗'"，比亚迪——够快才能追上爱，都融合了 520 的场景进行品牌宣传，达到了不错的宣传效果。还有一些品牌的标语也是场景化塑造的典型案例，例如，麦斯威尔咖啡"好东西要与好朋友分享"，孔府宴酒的品牌标语"喝孔府宴酒，做天下文章"等等。

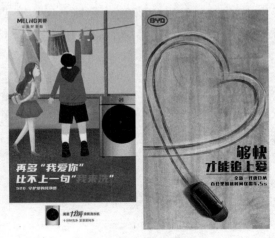

图 7-19　场景化塑造文案

茅台品牌故事片

7.4　电商品牌故事文案写作

品牌故事是塑造品牌的过程中整合产品信息、品牌形象、品牌文化等基本要素，加入时间、地点、人物及相关信息，并以完整的叙事结构或感性诉求信息的形式传播推广的故事。撰写电商文案，尤其是撰写品牌故事，可以将企业和产品品牌以形象、生动的文字表达出来，让消费者了解品牌的形成过程、品牌所倡导的企业文化精神、品牌所代表的寓意等等。优秀的电商品牌故事能让读者有一种代入感，甚至产生一定的故事引导性行为，有利于打造品牌知名度，建立品牌与消费者之间的联系，能够体现品牌的核心文化，并达到广泛传播的效果。

例如，海尔的品牌故事是"张瑞敏先生怒砸冰箱"。张瑞敏义无反顾地举起大锤砸向冰箱，同时把海尔砸成了全国名牌。1985 年，海尔从德国引进了世界一流的冰箱生产线。一年后，有用户反映海尔冰箱存在质量问题。海尔公司在给用户换货后，对全厂冰箱进行了检查，发现库存的 76 台冰箱虽然不影响冰箱的制冷功能，但外观有划痕。时任厂长的张瑞敏决定将这些冰箱当众砸毁，并提出"有缺陷的产品就是不合格产品"的观点，在社会上引起极大的震动。从此这个大锤为海尔品牌享誉全国，走向世界打下了铁一样的基础。1999 年 9 月28 日，张瑞敏在上海《财富》论坛上说："这把大锤对海尔今天走向世界，是立了大功的！"

品牌故事是品牌文案重要的表现形式，类型多种多样，包括生活故事、历史故事、理念故事等，无论创作哪种类型的品牌故事，都需要反映出品牌的价值、理念及品牌文化，使消费者产生品牌联想。下面将详细介绍品牌故事文案的写作类型和写作方法。

7.4.1　品牌故事写作类型

品牌文化故事是一个蕴含着企业理念，并能引发人们思考的故事。电商文案的创作者都应该根据自身条件和品牌特性找到能引起消费者共鸣的地方，写出打动消费者内心的内容。品牌故事文案可以采取以下五种类型的描写手法：

1. 生活型

以日常生活中的片段为主要描写场景，采取类似短篇小说的形式，通过富有吸引力的故事情节来创造制定的情节场景，以表现产品品牌的情感和功能。例如，万宝龙钢笔品牌故事：不要让你的礼服染上墨迹——"红与黑"墨水笔。相传，万宝龙的创始人在美国纽约做保险员时，由于一次墨水笔漏水将合同弄脏，竞争对手便抢走了这笔生意。这次失败教训让万宝龙创始人发现革新钢笔的机遇，下定决心研发安全墨水笔。19 世纪末，可以携带墨水的胆囊型墨水笔被发明出来，这种墨水笔被称为"眼药笔"。这一发明虽然极大提高了墨水笔的便携性，但是却有着墨水极易渗出的问题，想要随身携带墨水笔依旧是一件极其麻烦的事情。万宝龙历经三年的研发终于在 1909 年发布第一支墨水笔系列，受当时新艺术运动的影响，他们把这个系列命名为"红与黑"。

又如，微信支付的品牌故事文案，非常具有生活气息。

下雪的夜里，

给自己买一份关东煮暖暖胃。

点一份剁椒鱼头，

再和老板讲讲家乡话。

讲究地买一堆食材，

给自己讲究地做一餐一人食。

和闺蜜打卡新的网红店，

一聊就是一下午。

其实每一笔支付的背后，

都有一个故事一种温度。

2. 传说型

传说型品牌故事文案就是通过传统故事来表现广告商品，可以让产品更具有历史气息和传播力度。这个传说故事既可以是自古以来流传的故事，也可以是文案人员自己撰写的故事。例如，"五粮液"品牌故事就属于这种类型。

"五粮液"作为百年品牌，其名字也历史悠远，它是由晚清举人杨惠泉所命名，而此前，它被老百姓中叫作"杂粮酒"，在文人雅士中被称为"姚子雪曲"。

1909 年，在四川宜宾县团练局局长雷东桓的安排下，宜宾众多社会名流、文人墨客汇聚一堂。席间，"杂粮酒"一开，顿时满屋喷香，令人陶醉。众人不约一阵美誉，这时唯独晚清举人杨惠泉沉默不语，他一边品酒，一边似在暗自思度。忽然间他问道："这酒叫什么名字？""杂粮酒。"邓子均回答。"为何取此名？"杨惠泉又问。"因为它是由大米、糯米、小麦、玉米、高粱五种粮食之精华酿造的。"邓子均说。"如此佳酿，名为杂粮酒，似嫌似俗。此酒既然集五粮之精华而成玉液，何不更名为五粮液？"杨惠泉胸有成竹地说。"好，这个名字取得好。"众人纷纷拍案叫绝。一个传世品牌就此诞生。从此，"五粮液"开辟了一个白酒品牌的新世纪。五粮液品牌文案如图 7-20 所示。

图 7-20　五粮液品牌文案

3. 人物型

人物型品牌故事通过描述品牌的主要创始人员、组织管理人员或有关的客户故事来进行品牌故事的塑造。例如，广为人知的苹果品牌创始人乔布斯创苹果的故事。下面的品牌故事文案是肯德基创始人——哈兰·山德士上校的故事。

案例1：肯德基创始人的故事

1890 年出生的哈兰·山德士上校一生充满着美国式成功的传奇，他年轻时做过各行各业的工作，包括铁路消防员、养路工、保险商、轮胎销售及加油站主等等，最后在餐饮业上找到了事业的归宿。当他在肯塔基州经营加油站时，为了增加收入，他自己制作各种小吃，提供过路游客；生意由此缓慢而稳步地发展，而他烹饪美餐的名声也吸引了过往的游客，故肯塔基州长于 1935 年封他为上校，以表彰他对肯塔基州餐饮的贡献。哈兰·山德士上校最著名的拿手好菜就是他精心研制出的炸鸡。这个一直受人欢迎的产品，是上校经历了十年的调配，才得到的令人吮指回味的口感。

哈兰·山德士上校 66 岁之际，开着他的那 1946 年的福特老车，载着他的十一种独特的配料和他的得力助手——压力锅，开始上路。他到印第安州、俄亥俄州及肯塔基州各地的餐厅，将炸鸡的配方及方法卖给有兴趣的餐厅。令人惊讶的是，在短短五年内，上校在美国及加拿大已有 400 家的连锁店。

他创立肯德基的同时，他才是个 66 岁、月领 105 美元的社会保险金的退休老人，而今天肯德基已成为全球最大的炸鸡连锁店。同时，上校也受到电视台的关注，由于整日忙于料理，他只能找出唯一一套干净的白色的棕榈装，这一打扮自此成为他独一无二的注册商标。从此以后，人们便将这套西装与肯德基联想在一起；而他的这身白西装、满头白发以及山羊胡子也成为了全国性的象征。肯德基品牌形象如图 7-21 所示。

图 7-21　肯德基品牌形象

4. 受众型

受众型品牌故事文案以目标受众群体的需求作为品牌故事的主要内容。例如，咖啡品牌"星巴克"的品牌故事文案。"星巴克"这个名字来自美国作家麦尔维尔的小说《白鲸》中一位处事极其冷静，极具性格魅力的大副。他的嗜好就是喝咖啡。麦尔维尔在美国和世界文学史上有很高的地位，但麦尔维尔的读者群并不算多，主要是受过良好教育、有较高文化品位的人士，没有一定文化教养的人是不可能去读《白鲸》这部书，更不要说去了解星巴克这个人物了。从星巴克这一品牌名称上，就可以清晰地明确其目标市场的定位：不是普通的大众，而是一群注重享受、休闲、崇尚知识尊重人本位的富有小资情调的城市白领。星巴克品牌形象如图 7-22 所示。

图 7-22 星巴克品牌形象

5. 理念型

理念型品牌故事温蔼是以追求某种理念为创作故事的方式。例如，哈根达斯冰激凌。

冰激凌曾是皇室秘方，起源于文艺复兴时期的意大利，直到 20 世纪 30 年代开始风行于纽约的街头。哈根达斯的创始人叫作鲁本·马塔斯，他的家族世世代代都在做着一个营生——卖冰激凌。当大街上出现那些价钱低廉、色彩诱人、添加了许多"防腐剂"的冰激凌，马塔斯的生意一落千丈，因为他的冰激凌坚持天然制作。为此，他也曾经动摇过自己的初心，他想加入那些卖低廉的冰激凌行家队列。在经历了一番艰苦的心理斗争后，他选择坚持自己的初心，不仅坚持天然制作冰激凌，还要专心致志生产那种纯天然、风味绝佳、独一无二的口味冰激凌。

哈根达斯原本是丹麦名"Häagen·Dazs"，这个名字很容易让人联想到北欧风情。比利时的巧克力、哥伦比亚的咖啡、夏威夷的果仁、马达加斯加的香草，这些纯天然的"佐料"让哈根达斯风情万种，这种浪漫让人联想到了爱情，如它的广告语一般"爱她，就带她吃哈根达斯"。哈根达斯品牌文案如图 7-23 所示。

图 7-23 哈根达斯品牌文案

7.4.2 品牌故事的构成要素

品牌故事需要包括背景、主题、细节、结果和点评五个要素，如何通过文字将这些部分生动地描写出来就是撰写品牌故事的关键。品牌故事撰写者必须了解，品牌最想让消费者知道什么？这个故事要向消费者表达的内容是什么？

1. 背景

品牌故事里的背景是指要向读者交待故事发生的有关情况，包括发生了什么事情？在什么时候发生的？故事中主要出现了哪些人物？故事为什么会发生？这些就是故事的时间、地点、人物、事情的起因。

　　例如，1853 年"法国娇兰"创始人皮埃尔·佛郎索瓦·帕斯卡·娇兰先生被拿破仑三世皇后欧也尼钦点为御用香水专家。而当日特为皇后特别研制的"帝王之水"迷人香水及其尊有的金箔蜂姿香水瓶，不仅开创了"法国娇兰"与皇室的渊源，更成为留香百年的奢华传奇，如图 7-24 所示。

图 7-24　法国娇兰品牌

2. 主题

　　主题是指故事内容的主题和核心，是品牌故事撰写者对现实生活的认知、对某种理念的追求或某种报告现象的看法。通过在人物形象、情节布局以及环境描写和高明的语言技巧中，作者将自己的观点和想法巧妙地融合其中，让读者在阅读后自己分析和挖掘出来。主题是通过人物、情节、环境、背景和抒情语句来进行表述的。

案例 2：康师傅品牌故事

　　"康"是健康的意思，"师傅"二字则是具有亲切、责任感、专业化的内涵，而"康师傅"叫起来，特别有亲切的感觉，康师傅 Logo 独有的敦厚可亲、热情展开双臂的形象，让许多顾客熟知与喜悦，这也是康师傅服务顾客热情亲切的精神表现。在努力过程中，康师傅不断地实践理想，追求更高的目标，屡屡创新方便面新标杆，让更广大的顾客群众享受到物美质优、价钱公道的方便面。康师傅已经成为方便面方面的一大品牌了。但是他的发迹史却是一部辛酸史功之路。

　　"康师傅"方便面是台湾魏家四兄弟在大陆的第三次投资。前两次，他们败得很惨，但第三次他们却成了大赢家。魏应州、魏应交、魏应充和魏应行，是"康师傅"的创始人。目前，在大哥的领导下，四人各有分工，各管一摊，但是分工不分家。老大魏应州负责"康师傅"控股公司，老二魏应交负责乐购生活购物中心，老三魏应充掌管台湾味全，而魏应行则经营全家便利与德克士炸鸡连锁店。直到现在，四兄弟还把赚来的钱都集中放在一个家族基金中，每个家庭每月固定领取一笔生活开销，子女的学费则全部由基金支付。

　　20 世纪 70 年代末，魏氏兄弟决定赴大陆投资。兄弟四人个性差异颇大，在创业的过程中各有所长。老大魏应州身兼父职，撑起一大家子人，很严肃也有些霸气，但做事投入，是个工作狂。老二魏应交业务员出身，擅长交际，很容易就和别人打成一片，在四兄弟中风头最劲，讲话也很有说服力，因此是公司筹集资金的主力人选。老三魏应充出身财务，作风低调。老四魏应行则个性随和，能说会道。

1988 年，魏应行从香港转道来到内地。在各省辗转奔波后，想到要在大陆开发一种食用油——顶好清香油，但产品滞销。后来，又先后推出了"康莱蛋酥卷"和另外一种蓖麻油，仍然失败。3 年后，魏应行几乎赔光了他带来的 15 亿元新台币。准备打道回府之时，方便面给了他翻身的机会。一次出差，魏应行因为不习惯火车食品，就自带了两箱台湾产的方便面，没想到引起了同车旅客的极大兴趣，大家都觉得又好吃又方便。于是，分析了大陆的方便面市场后，四兄弟再次振作，并给准备投产的方便面起了一个响亮的名字——"康师傅"。老二魏应交从战友的父亲处，获得了上亿资金。经过上万次的口味测试，推出了"红烧牛肉面"作为主打产品。

1991 年天津科技开发区招标，"康师傅"在此注册了顶益食品公司。"康师傅"方便面一经推出，立即打响名声。顶益食品公司门口甚至一度出现批发商排长队订货的场面。在这种情况下，顶益迅速扩大生产规模，顶新集团也第一次尝到了在大陆投资的甜头。如今，"康师傅"以近一半市场的占有率，稳坐祖国大陆方便面第一宝座。康师傅品牌如图 7-25 所示。

图 7-25　康师傅品牌

3．细节

品牌故事中的细节描写就是抓住生活中的细微而又具体的典型情节加以生动细致的描绘。细节是由品牌故事撰写者精心设置和安排的，目的是使故事情节更加生动、形象和真实。恰到好处的细节描述能够起到烘托环境、刻画人物和揭示主题的作用。常见的细节描写的方法有语言描写、动作描写、心理描写和肖像描写等，不管采用哪种方法都必须突出故事的中心，给读者留下深刻的印象，这就需要撰写者认真观察、了解品牌，选择最具有代表性、概括性的细节。例如长城干红的文案就很好地利用细节，突出了品牌特征。

案例 3：三毫米的旅程，一颗好葡萄要走十年

三毫米，
瓶壁外面到里面的距离。
不是每颗葡萄，
都有资格踏上这三毫米的旅程。
它必是葡园中的贵族；
占据区区几平方公里的沙砾土地；
坡地的方位像为它精心计量过，
刚好能迎上远道而来的季风。

它小时候，没遇到一场霜冻和冷雨；

旺盛的青春期，碰上十几年最好的太阳；

临近成熟，没有雨水冲淡它酝酿已久的糖分；

甚至山雀也从未打它的主意。

摘了三十五年葡萄的老工人，

耐心地等到糖分和酸度完全平衡的一刻才把它摘下；

酒庄里最德高望重的酿酒师，

每个环节都要亲手控制，小心翼翼。

而现在，一切光环都被隔绝在外。

黑暗、潮湿的地窖里，

葡萄要完成最后三毫米的推进。

天堂并非遥不可及，再走十年而已。

4．结果

故事有开始就必然会有结果，在故事的最后展现结果就能加深读者对故事的了解和体会，有利于故事在他们心中留下深刻印象。同样是长城干红品牌文案，"十年间，世界上发生了什么？"将数字与葡萄酒的成熟进行对比，让读者意识到时间的变迁与影响，从而深刻意识到长城干红葡萄酒的珍贵之处。

案例 4：十年间，世界上发生了什么?

65 种语言消失；

科学家发现了 12866 颗小行星；

地球上出生了 3 亿人；

热带雨林减少了 6070000 平方公里；

元首们签署了 6035 项外交备忘录；

互联网用户增长了 270 倍；

5670003 只流浪狗找到了家；

乔丹 3 次复出；

96354426 对男女结婚，

25457998 对男女离婚；

人们喝掉 7000000000000 罐碳酸饮料，

平均体重增加 15%。

我们养育了一瓶好酒。

5．点评

品牌故事中可以对故事所讲述的内容和反映的主题发表一定的分析和看法，能进一步揭示故事的意义和价值。例如，长城干红葡萄酒的品牌文案中的另一个案例，"创造时间，神用指尖，我们用舌尖"就很好地对故事中的产品进行了评价，如图 7-26 所示。

案例5：创造时间，神用指尖，我们用舌尖

临近采摘的每一天
酿酒工头都施展着传奇的智慧与魔力
他们用舌头舔尝葡萄的成熟情况
用经验捕捉恰到好处的采摘时间
这一刻
是影响葡萄酒质量与口味的神奇时刻
这一刻的决断
要十几年甚至几十年后美酒入口时
才见答案
长城葡萄酒
不但源自享誉世界的黄金产地
更出自有时间为证的酿造经验
和独具一格的储藏工艺
让好酒之间没有距离
只有共同的酒香

图 7-26　长城葡萄酒品牌文案

7.4.3　品牌故事的写作技巧

品牌理论创始人——杜纳·科耐普对品牌故事的描述是这样的："品牌故事赋予品牌以生机，增加了人性化的感觉，也把品牌融入了顾客的生活……因为，人们都青睐真实，真实就是真品牌得以成功的秘诀。"因此，产品、感情、人是品牌故事中的必要元素，只有将产品与人紧密联系，融入真挚的情感，让故事变得饱满，才能吸引并感动消费者，从而达到品牌传播的效果。

品牌故事进行品牌介绍时，一定要将品牌理念和品牌的各种内在因素表达出来，让消费者可以轻易地、完整地了解品牌的全部信息。要撰写出优秀的品牌文化故事，作者可以从以下四个方面入手。

（1）选择复杂的语境。语境既可以是语言活动所需的时间、场合、地点等因素，也可以是社会的性质和特点，使用者的职业、性格、修养和习惯等。因此，在进行品牌文化故事撰写时，应对故事的发生、发展进行多方面的阐述，尽量提高故事的复杂性和可读性。

例如，西南航空的品牌故事就是这样开始的：若干年前，罗林·金和赫伯·凯莱赫两位年轻人凑在一起，决定建立一家与众不同的航空公司。他们的概念非常简单：用最便宜的价格，按时将乘客送到他们想去的目的地。由于他们进入市场的时机非常恰当，西南航空的品牌故事已经成为了一个商业传奇。这家小型的德克萨斯航空公司目前已经成长为美国最大的航空公司之一，但是公司的品牌理念一直没有改变过，仍然是随意的、愉快的和无拘无束的。西南航空的雇员一直都在向消费者传递这种品牌理念。

（2）揭示人物心理。品牌故事中的要素之一就是人物，人物的行为是故事的外在表现形式，人物的心理则是故事发展的内在依据。对人物心理的描写能很好地反映人物的内心世界，揭露各种复杂的情绪，从而进行人物性格的深层刻画。

例如，设计师贾伟曾经讲过一个 55 度杯的故事：2014 年一个周六的下午，贾伟陪着女儿在家看动画片，女儿渴了想喝水，于是给她倒了一杯刚烧开的热水，怕烫到女儿特意把杯子放在桌子中间。但孩子太渴了，就跳起来够杯子，结果杯子倒了，开水泼在女儿脸上和胸口上，瞬间皮开肉绽。到了医院，贾伟看到和女儿同病房里全都是被热水烫伤的孩子，每个孩子都在发出撕心裂肺的叫声，目睹这一切的贾伟泪流满面，陷入了痛苦的沉思：一个简单的水杯到底烫伤过多少人，又有多少人将要被烫伤。他作为一个获奖无数的产品设计师，竟然连自己的孩子都保护不了。在这之后贾伟用三个月的时间做出了 55 度杯，倒上开水摇晃一分钟水温可以降到 55 度左右，一个有些烫嘴却不会烫伤的温度，如图 7-27 所示。

这款产品问世后也成为他设计的所有产品中销售最火爆的一款产品。

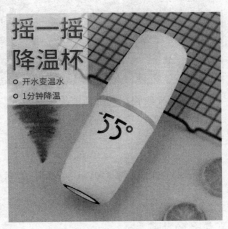

图 7-27　55 度杯

（3）具有可读性。可读性是指故事内容吸引人的程度，以及故事所具有的阅读和欣赏价值。为了将电商品牌故事写得生动有趣，引起读者的共鸣，品牌故事撰写者应该从以下三个方面入手。

1）故事新颖。不落俗套、充满创意的品牌故事能在众多同类型的文章中脱颖而出，让消费者眼前一亮，会加深他们对品牌的印象。新颖的品牌故事是一种很好的品牌推广方式。

2）情感真挚丰富。品牌故事中的人物形象必须立体，故事要丰满，情感叙事必须真挚而且自然，从而能够引起读者的共鸣，这样品牌故事才能打动读者。

3）语言表述得体。品牌故事的对象是大众，因此在不能使用过于专业或技术性的词汇，而应该使用简单、通俗易懂的语言，能让读者快速地明白故事中所表述的内容。

例如野兽派花店的品牌故事。在野兽派花店中用户想要买花，需要把自己的情感故事告诉老板娘，老板娘根据故事来搭配鲜花，做成独一无二的花束。有个客户想订花送给一位很重要的女士，希望表现出莫奈的名作《睡莲》的意境。老板娘在多处进行考查，寻找灵感，最终完成了"莫奈花园"鲜花盒。事实证明，消费者更愿意看到的永远都是真诚的故事，如图 7-28 所示。

图 7-28 野兽派花店品牌故事文案

7.4.4 优秀电商品牌故事赏析

案例 6：咖啡品牌 DyDo 故事性文案

DyDo 将产品特性融入文案，字里行间构筑了生活小哲学，朗朗上口，记忆性更强，传播度更高，能够引起更年轻消费者的共鸣。

DyDo 咖啡——空白篇
脑袋变成白的，就把黑的，倒进肚子里。
在开会时常翻白眼吐白沫的人，
应该会影响业绩吧？
所以只要是醒着的人就能得到赏识，
真的也是没办法的事。

光是维持清醒就真的不简单了，

如果要再让老板做出

"哇噻，连这种事你也想得到啊"的表情

可就更难了。

但是说不定你只要把 DyDo

醇黑咖啡装进肚子，

就好像脑袋也被灌进墨水，

然后就保持清醒，

等外太空飞来一支笔就好了。

DyDo 咖啡——面试篇

面对主考官，拿出笑容前，先拿铁。

笑真的是老天非常没有逻辑的发明，

只需要把嘴角往脸颊上轻轻一提，

如果又加上俊俏美丽的脸，

简直就是武器了。

所以在面试的时候，

千万要记得用尽挤出鲜奶的力气，

挤出一张"我录取了"的笑脸来，

或者面试前，

先喝一瓶也是用挤出来的鲜乳

调制成的 DyDo 拿铁咖啡。

这样子的话，

我想你的笑会变得更浓，

对方的心防应该也会被你

炸出一个很大的洞吧，

真是不可思议。

DyDo 咖啡——薪水篇

在薪水还没减肥前，减糖吧。

景气越不好，

大家在办公室里的脾气就越来越好，

这应该也算是一种"不幸中的大幸"吧。

如果跟"你就做到今天！"

或者"我的座位怎么是空的！"比较起来，

减薪的消息听起来其实还蛮温柔的。

所以啊，

把委屈的事情交给荷包去烦恼就好了，

一定要把快乐送给身体。

给自己喝点很有健康意识的

DyDo 减糖咖啡欧蕾，

立刻振作起来！

有人说，留得青山在，不怕没柴烧，

虽然现在谈伐木砍柴不是很环保，

但也算是一个很有建设性的想法吧！

课后练习

现有一款床品套件，材质为棉麻纤维，天然取材，绿色环保，采用了高支高密织布工艺。其主要针对客户群为年轻人，因为他们正在追求一种"轻奢生活"的生活品质。请根据这款产品特点设计合适的品牌名称，品牌标语，并编写一个品牌文化故事，尽量达到动之以情晓之以理，让消费者融入故事中。

第8章 推广类电商文案写作与策划

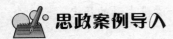 **思政案例导入**

董宇辉直播推介山西文旅被赞为文案天花板

2023 年 5 月 20 日，东方甄选举办的山西专场，全网播放超 3 亿次，首日带货 7500 万元，100 多种山西特产几乎全部售罄。这个程度，说是山西特产带货界的顶流也不为过。

火的原因很简单：他们用最有底蕴、有文化、有魅力的方式，打开了一个从前没有得到太多关注的省份。

山西历史悠久大家都知道，但是如果让我们来介绍的时候，可能就只会感叹一句"山西历史真厚重啊"，但董宇辉却不是如此，他第一句就把山西拟人化，讲述时间在它身上留下了痕迹。

"时间好像偏爱山西这片土地，于是在这里留下了许多它走过的痕迹。小巷深处飘香的清冽汾酒，是时间和酒曲的奇妙相遇；家家户户桌上浓郁的陈醋，是时间与高粱的长久封印；为十四省带来良夜和暖冬的乌金，是时间给予土地的馈赠。纵跨各个时期的地上建筑，见证着 5000 年华夏文明走过的痕迹……"

在度过平凡的每天时，时间毫无神奇之处，它不能突飞猛进地改变什么，也不会化腐朽为神奇。但是把时间拉长到以一千年为尺的话，时间就是神奇的魔法师。它让山西充满了时间的杰作，让千年以前的喜怒哀乐通过一些永垂不朽的载体留在了山西这片土地上，比如平遥古城，比如云冈石窟，他们默默经历风霜雨雪，向后来人诉说当时的繁华盛景。这段话，道出了山西的厚重历史、文明传续，让人们认识到山西的一草一木，都凝结着古往今来行走过的痕迹。

而后，董宇辉围绕山西的碳、土、黄土、醋和小麦展开了描述，娓娓道来，让人们对山西的特产印象深刻。

"同样是碳，成为钻石坚不可摧，装点指尖的璀璨星河。

若是煤炭燃烧自己点亮城市的万家灯火。

同样是土，身在田园滋润五谷，守护人类生息。身在窑炉历经烈火，凝结华夏文明……但今天啊，我想与你一起回到过去，回到华夏文明最深的记忆里！"

在董宇辉的文案里，我们看到了最普通、平平无奇的原料，在经过不同的加工之后，流向不同的轨迹。碳成钻石，装点人们的生活；成为煤矿，就变成电输送到千家万户，点亮一个个孤寂昏暗的窗棂。土养育万物，又在经过烧制之后，变成传世的陶瓷。山西的风景苍凉，黄土漫漫下隐藏的是闪亮的宝藏、醇厚的醋，与生生不息勤劳淳朴的人民。在言语之间让人们了解到山西这片土地上的厚重，与远方人们共情。

一座城市，最重要的、最离不开的就是人，他们劳作、繁衍，为当地文明添加了一砖一瓦。所以，"讲山西的时候，不要只讲山西这两个字，不要只提到他的山，提到他的煤，提到他的醋。要讲这里 180 万年前人类的行走，要讲 100 万年前人类的圣火，让我们知道这片土地上文明的痕迹源远流长；要让大家讲这里出走的少年他鲜衣怒马，指 10 万大军深入漠北远离匈奴；要给大家讲这里走出的美人，她远嫁皇宫，然后母仪天下，辅佐一代明君。"董宇辉用他的语言，把山西那些被磨平的闪光点重新擦亮，把一眼望去平整的平面世界，用语言描绘重新复活远去的、繁盛的当时。

这些文案，让我们看到的不是过眼云烟的山西古建筑，而是一段段生动的历史，一个个传奇的故事，让每一个读到文字的人，无不是触动和感悟。

网友也沸腾了，这样的文案，这样的宣传，谁能不感动。

好的文案，会让五千年文化的三晋大地更加磅礴。

不是看世界没有意思，是没有文化看不懂世界。

山西的悠悠历史，正是需要出彩的文字表达。

在这次山西的直播中，董宇辉再次用他的真诚与文采，为山西做了一次有力的宣传。当然，被他的"解说词"带火的，不止是山西，还有很多卖爆直播间的产品。这种沉浸式的讲述，能够把观众快速拉入场景中，跟随文字的输出，感悟万事万物的美好，有时候甚至还会忘了自己是来买东西的。文案的魅力正是如此，让人流连忘返，充满期待。在写文案这条路上，无论怎么雕琢语言都不过分，付出的心血，市场会有正向反馈，静心打磨出来的文案，总会有一群人呼应。

这次山西直播能够再次出圈，很大程度上也得益于山西悠久的历史文化。不仅仅有口头文案的文化输出，在 520 直播当天，东方甄选还特意邀请了左权小花戏、莲花落、威风锣鼓、山西面食的非遗技艺传承人，在直播间进行现场表演，带来了一场沉浸式的传统文化演出，再一次唤醒了我们心中沉睡已久的文化自知和自信。作为祖国的希望，我们要熟知历史文化，不论何时，心怀自信，努力向世界展现一个自信自立的中国文化形象、展现一个生机活力的中国文化形象、展现一个开放包容的中国文化形象。

📚 学习目标

- 了解微信文案主要表现形式，掌握微信文案写作技巧。
- 熟悉微博推广文案的三要素，掌握微博文案写作方法和推广技巧。
- 掌握今日头条推广文案写作技巧。
- 了解常见的直播平台，掌握直播推广文案的写作方法。
- 熟悉常见的社群平台，掌握社群文案写作技巧。

8.1 微信文案写作

腾讯在 2023 年 12 月公布的数据显示，微信及 WeChat 合并月活账户数 13.43 亿。微信时长稳步增长，带动生态活力持续释放，视频号、小程序、小游戏、搜一搜等新老产品竞相吐露"新芽"。2023 年四季度，视频号广告继续保持强劲增长，带动腾讯广告收入再创季度新高，达到 298 亿元，同比增长 21%。微信搜一搜日活跃用户量突破 1 亿，搜索量同比增长超30%，其搜索广告收入也实现了数倍的同比增长。从某种程度上来说，微信不再是一个单纯的社交工具，而是逐渐成为了一个功能全面的综合体。作为当今最流行的移动互联网入口，微信成为许多电商品牌进行移动电子商务的不二选择，微信推广文案的重要性也就不言而喻。

8.1.1　微信文案的主要表现形式

微信文案是对产品的概念和特点进行深度分析，通过文字、图片等元素表达出来的，能够进一步引导读者进行消费的文章。通过微信文案进行营销，不仅可以降低营销成本，还能让读者更深入地了解产品或服务，提高用户忠诚度。

微信文案主要有两种表现形式：朋友圈推广文案和公众号推广文案。

1. 朋友圈推广文案

朋友圈是微信的主要功能，是个人化的分享平台，商家可以通过分享趣味性的内容、社会热点、个人心情、咨询求助和专业知识等内容进行推广宣传。

2015 年 1 月 21 日，微信团队测试并推出了微信朋友圈广告。随后，各大品牌纷纷开始在微信朋友圈投放广告。微信朋友圈广告采用了信息流广告的方式，与平常看到的微信朋友圈原创形式相似，由文字、图片或视频信息构成，如图 8-1 所示，用户可以点赞、评论或查看朋友的评论，并进行互动。由于信息流广告直接被植入用户视觉焦点内容之中，因此，该推广文案被用户忽略的可能性极低。除了品牌广告投放，微信朋友圈也是个体商家进行产品营销宣传、发布推广文案的重要阵地，如图 8-2 所示。

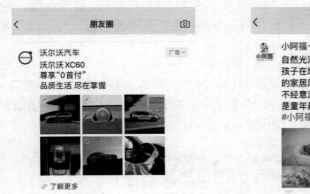

图 8-1　朋友圈品牌推广文案

图 8-2　朋友圈个体商家推广文案

微信朋友圈推广文案的主要特点之一就是简短，一般来说，控制在 6 行以内，100 字左右最佳。每天投放的广告数量在 5～8 条之间为宜，过少起不到宣传的效果，过多则易引起用户反感而被用户屏蔽。另外，选择合适的发布时间也非常关键，效果较好的时间段为早晚高峰、午休时间、晚上饭后睡前之间。

2. 公众号推广文案

公众号是目前微信营销的主战场，主要包括订阅号、服务号、企业号和小程序。通过公众号，商家可在微信平台上通过文字、图片、语音和视频等方式与特定消费群体进行全方位沟通与互动。

从营销的角度来讲，微信公众号在品牌宣传推广上具有非常重要的意义。通过微信公众号，可以更好地引导用户了解品牌、参与互动，同时提高品牌曝光率，在降低营销成本的基础上实现更优质的营销。图 8-3 所示为汽车品牌奔驰在其官方公账号发布的推文，视频和文案的结合展现了新产品特点，起到了很好的推广宣传作用。

图 8-3　公众号推广文案

8.1.2　微信朋友圈的写作技巧

微信朋友圈营销具有覆盖面广、精准性好、互动及时高效、营销成本低、客户群体真实、信任度高等优点。想要实现朋友圈营销，就要学会朋友圈的写作技巧，经营好朋友圈，具体可参考以下几点进行写作。

1. 硬性推广

硬性推广一般指的是微信提供给品牌方的一种推广服务，是"朋友圈广告"，从形式上看，分为常规式广告、选择式卡片广告、全幅式卡片广告。它一般不需要详细地介绍产品功效，而是以简单的广告文案来体现品牌内涵或者产品价值，如图 8-4 所示。

图 8-4　微信朋友圈硬性推广文案

2. 分享日常生活

以一个普通人的视角，在微信朋友圈中分享自己的生活小片段，在不经意间展示产品的实际使用情况，能够获得消费者的信任，能刺激他们购买产品的欲望，给予他们购买产品的信心，如图 8-5 所示。

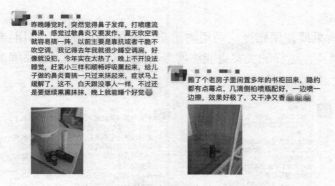

图 8-5　微信朋友圈分享生活的文案

3. 激发情感共鸣

从激发目标用户情感共鸣的角度出发来撰写文案，让用户在潜移默化中接受这种能产生共鸣的情感。在撰写这类文案之前，文案创作者必须要了解目标用户的情感"痛点"，同时这个痛点正好是与所推产品或者服务能提供的解决方案相吻合的。如图 8-6 所示，培训机构在进行推广时，强调孩子的暑期安排，这往往能戳中大多数双职工家庭的痛点，引起共鸣，从而达到营销的目的。

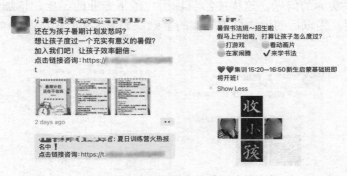

图 8-6　微信朋友圈激发情感共鸣的文案

4. 展示产品信息

利用与产品相关的精美图片，对产品的材质风格、功效特点、活动优惠、订单库存、生产过程、售后服务等内容进行直接展示，如图 8-7 所示。

图 8-7　微信朋友圈展示产品信息的文案

5. 分享评价反馈

跟踪产品使用效果或使用感受，利用与用户交流的微信截图，从用户的角度侧面反映产品或服务的优势、特点，这样的文案更能够增强新用户对产品或服务品牌的信任感，如图 8-8 所示。

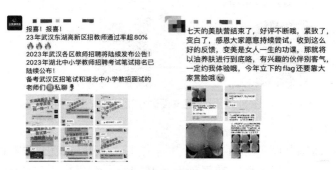

图 8-8　微信朋友圈分享评价反馈的文案

6. 普及专业知识

在微信朋友圈中可以就产品的使用方法、功效原理、行业知识等专业知识进行分析，帮助消费者解决一些实际的问题，这样能给目标用户留下专业的印象，增加产品在他们心目中的专业度和可信度，为以后的销售打下坚实的基础，如图 8-9 所示。

图 8-9　微信朋友圈普及专业知识的文案

7. 用户互动活动

互动是一种加强社交关系的有效方式，是能吸引用户参与的重要途径。在微信朋友圈里，常常看到的一些集赞活动、参与赢礼品活动、线下活动邀请等都属于互动活动类文案，如图 8-10 所示。

图 8-10　微信朋友圈用户互动活动的文案

8. 热点营销

所谓热点营销，就是借助热点话题、重大节日等要素，结合自身产品或服务来进行营销的一种方式。图 8-11 所示的两条朋友圈，"什么档次"很显然是蹭了热播电视剧《狂飙》的热度，一眼就能抓住消费者眼球，而"明月寄相思"则是主打中秋节节日营销。

图 8-11　微信朋友圈热点营销的文案

8.1.3　微信公众号的写作技巧

公众号推广文案的最终目的是扩大商品信息的受众群体，提高购买转化率。优秀的文案往往不是极力说服他人接受，而是有明确的目标诉求，通过图文并茂的文案描述，让用户接纳与信赖，提升自己的人气并营造互动，从而吸引更多的消费者。因此，掌握一定的写作技巧极为重要。在进行微信公众号文案写作时，可以从以下三个方面进行思考和创作。

1. 点这里：封面设计和标题写作

微信公众号文案的封面是推文中用户第一眼看到的内容。公众号每向用户推送一次内容就像是一次搭讪，如果封面不能引起用户的注意，则很容易被忽略。因此，要想搭讪成功，就要设计出抓住用户眼球的封面，让用户主动点击阅读。

微信公众号文案的封面由封面缩略图和文案标题构成，如图 8-12 所示。

图 8-12　公众号文案的封面（多图文）

　　封面的缩略图是对微信文案的简要说明和展现，有创意的和视觉冲击力强的缩略图可以快速吸引用户的注意力，使其产生进一步点开阅读的欲望。通常，公众号文案可以分为多图文文案与单图文文案。图 8-12 所示即为多图文文案，图 8-13 所示为单图文文案。

图 8-13　公众号文案的封面（单图文）

　　需注意的是，封面缩略图要体现出文案的主题，不能出现图文不符的情况，或为了吸引用户眼球而故作夸张的封面。一般来说，好的缩略图可以是直接式缩略图，也可以是贴合主题式缩略图。直接式缩略图是指直接通过图片展现微信文案所要表达的内容，不拐弯抹角，直白地呈现诉求，让用户一目了然，如图 8-14 所示。贴合主题式缩略图是指在充分了解文案内容的基础上设计的符合文案主题的缩略图，目前公众号封面中常见的就是这类缩略图。在进行图片的设计前需要先充分了解文案内容，从根本上去剖析主题，明确图片设计方向，了解用户喜爱的设计风格，这样才能达到吸引用户眼球的目的，如图 8-15 所示。

图 8-14　直接式缩略图

图 8-15　贴合主题式缩略图

　　微信公众号文案的封面标题和大多数电商文案的标题写作技巧类似，前文已提及，在此不再赘述。总的来说，要保持五个原则：主旨明确、简洁明了、内容具体、个性独特和引人注目。为了使微信公众号文案的标题更具有辨识度，可在标题前使用竖线"|"或方头括号"【】"将关键词分隔开，更好地打造公众号的个性化风格，进一步强化受众对品牌或产品的印象，如图 8-16 所示。

图 8-16　使用"|"的标题

2. 读下去：正文创作

在通过封面吸引到消费者的关注后，微信公众号的推送文案还需要用优质的文案内容吸引消费者、打动消费者，从而提高用户忠诚度。因此，正文的写作要特别注意以下几点：

（1）内容要满足受众需求。应从受众需求入手进行内容的策划与定位，从不同角度挑选出最适合的选题，如行业热门消息、有深度的干货、名人视角、群众视角、有内涵的企业文化、生活实用技巧、生活感悟、产品福利活动等，保证内容是有价值、有意义的。在碎片化信息传播时代，人们往往不愿花费过多的时间和精力来阅读文字内容，只有为用户提供了满足其需求且有价值的信息，才能让用户产生阅读兴趣，持续提升用户的忠诚度，让用户参与购买活动。

例如，某美妆品牌在微信上发布了一篇名为《告别痘痘，拥有清透肌肤的秘诀》的软文。这篇软文首先通过引人入胜的标题吸引了读者的注意，然后用生动的语言描述了产品的功效和使用方法，最后结合了一些用户的使用心得和评价，增加了文章的可信度。这篇软文不仅吸引了大量的阅读量，还为品牌带来了不少的销售额。

Apple 以《报到！新一届高校优惠入列》为标题，吸引新入学大学生的关注和好奇心，在正文内容中通过简洁的图文结合，展示了产品的优惠购买方式，如图 8-17 所示。

图 8-17　满足受众需求的正文内容

（2）图片和视频要恰当。在微信公众号文案里，为文字配上恰当的图片或视频可以辅助文字说明，提升阅读体验，同时有图有真相，更有说服力。对于产品推广文案来说，最好能配上一些精美的产品图片，如产品的细节图或场景图，为消费者提供产品具体的形象，或者可以为产品制作精美的宣传视频。例如，汽车品牌宝马公众号就经常以视频配文字的形式来凸显新产品特色。

（3）排版要美观。如果文案给人简洁、大气、美观的感觉，就更容易引起消费者的关注，而排版决定了视觉传达的效果。一般情况下，微信推广文案的排版应遵循以下原则：

1）行间距为行高的50%。

2）段首不必缩进，篇幅较长的段落间应空一行。

3）文案边缘对齐，及时调整段落宽度、间距。

4）文案字体2～3种颜色，最好不超过3种，以淡色调为主。

5）将字体、形状等需要强调的内容放大，适当地搭配相应色彩。

6）文案版面不花哨。

7）排版主次分明，结构层次清晰。

8）最好不要为文案添加视觉特效（特殊商品除外）。

3．转出去：引流裂变

微信公众号的粉丝越多，转化率就越高。如果微信公众号中经常开展一些优惠活动，不仅会引起粉丝的购物兴趣，使其经常关注微信公众号信息，而且还有利于促使粉丝向其他用户转发介绍公众号，扩大受众范围。同时，也可以通过设置互动话题、互动活动、转发集赞、抽奖投票等方式，进行微信推广文案的引流，产生裂变，达到最终的营销目的。图 8-18所示为德智幼儿园微信公众号中的互动文案。

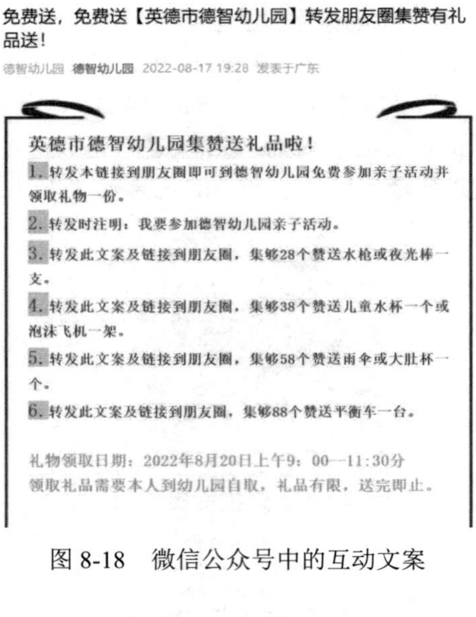

图 8-18　微信公众号中的互动文案

8.2　微博推广文案写作

微博是一个基于社交关系的分享简短实时信息的广播式的社交网络平台。微博具有交互性和多媒体性的特点，可添加文字、图片、声音、视频、网址等，通过图文混编、生动画面来吸引用户的眼球，还可以加入音乐来调动用户的情绪。

　　微博的用户数量庞大，发布信息和传播信息的速度也非常快，博主通过定期更新微博内容，发布用户感兴趣的话题，可以与粉丝保持良好的交流互动，培养起坚实的用户基础。与微信相比，微博更具广布性，许多电商企业纷纷利用微博进行产品或服务的推广销售，微博已经成为社会化营销的常用平台。微博文案是一种新型的营销方式，微博文案之所以那么有吸引力，在于其惊人的增长速度、较低的成本、较强的交互性和更准确的到达率。

8.2.1　微博推广文案的三要素

　　微博推广文案主要是通过对微博进行转发、评论和点赞等互动方式来进行产品或信息的传播。哥伦比亚新闻学院教授、社交媒体专家斯瑞·斯瑞尼瓦桑说，为提高被转发到几率，每条微博应该包括三要素。

　　第一要素：@。@相当于一个连接器，用户可以@关注的人或其他人。被@的用户在收到通知后，就会看到其发送的内容。在微博文案中，可以通过@熟悉的用户来确保阅读量；同时，也可以通过@微博用户，确保内容被查看。如果内容质量高，甚至还会被转发。

　　第二要素：#。#代表参与某个话题。在文案中添加话题，可以让微博自动与话题连接，被更多用户搜索到，提高微博被粉丝之外的用户看到的概率。

　　第三要素：链接。链接可以是文章、视频或店铺网址。只要是有用的可以分享给用户的内容都可以链接的形式放在文案中。如果文案本身的内容引起了用户的兴趣，那么大部分用户就会愿意点击链接查看更多信息。根据互联网营销专家史蒂芬·韦伯的最新研究，带链接微博比不带的转发率高 3 倍。

　　图 8-19 为电影《热烈》的微博推广文案，文案中使用了#和链接，#的使用提高了被用户查看到的概率，链接的使用方便了用户购买电影票，是很不错的营销文案。

图 8-19　带有微博三要素的文案

8.2.2　微博推广文案的写作方法

　　随着微博在中国快速发展及拥有越来越多的用户，微博营销文案已经成为企业打造优质品牌形象的重要利器。但是，写出有效的微博营销文案却并不容易，要让文案具有感染力、可读性，并引起广泛关注，则需要把握一些技巧。

1. 故事营销

有趣的故事和新近发生的事件总是能够引发受众的好奇心理，快速吸引读者的注意力。在微博文案中，将需要营销的产品包装到吸引人眼球的新闻事件或虚拟事件中，或是采用对话、描写和场景设置等方式，在展现事件情节和细节的同时，凸显事件中隐含的目标产品来推广营销。

故事营销类的微博文案写作需要注意三点：一是可读性，使用通俗易懂的语言，以保证人人能够读懂，并且有耐心读下去；二是亲近性，使用较日常与生活化的方式来进行描述，以增加文案的生活气息，拉近与用户之间的距离；三是叙述角度，故事的主体基本上都是人，可以抓住人物有特色的语言特征、性格、动作、心理、细节等进行描写。但有时也可以从其他角度进行描写，如狗粮、宠物玩具等产品就可以虚拟一个动物心理来讲述故事，使描写具有感染力，有时能达到意想不到的效果。

绝情谷底，杨过道："龙儿，十六年来，你如何过活？"小龙女道："我每天在枣树下捡枣子吃，吃不完的晒成干枣，无聊时在枣核上刻上'好想你'三字，绑到玉蜂身上，天见可怜，终于让过儿看到了。"

"好想你"红枣微故事文案从人们耳熟能详的神雕侠侣人物入手，将品牌融入故事中，既有趣又有创意，故事可读性强，迅速吸引了人们的注意力。

2. 合理借势

借势是微博营销中非常重要的一种方法，要在借势的过程中把握好最佳的借势时机，将营销的目的以文案的形式隐藏在借助的"势"中，来潜移默化地引导市场消费。"势"的范围比较广泛，其素材可以是网络流行语、娱乐新闻、社会事件等，也可以是文化、节日等。通常来说，借势可以快速引发热度和关注，借势名人或借势热门事件是最简单的途径。借势的关键点在于把握时机、打破用户心理防线、营销创意。图8-20为饮品商家借"秋天的第一杯奶茶"这个热点话题发布的微博营销推文。

图8-20　合理借势类微博营销文案

3. 疑难解答

选取与消费者生活工作息息相关的话题或者消费者普遍面临的问题、难题或疑惑作为微博文案的选题，并针对这些问题给予有效的解决方案，也可以引起消费者的关注，还能获得消费者的认可和信任。尤其是针对品牌或商品的答疑解难，更能增进消费者对品牌的认知，带给消费者更多的思考与帮助，从而提高忠诚度。图 8-21 为给消费者疑难解答类微博文案。

图 8-21　疑难解答类微博营销文案

4. 趣味内容

当前娱乐已成为人们生活的重要组成部分之一，娱乐性和趣味性的话题更容易得到广泛和快速的传播，将推广营销信息巧妙地融合在具有娱乐性或趣味性的情节中，可以有效吸引用户的关注。除了趣味性的文本内

麦当劳微博运营案例

容，在文案中还可以为文字搭配有趣的图片来增强文字的表现力，以带给用户良好的阅读体验，吸引用户留言讨论和转载分享。图 8-22 是花店发布的一系列充满娱乐性和趣味性的微博文案，容易引起用户的好奇心，引发持久关注和分享转发。

图 8-22　趣味内容类微博营销文案

5. 关联特征

在文案中，可以通过比喻、夸张、拟人等修辞手法，将特征相似或相同的两件事物关联起来，以达到意想不到的效果。但需注意两个关联对象主要特征之间的相似性和匹配度，不能生拉硬拽地凑在一起，必须确实存在某些共同的特征，才能引起用户的阅读的兴趣，并获得用户的认可。图 8-23 所示的微博文案巧妙地利用了事件之间和产品用途之间的关联性。

图 8-23　关联特征类微博营销文案

6. 独特创意

微博推广文案的一个要素是创意。创意是指新鲜有趣的让人眼前一亮的点子。在撰写微博推广文案时，创意是吸引用户注意力、激发用户兴趣的重要因素。创意的文案不仅可以让用户感到新奇和惊喜，还可以引发用户的共鸣，激活用户的参与度。一个好的创意可以为企业带来上百万的广告效果，这一点都不夸张。

红牛微博文案
创意合集

例如，在 2011 年杜蕾斯利用一场大雨写了一条很有创意的微博，在网上得到粉丝的疯狂转载，一度达到现象级病毒式传播。据传播链条的统计，"杜蕾斯雨夜鞋套"话题在微博上转发超过 90000 次，前 20 名转发的粉丝总和超过 1000 万，微博传播覆盖了至少 5700 万新浪用户，因此创造了"杜蕾斯鞋套雨夜传奇"。图 8-24 为当时的宣传图片。

"北京今日暴雨，幸亏包里还有两只杜蕾斯"

图 8-24　独特创意

8.2.3　微博文案的推广技巧

微博上的每一个活跃用户都可能是潜在的消费者，微博文案只有被用户查看并认可才能产生价值。因此，在微博营销过程中，除了创作出有价值的、有吸引力的文案外，还需要注意一些推广技巧，来吸引和转化更多的有效流量。下文从七个方面提供了参考建议。

1. 选好发布时间

发布微博并没有固定时间段的限制，但是从营销的角度来讲，微博文案不是想发就发的，只有在恰当的时间发给目标受众，才能吸引更多的用户关注和转发，最终实现其价值。

选择发布时间，一方面可以根据实际反馈和微博数据进行动态调整，如在不同时间段发布微博，测试出活跃度最高、转发、评论最多的时间段，将重要微博安排在该时间段发布；另一方面也可以从目标人群着手，了解目标人群特性，推导目标人群活跃时间，确定推广时间段。如目标受众是"上班族"可以选择上下班途中、午休时、晚饭后发布，是"学生党"则可选择晚上发布。

2. 利用话题

利用话题主要包括两个方面的内容，一是利用热点话题，二是利用微博的话题功能。热点话题往往是一段时间内大多数人关注的焦点，凭借热点话题的高关注度来进行产品或服务的宣传，可以快速吸引用户的注意力。在利用热点话题时，需要注意两点：第一，要注意热点话题的时效性，不能选择时间久远的话题；第二，要保证话题与产品之间的关联性，避免生硬、牵强附会的关联，引起用户反感。同时，适当使用微博中的话题要素#，保证曝光率。图 8-25 为携程旅游微博利用热点电影《封神》为话题发布的河南古都之旅文案，同时添加了话题#看封神河南多处景点免票# #一部片一座城#。

3. 定期更新

微博是一个快速分享与传播信息的平台，微博的可持续话题可以带来热度与关注度。不断制造新的话题，发表原创性信息，才可以持续吸引目标群体的关注。因此，要定期更新微博内容，稳定输出有价值的、有趣的信息，才能保证微博的可持续发展，从而带来稳定的流量。同时，要特别注意更新的量，每天的数量控制在 5～13 条左右为宜，不能频繁发博造成"刷屏"现象，引起用户的反感。图 8-26 为巴黎欧莱雅在微博的持续更新。

图 8-25　利用热点话题推广文案

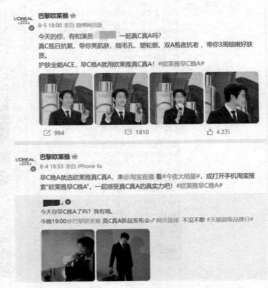

图 8-26　定期更新推广文案

4. 情景导入

在微博文案中，可以将需要进行宣传推广的产品或服务置入一定的氛围与情境中，通过情景的描述或渲染，让读者不知不觉地融入其中，激起读者的情感体验，在潜移默化中接受所推广的产品。图 8-27 为汽车品牌奔驰在微博发布的新车推广文案，将产品置于沙漠、戈壁、湿地等场景之中，让消费者充分感受到产品的优势。

图 8-27　情景导入推广文案

5. 粉丝互动

与粉丝保持良好的互动沟通，可以增加与粉丝之间的黏性，培养粉丝的忠诚度，扩大微博的影响力。在微博上与粉丝保持互动的方式主要有提问、发起讨论、发起投票、有奖竞猜、关注转发抽奖、回复粉丝评论等。图 8-28 为品牌的粉丝互动推广文案。

图 8-28　粉丝互动推广文案

6. 关注其他用户

主动搜索并关注其他用户也是一种有效的推广技巧。关注其他用户可以让对方知道自己的存在，从而提高自身知名度。同时，高质量的微博文案也有可能将对方转化为粉丝。

7. 关联营销

关联营销就是品牌不仅为自己撰写推广文案，还与微博上的其他品牌账号进行关联合作，以此生成一个话题。这样的关联微博文案发出之后经常会引起用户的关注与兴趣，利于提高品牌知名度，拓展营销范围。关联营销一般称之为"购物篮分析"，也被比喻为"零售分析皇冠上的明珠"。图 8-29 为品牌间的关联营销微博内容。

图 8-29　关联营销推广文案

案例 1：洽洽的世界杯

在体育界中，世界杯可谓是全球级、影响力最大的赛事之一，很多品牌都想在世界杯期间打造一场精彩的营销活动，获得口碑和销量上的提升。洽洽在 2014 年的世界杯营销大战中，成功用创意活动杀出重围，成为当时的营销黑马。

洽洽瓜子产品本身就很适合八卦，并且与看球、聊天这样的娱乐休闲场合非常契合。作为瓜子界中的经典老品牌，洽洽利用瓜子这一大众喜爱的食品和世界杯联系起来，发起了猜胜负赢大奖的活动"洽洽大乐透"，创意性地将产品变成了筹码。在这样一个活动中，洽洽设置了虚拟货币瓜子币，50 个瓜子币可以下一注，而获得瓜子币的渠道则是通过购买洽洽世界杯的主题产品来获得狂欢卡，再用狂欢卡来兑换瓜子币。网友可获得 4999 现金大奖，如图 8-30 所示。

此外，洽洽还与世界杯中的巴西队相结合，推出了"靠巴西赢大洽洽"的活动，只要巴西队每赢一场比赛，洽洽就会送出惊喜大奖，而为了替这个活动宣传造势，洽洽提供的奖品为"只比姚明矮一点点"的 2 米高的"史上最大袋瓜子"，这样价值巨大而又趣味十足的奖品，让消费者们难以抗拒。如图 8-31 所示。

图 8-30 "洽洽大乐透"营销活动

图 8-31 靠巴西赢大洽洽

除了在活动内容和玩法上别出心裁，品牌在海报上也发挥了极大的创意性。洽洽推出的"洽洽扒西队"活动为网友们提供一个讨论、八卦世界杯的话题，并在此期间每天都推出一张漫画海报，犀利吐槽世界杯上的趣闻，如图 8-32 所示。

借助微博，洽洽先是推出搞笑海报和视频对话进行预热和造势，然后在微博上发起赛事预测，通过微博上的巨大流量和病毒式传播，参与活动、关注讨论的网友令洽洽的这次营销活动成为了热门话题，如图 8-33 所示。

图 8-32 "洽洽扒西队"活动预热

图 8-33 洽洽世界杯预热

8.3　今日头条推广文案写作

《2024 今日头条平台
营销通案》介绍

随着移动互联网的普及，人们的阅读平台开始向更碎片化的自媒体资讯平台转移，而今日头条就是其中的佼佼者。今日头条是一个受众量大、活跃程度较高的新媒体平台，可以通过个性化推荐引擎技术，快速地为受众推荐有价值的、个性化的信息。文案是否能够引起受众的注意、是否能够打动受众，是营销推广效果的决定性因素。

8.3.1　今日头条标题的写作技巧

今日头条推广文案的标题与其他电商文案的类似，目的是引发消费者点击并继续阅读正文。因此在写作时，要尽量利用电商文案标题的写作技巧来提升点击率，增加文案被阅读的概率。

另外，由于今日头条的智能搜索引擎会根据受众的偏好进行个性化推荐，所以在写作时要着重注意关键词，利用今日头条的推荐机制提高文案被推送给受众的概率。

1. 选择关键词

关键词即包含关键信息的词语，也就是使内容能够被搜索引擎搜索到的词语。今日头条抓取的关键词通常是高频词和低频词（表 8-1），这意味着创作者需要有意识地提取关键词，并设置关键词频率。一般来说，可以从产品角度、受众角度和热词角度来选择标题中要插入的关键词。

表 8-1　高频词和低频词

关键词	具体说明
高频词	在文案中出现频率较高的词，会被看作文案的内容标签。例如，面膜的相关推文中，"美白""保湿""补水"等词出现频率高，就会被系统判定为关键词
低频词	在文案中出现次数少的词。次数少针对的是一类文案，而非一篇文案。这类词代表系统文案的识别标志，出现次数少，因而更易被系统从众多内容中识别出，认定为关键词

2. 优化关键词

（1）搜索下拉框。在搜索引擎搜索文本框中输入关键词后，可以从列表中整理得出其他相关关键词，如图 8-34 所示，在搜索框输入面膜，就会出现淡斑抗皱、排行榜前十名、推荐男士、补水保湿等一系列与面膜相关的关键词。

（2）关键词挖掘工具。关键词挖掘工具是一种利用搜索引擎或其他相关工具来查找和分析用户搜索行为、了解用户需求、获取用户信息等手段，以此来确定网站或产品所需关键词的工具。通过使用关键词挖掘工具，可以了解用户的需求和喜好，更精准地定位目标受众，并针对性地撰写推广文案。站

图 8-34　搜索下拉框示例

长工具、5118、百度指数等网站都可以用来寻找热门关键词，布局长尾关键词。图 8-35 为在百度指数上搜索关键词"面膜"之后得到的相关信息，可以根据这些信息来优化标题关键词。

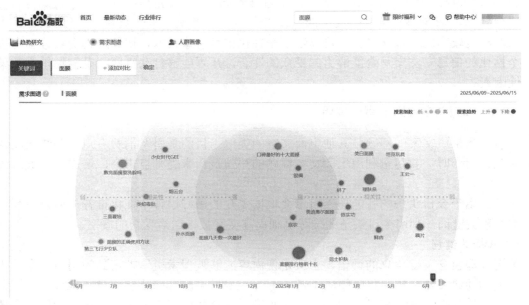

图 8-35　关键词挖掘工具示例

（3）关键词组合。确定好了标题中要加入的关键词后，文案人员还可以将关键词与其他词组合，以拓展关键词。关键词组合方式多样，可灵活选择，具体见表 8-2。

表 8-2　关键词组合

关键词组合	举例
地域+关键词	云南普洱
应用场景+关键词	露营帐篷
关键词+盈利模式	四件套批发
品牌+关键词	华为手环
产品特性+关键词	超薄笔记本电脑
如关键词+表疑问的词	怎么选眼霜

8.3.2　今日头条正文的写作技巧

与其他电商文案一样，今日头条推广文案的正文也可以从消费者痛点、经验分享、故事叙述、观点或情感表达、热点话题等角度切入，来保持用户的阅读兴趣。除此之外，今日头条推广文案的内容写作还需要注意以下几点：

1. 要覆盖目标受众群体

在今日头条上发布的文案会经历内容审核（判断文案是否合规）、冷启动（把文案首次推荐给最可能感兴趣的受众）、正常推荐（系统根据第一批受众的相关数据把文案推荐给可能感兴趣的受众）、复审（判断应停止还是继续推荐）四个环节。因此，文案内容要以"人"为中心，用户覆盖要做到既"广"且"深"。广度不只是体量上的广，从年龄、习惯、职业等细分层面的覆盖也要相对更全面，为匹配受众做好铺垫；而从深度上，用户的高黏性与高活跃度可以有效转化为目标消费人群，为营销带来更大的助力，因此也要覆盖到。只有这样才能覆盖到更多的目标受众，才能被继续推荐。

2. 内容要原创

在当今的互联网时代，内容为王的口号已深入人心，但随着自媒体风靡，原创性问题也日益凸显。今日头条针对此情况推出了一项名为"头条文章原创度检测"的检测功能，其主要目的是为了保证文章的原创性，提高内容质量和用户体验。该功能可以对上传的文案进行文字、图片、视频等多方面的比对，从而评估出文章是否存在抄袭、篡改等行为。图 8-36 所示的文案，在标题下方就有"原创"标签，这样的原创内容更容易被平台推荐给受众。

"网红面膜"敷尔佳能走多远?

图 8-36　原创文案示例

要提高文案的原创度，可围绕以下几点进行思考：首先，要注重思考和研究，挖掘出独特的观点；其次，要注重调研和采访，获取更多的信息和素材；最后，要注重结构和语言，提高文章的可读性和亲和力。

3. 要包含关键词

今日头条的文案内容和标题一样，一定要含有关键词，并且内容要与标题相符。要同时做好关键词布局和设置好关键词密度。通常在文章的开头、正文、结尾都需要布局关键字。如果文章字数约为 600～800，第一段可以布局 1～3 个关键字。正文可以出现 1～2 个关键字，结尾可以出现 1～2 个关键字。如果文章字数相对较少，就只需要在第一段和结尾布局。通常文章的关键字密度控制在 2%～8%之间，不要太低或太高，以避免关键字堆积。

4. 要弱化广告

用户进入今日头条是为了浏览信息，如果向用户展示简单粗暴的销售广告，不仅不会吸引读者兴趣，反而可能会引起读者反感。相比之下，干货类或情感类的文案更容易被用户所接纳，更容易建立较高的信任度。因此，需要从用户的角度出发，将广告"软"化，设置符合用户浏览状态的场景化、原生态的内容，在不影响用户阅读体验的前提下，将产品广告巧妙地嵌入文中，"润物细无声"式地感染和影响读者的决策，最终达成推广和转化的目的。

例如，在"有痘痘应该先用外用药还是口服药？不同程度方法不同"一文中，作者先介绍了痘痘的发病因素、级别，然后再分析究竟先使用外用药还是口服药，在分析的过程中很自然地融入了产品信息，让消费者在不知不觉中就接受了产品。

8.4 直播平台文案的写作

《网络直播营销管理办法（试行）》

直播于 2015 年兴起，在 2016 年成为引爆网络营销的主流方式之一。直播营销，从广义上来理解，是以直播平台为载体进行营销活动，达到提升品牌形象或增加销量的一种网络营销方式。它与其他电商营销方式相比，具有场景表现力强、传播快、实时互动等优势，成为了电商发展的趋势与风口。

8.4.1 常见的直播平台

目前国内常见的直播平台有点淘、抖音、快手、虎牙、bilibili 和映客等。

1. 点淘

点淘是阿里巴巴集团于 2020 年 10 月份推出的网购直播平台，原名淘宝直播，于 2021 年改名为点淘，如图 8-37 所示。点淘是一款专门为广大的消费者打造的手机购物软件。点淘提供了超多的直播购物新选择，App 里有超多主播达人推荐良心好物、分享生活攻略。与常规的网购、短视频平台不同，点淘的定义更加垂直，只专注于与淘宝商品有关的领域，其中包括直播、短视频等版块，旨在引导用户形成新的购买，让用户在观看直播、刷短视频的过程中，增加对商品的了解，从而促成交易。

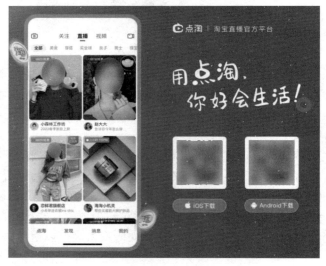

图 8-37 点淘平台

2. 抖音

抖音于 2016 年上线，是一款风靡全球的音乐创意短视频社交软件，以"记录美好生活"为品牌口号。用户可以通过选择歌曲、海量原创特效和滤镜，拍摄音乐短视频，形成自己的作品，也可找到涵盖生活妙招、美食做法、旅行攻略、科技知识、新闻时事、同城资讯等各种实用内容。2022 年抖音日活量已达 8 亿，视频日均播放量超 400 亿，月视频更新量超 1.2 亿，抖音企业号数量超 1000 万。

抖音直播带货是指通过抖音短视频平台进行直播销售产品的一种模式，最早起源于 2018 年。当时，著名的美妆博主"大山姐姐"在直播中成功地销售了一款口红，让不少用户看到其直播带货的魅力。此后，越来越多的内容创作者和商家加入了抖音直播带货这一阵营，如图 8-38 所示为服装品牌波司登在抖音进行的直播。

图 8-38　抖音直播示例

3. 快手

快手直播于 2016 年上线，是国内颇具人气的视频直播平台。作为知名的生活分享社区，快手用户可以通过短视频和直播的形式与他人实时互动，成为了线下真实生活在网络上的全息投射，目前快手的业务范围已拓展至东南亚地区、韩国、俄罗斯、巴西等海外市场。2018 年 6 月，快手电商直播正式上线，首次带货就实现了订单数超 10 万单的佳绩。快手电商一开始就是"打赏+带货"两条腿走路，起步比淘宝晚，起量却比淘宝还快，主打下沉市场的快手迅速吸引了庞大的"小镇青年"群体。图 8-39 所示为某商家在快手直播带货卖鞋。

图 8-39　快手直播示例

4. 虎牙

虎牙公司成立于 2016 年，是一家以游戏直播为核心业务、致力于打造全球领先直播平台的技术驱动型内容公司，旗下产品包括知名游戏直播平台虎牙直播、风靡东南亚和南美的游戏直播平台 NimoTV 等，产品覆盖 PC、Web、移动三端。虎牙直播作为公司旗下的旗舰产品，是以游戏直播为主的弹幕式互动直播平台，覆盖超过 3300 款游戏，并已逐步涵盖娱乐、综艺、教育、户外、体育等多元化的弹幕式互动直播内容。

5. bilibili（B 站）

bilibili 于 2009 年 6 月 26 日创建，被网友们亲切地称为"B 站"。B 站直播是国内首家关注 ACG 直播的互动平台，内容有趣、活动丰富、玩法多样，并向电竞、生活、娱乐领域不断延伸。在 B 站直播中，用户可以找到各种有趣的直播内容，包括游戏直播、综艺直播、生活直播等。现为中国年轻世代高度聚集的文化社区和视频平台。

6. 映客

国内知名的移动直播平台，较早采用直播+明星模式，是以打造互联网+新娱乐内容矩阵为主的泛娱乐产业企业。诞生于 2015 年的映客，以"你丑你先睡、我美我直播"为标语带动"全民直播"的风潮，让移动直播深入人心。

"千播大战"中映客突围而出，成为泛娱乐直播行业的代表，并于 2018 年在港交所挂牌上市。作为"直播+"的倡导者，映客除在秀场、综艺、电商等方向纵深发展外，在短视频、音频等领域也抢先布局，致力于打造音视频娱乐社交新生态，引领中国互动娱乐产业的新发展。

8.4.2　直播平台的电商推广文案写作

目前"直播+电商"的营销模式成了电商发展的新趋势，直播也成了电商推广的吸睛利器。"直播+电商"这种营销模式直接将消费者和产品连接起来，是一对多的实时互动，消费者可以通过弹幕、点赞等方式与主播互动，增加了用户参与感，提高了产品影响力和可信度。企业和个人可以将产品的特点、功能、使用方法等直观地展示给消费者，帮助消费者更好地了解产品，增加购买的意愿和决策速度。

直播间的销量很大程度上取决于直播间的人流量，人流量多可以促进销量的提升。要想吸引更多的人流到直播间，就要在直播之前做好准备工作，其中最关键的一项就是撰写好的直播预告文案。在文案中除了要告知消费者直播的时间，还要利用各种技巧来吸引消费者的关注，有六种常用技巧：

1. 设置悬念，激发欲望

悬念，在古典小说里称为"扣子"或"关子"，即设置疑团，不做解答，也就是说一半留一半，以唤起消费者穷根究底的欲望和急切期待的心理，借以吸引其关注。

罗永浩首次直播前，在直播倒计时的预告文案中，运用"填空题"来设置悬念"倒计时 5 天时，直播宣传文案是：如果不是全网最_____怎么会让上千万人挤在一个屋子里买东西？倒计时 1 天时，直播宣传文案又变成：如果不是全程都_____怎么会让不买东西的人也舍不得离开？"

倒计时 5 天每一天的宣传文案都不一样，留下的悬念成功勾起消费者的好奇心和探索欲，令其忍不住想看看这场直播。

2. 开门见山，列出清单

在主播的粉丝足够多的情况下，预告文案不必设置悬念，可以开门见山，直接列出直播产品相关信息，因为粉丝很有可能刚好需要预告文案中的某一款产品，那么直播预告发布后，会吸引非常精准的受众进入直播间并购买产品。

但是要注意的是，只有产品本身足够有吸引力，或者产品有足够大的优惠，才能吸引用户。图 8-40 为某网红主播的直播预告产品清单（部分）。

3. 突出亮点，独具特色

千篇一律的直播预告文案会让人失去兴趣，那么在直播预告文案中突出这场直播独具特色的亮点，让直播间别具一格，这样才能让人眼前一亮，引起持续关注。例如，格力总裁董明珠直播带货时，其预告文案为"携 3 万家门店直播、首次公开董总办公室、国家重点实验室……"单单这几点就已经超越了很多其他的直播间，更别说后面价值 2 万的大礼包的吸引力了。

4. 借势热点，创意无限

在移动互联网时代，每天都会有大量的实时热点，这些实时热点也为大量的企业营销带来了很多材料。企业可以依靠用户对实时热点的关注，加以创意，为自身创造巨大的流量。图 8-41 为一家 4S 店将热播剧《狂飙》中高启强和徐江的对话片段，进行剪辑组合，转换成其工作人员和徐江的对话，在对话中成功植入了直播信息，"今晚你带上卡来我们店，今晚 7 点在直播间等你，这事儿有几样东西兜底，准成，必须亲自过来……"，如此基于热点的创意预告很容易就吸引了用户的关注。

图 8-40　开门见山示例

图 8-41　借势热点示例

5. 明星坐镇，名人效应

目前很多直播间会邀请明星或网红等有一定粉丝基础的人物进行代言和宣传，通过他们的影响力吸引更多用户关注和参与直播。不过要注意的是，邀请的明星形象尽量与直播主题相呼应，如此才能相得益彰。

例如，"布衣探案"，其账号主题为"高智商电影推荐。一起推理，一起破案"。《白夜追凶》热播时，其在直播预告文案中重点突出"我约了《白夜追凶》的周舒桐……"如果你是《白夜追凶》的剧迷，相信你一定会被这样的文案打动，从而进入直播间观看。

6. 注重互动，发放福利

在直播预告文案中注重强调与消费者的互动和福利，让用户看到宣传文案后，认为有便宜可占，然后进入直播间。这种直播预告文案人人都适用，可以通过抽奖或福袋的方式来吸引用户进入直播间，但是赠送的奖品一定要有足够的吸引力，或者能满足某一用户群体的需求，这样才能促使目标用户群体转发评论，提升文案的曝光，吸引大量用户前来观看直播。

例如，一些大咖主播直播预告文案就常常采用这样的方法，其中以某网红主播的 99 美妆节文案为例："关+转评赞，抽 9 人随机送下图 9 款产品中任意 1 款。"奖品有大牌，如神仙水，吸引力较大；有爆款产品，如芙丽芳丝洗面奶，受众群体范围广。

ululemon 社群营销

8.5　社群文案写作

社群就是在互联网平台，一群有共同兴趣、爱好、认知、价值观的用户聚在一起，发生群蜂效应，在一起互动、交流、协作、感染，对产品品牌本身产生反哺育的价值群体。一个完整且典型的社群通常有稳定的群体结构、一致的群体意识、成员行为规范和持续的互动关系。社群营销是一种基于社群的营销模式，通过将有共同兴趣爱好的人聚集起来，打造一个共同兴趣圈来促成最终的消费。

8.5.1　常见的社群平台

1. 拼多多

拼多多成立于 2015 年 9 月，是一家专注于 C2B 拼团的第三方社交电商平台。拼多多通过社交+电商的模式，以拼着买才便宜的社交拼团为核心，以好货不贵为运营理念，主打百亿补贴、农货上行、产地好货等，为消费者提供补贴折扣品牌商品、原产地农产品、工厂产品等。它旨在凝聚更多人的力量，用更低的价格买到更好的东西，体会更多的实惠和乐趣。用户通过发起和朋友、家人、邻居等的拼团，可以以更低的价格，拼团购买优质商品。其中，通过沟通分享形成的社交理念，形成了拼多多独特的新社交电商思维。2018 年 7 月 26 日，拼多多在美国上市。图 8-42 为拼多多砍价和拼单，通过邀请好友一起参加活动，可以低价购得商品。

图 8-42　拼多多砍价和拼单示例

2. 小红书

小红书于 2013 年创立，作为中国购物者的在线导游，为用户提供一个平台，供用户评论产品并与社区分享他们的购物体验。目前小红书已发展成为一个社交购物平台，用户可以在平台上分享美妆、时尚、生活等各类消费品的使用心得和购物体验，通过点赞、评论、收藏等互动方式获取粉丝和信任度，进而影响他人的购买决策。小红书也是一个以内容为主导的社交平台，强调用户对正版、高品质商品及服务的推荐和评价。相比于其他电商平台，小红书更注重社交属性和 UGC 的价值，也因此在年轻用户中具有很高的人气和影响力。同时，小红书也推出了直播、带货等功能，让用户能够直接在平台上完成购物流程，从而打通了社交、内容和电商的整个生态链条。总之，小红书是一个集社交、内容、电商于一体的综合性购物平台，致力于打造一个崇尚真实和分享的社交购物场景，满足年轻用户对个性化、时尚、高品质消费的需求。图 8-43 为小红书美食分享页面。

图 8-43　小红书美食分享示例

2019 年 4 月 19 日《人民日报》对小红书模式表示肯定，称用户自荐的进口商品拉动了消费购买力。在小红书上，用户在消费的物品之外，更注重消费体验的分享，让口碑成为品牌升级的驱动力，也让"内容种草"成为流行。

3. 豆瓣

豆瓣创立于 2005 年 3 月，是一个社区网站。该网站以书影音起家，提供关于书籍、电影、音乐等作品的信息，无论描述还是评论都由用户提供，是 Web2.0 网站中具有特色的一个网站。网站还提供书影音推荐、线下同城活动、小组话题交流等多种服务功能，它更像一个集品味系统（读书、电影、音乐）、表达系统（我读、我看、我听）和交流系统（同城、小组、友邻）于一体的创新网络服务，一直致力于帮助都市人群发现生活中有用的事物。在这个网站，用户可以根据自己的兴趣爱好，从各种图书、电影和音乐中挑出自己最感兴趣的，而且还能找到趣味相投的用户。图 8-44 为豆瓣小组界面。

4. 百度贴吧

百度贴吧（简称贴吧），是百度旗下独立品牌，它是结合搜索引擎建立的一个在线的交流平台，让那些对同一个话题感兴趣的人们聚集在一起，方便地展开交流和互相帮助。贴吧是一种基于关键词的主题交流社区，它与搜索紧密结合，准确把握用户需求，为兴趣而生。

图 8-44　豆瓣小组页面示例

贴吧的使命是让志同道合的人相聚。贴吧的组建依靠搜索引擎关键词，不论是大众话题还是小众话题，都能精准地聚集大批同好网友，展示自我风采，结交知音，搭建别具特色的"兴趣主题"互动平台。贴吧目录涵盖社会、地区、生活、教育、娱乐明星、游戏、体育、企业等方方面面，是全球领先的中文交流平台，它为人们提供一个表达和交流思想的自由网络空间，并以此汇集志同道合的网友。图 8-45 为百度贴吧首页，上面有很多热门吧，用户可以选择自己感兴趣的加入。

图 8-45　百度贴吧首页示例

5. 知乎

知乎是一个中文互联网高质量问答社区和创作者聚集的原创内容平台，于 2011 年 1 月正式上线，以"让人们更好地分享知识、经验和见解，找到自己的解答"为品牌使命。

知乎凭借认真、专业、友善的社区氛围、独特的产品机制以及结构化和易获得的优质内容，聚集了中文互联网科技、商业、影视、时尚、文化领域最具创造力的人群，已成为综合性、全品类、在诸多领域具有关键影响力的知识分享社区和创作者聚集的原创内容平台，建立起了以社区驱动的内容变现商业模式。图 8-46 为知乎首页。

图 8-46　知乎首页示例

6. 微博

微博是一种新型的社交媒体平台，也是一种常用的社群营销平台。微博可以让企业和个人发布短文、图片、视频等多种形式的内容，通过关注、点赞、评论等互动方式与受众进行交流和互动。通过微博，企业和个人可以推广品牌形象、宣传产品信息、参与公益活动等，以吸引和留住受众。

7. 微信

微信公是目前最受欢迎的社群营销平台之一。它具有庞大的用户群体和强大的社交功能，使得品牌可以与用户进行直接互动，并分享有价值的内容和信息。

8.5.2　社群文案的写作技巧

社群将有共同兴趣爱好的人聚集起来，能够帮助企业或商家更加精准地找到目标消费者，站在消费者的角度思考问题和创作文案内容。社群文案是帮助社群快速吸粉的绝佳方式，也是引导顾客消费实现变现的重要一环。社群文案的写作与其他类型的电商文案的写作方法是相同的，一个有价值的社群文案，需要注意或解决以下三个方面的问题。

1. 了解目标受众

目标受众是指企业希望将产品或服务推向的群体。在撰写社群推广文案之前，首先需要了解目标受众。只有了解目标受众的特征、价值观、需求和兴趣，才能撰写出符合受众口味的文案。例如，如果目标受众是年轻人，那么文案的语言要求就应该比较活泼、幽默，而如果目标受众是中老年人，那么文案的语言就应该比较稳重、正式。

正如国产汽车五菱宏光 MINI EV 的营销实践所展示的，深入了解目标受众的需求并针对性地调整产品与营销策略，是品牌在竞争激烈的市场中脱颖而出的关键。

案例 2：五菱宏光 MINI EV 的成名之路

不少人对五菱的印象停留在三个词上：叔叔开的车、面包车、中国上一代的企业。

在消费者年轻化的大趋势下，汽车行业原本以"大曝光+垂直媒体渗透"为主的传统营销模式受到挑战。如何才能把车卖给年轻人？五菱针对目标用户的需求做了大量的市场调研和分析：

在三线城市，普通居民普遍面临道路拥堵、车位缺乏、用车成本高的难题时，五菱能灵活地穿梭大街小巷，停车也方便。

在一二线城市的年轻人，也并非都是年薪百万，但上班不方便，同样需要代步工具。

2021 年，上汽通用五菱在小红书做出了新的尝试。

宏光 MINI EV 瞄准年轻用户，在小红书深度洞察年轻用户需求，挖掘产品卖点，通过与年轻用户的深度共创，实现全站热度提升，并最终影响消费者决策。

在产品上，小红书帮助宏光 MINI EV 挖掘产品亮点，找准差异化定位。宏光 MINI EV 在外形上不同于豪华汽车，小巧玲珑的外观、马卡龙配色和独特的大玩具车型，满足了当下年轻人的萌趣审美取向；在售价上，不到三万元的价格处在年轻人负担得起的区间，消费决策成本较低；在功能上，宏光 MINI EV 可以改善"打工人"挤公交、地铁的糟糕交通体验，可以直接作为代步车使用。

满足了多样化需求的宏光 MINI EV，成为了新世代"性价比之王"的选择。而相比垂直汽车平台讲性能配置，小红书用户更倾向于从车主角度分享汽车颜值与行车生活。数据显示，2020 年 7 月小红书站内汽车热搜词，汽车内饰、汽车摆件、汽车改色等均在高位。其中，在汽车装饰相关高频热词中，用户对汽车内外观更改的愿望强烈。因此，一辆专属于自己的个性潮车可能正是用户的兴趣点所在。

结合小红书站内用户数据，宏光 MINI EV 决定从车辆外形入手，提供高自由度的车辆改装空间，将选择权交给消费者。为此，上汽通用五菱和小红书发起一场与年轻人共创的"潮装活动"，将宏光 MINI EV 变身为"行走的涂鸦墙"，让用户发挥创意改装车辆外观，满足年轻人个性化、定制化、喜欢"限量版"的心理需求，同时通过小红书博主笔记加话题导流，配合开屏广告与信息流广告，实现优质内容迅速扩圈，如图 8-47 所示。

图 8-47　五菱宏光 MINI EV 改装活动示例

在小红书站内"优质内容+效果广告"双重加持下，"潮装活动"话题热度持续飙升，一改"汽车购买重参数"的固有印象，五菱通过找准年轻用户新消费需求，点燃了用户热情，实现品牌销量与声量的双重增长。

五菱会玩的品牌调性，以及和年轻人玩在一起的营销套路，俘获了年轻人。在小红书的助力下，宏光 MINI EV 成为全网热议的爆款神车。通过与小红书商业化深度合作，上汽通用五菱也成功地与时尚、年轻等关键词联系在一起，凭借颜值成功出圈，摇身一变成为"潮流宠儿"，全面刷新品牌认知，同时摘得销量和搜索量行业双桂冠。品牌站内搜索排名一度跃升至汽车行业第一，品牌热度提升近 700 倍，品牌广告和笔记曝光超 2 亿次，其官方号 3 个月涨粉近 4 万。

2. 善用标题，吸引注意

撰写一个有吸引力的标题是电商文案写作最基本的要求，社群文案也不例外。在内容泛滥的互联网时代，没有爆款的标题，即使内容再优质也是徒劳。吸睛的标题是获取曝光的砝码，能激发起社群成员的阅读兴趣，是吸引用户点击的标配。要善于挖掘关键词，善用标点符号和数字，借力网络热点等写出抓人眼球的标题。但应注意，标题与文案主题要有相关性，避免"标题党"。

例如，@超胖桃几在小红书发布的名为《圆脸女子理发店沉浸式换头 没想到竟然……》的标题，通过制造话题与冲突，突出"沉浸式""换头"，吸引用户猎奇心理，吸引用户观看。根据数据显示，该笔记预估阅读数高达 200 多万，互动总数近 10 万，引起了用户的高度讨论。

3. 挖掘痛点，提供方案

挖掘消费者痛点就是直接指出目标消费者所面临的问题。站在消费者的角度，在消费者真实需求的基础上，发现痛点背后的需求，能够正中消费者要害，加速购买决策。痛点是基于心理感受对比的体验营销的一种重要手段，痛点不是对所有人说话，越是细分痛点越清晰。例如，针对爱美女性，可以从化妆浪费时间、化妆品含化学成分、化妆手残、穿裙子走光等方面来挖掘爱美女性的痛点，了解用户需求，找准文案定位，凸显文案内容的价值，这样才能吸引群成员的关注，为产品的变现奠定基础。

例如，@鲜鲜超鲜以《请大数据把我推给不会化妆的姐妹!!》为题在小红书发布的一则笔记，开头直指痛点"为什么跟着美妆博主学习，却还是达不到效果？"，激发用户继续往下观看的好奇心。笔记以专业内容为主，为新手化妆用户提供参考方案和解决思路，所以即使视频较长，但内容够专业，用户也能买账。通过千瓜数据查看，评论种草意愿很高，"粉底液""遮瑕""牌子"是用户热评前十，纷纷表示"好看""收藏"，足以说明用户认可程度很高。

课后练习

七夕节即将来临，某彩妆品牌想以此为契机在微博对其香水进行宣传和推广，产品图片如下，请根据下列提示，完成文案创作。

1. 分析此款香水的目标消费群体及其购买产品的理由。
2. 提炼与七夕相关的关键词及活动场景。
3. 提炼与此款香水相关的关键词及卖点。
4. 找到香水与七夕节及顾客之间的关联性。
5. 完成文案的撰写（可以从故事、痛点、热点等其他角度切入）。

第9章 软文类电商文案写作与策划

思政案例导入

后浪

那些口口声声，一代不如一代的人
应该看着你们
就像我一样
我看着你们，满怀羡慕
人类积攒了几千年的财富
所有的知识、见识、智慧和艺术
像是专门为你们准备的礼物
科技繁荣、文化繁茂、城市繁华
现代文明的成果被层层打开
可以尽情享用
自由学习一门语言、一门手艺
欣赏一部电影、去遥远的地方旅行
从小，你们就在自由探索自己的兴趣
很多人在童年就进入了不惑之年
不惑于自己喜欢什么，不喜欢什么
人与人之间的壁垒被打破
你们只凭相同的爱好
就能结交千万个值得干杯的朋友
你们拥有了我们曾经梦寐以求的权利
选择的权利
你所热爱的，就是你的生活
你们有幸，遇见这样的时代
但时代更有幸，遇见这样的你们
我看着你们，满怀敬意
向你们的专业态度致敬
你们正在把传统的，变成现代的
把经典的，变成流行的
把学术的，变成大众的
把民族的，变成世界的
你们把自己的热爱

变成了一个和成千上万的人

分享快乐的事业

向你们的自信致敬

弱小的人才习惯嘲讽和否定

而内心强大的人从不吝啬赞美和鼓励

向你们的大气致敬

小人同而不和

君子美美与共，和而不同

年轻的身体，容得下更多元的文化审美和价值观

有一天我终于发现

不只是我们在教你们如何生活

你们也在启发我们怎样去更好的生活

那些抱怨"一代不如一代"的人

应该看看你们

就像我一样

我看着你们，满怀感激

因为你们，这个世界会更喜欢中国

因为一个国家最好看的风景

是这个国家的年轻人

因为你们

这世上的小说、电影、音乐中表现的青春

不再是忧伤、迷茫

而是善良、勇敢、无私、无所畏惧

是心里有火，眼里有光

不用活成我们想象中的样子

我们这一代的想象力

不足以想象你们的未来

如果你们依然需要我们的祝福

那么

奔涌吧，后浪

我们在同一条奔涌的河流

　　《后浪》是 B 站在 2020 年五四青年节发布的一则广告软文，这期 600 余字的文案，运用了排比、对比等多个手法，娓娓道来，组成了一篇通俗易懂的文章。文中"后浪"代表着青年，"前浪"代表着长辈长者循循诱导，后辈努力奋发，在同一条奔涌的河流里，人们美美与共和而不同。"后浪"继承了"前浪"的宝贵遗产，而且是几千年传承下来的精神和物质财富，不停奔涌。中国传统文化凝聚着几千年来中国人民的智慧，也是中华民族团结在一起的重要纽带。我们应提高自己的素养，使自己拥有文化底蕴，培养自己对于传统文化的兴趣，努力学习传统文化的知识，主动担负起传承传统文化的重任。

　　《后浪》一出引起众多围观，朋友圈刷屏，微博热议不断，仅仅 10 多小时，弹幕数已

超 5 万，点赞数超 48 万，不得不承认这是 B 站一次成功的破圈之作。可见，软文营销已经成为一种重要的营销手段，对企业和品牌有着重要意义。

学习目标

- 了解软文的定义、作用和载体。
- 掌握软文关键词的设置，包括类型、优化、设置方法与技巧。
- 熟悉软文正文文案的布局、写作技巧等。

9.1 认识软文

9.1.1 软文的定义

软文（Advertorial），与硬性广告相对，是指由企业专门负责市场策划和推广的专门人员或者广告公司的文案从业人员负责撰写的"文字广告"。其具体指通过特定的概念诉求、以摆事实讲道理的方式使消费者走进企业设定的"思维圈"，以强有力的针对性心理攻击迅速实现产品销售的文字（图片）模式。从狭义上来讲，软文是指企业花钱在报纸或杂志等宣传载体上刊登的纯文字性的广告。这种定义是早期的一种定义，也就是所谓的付费文字广告。从广义上来讲，软文是指企业通过策划在报纸、杂志或网络等宣传载体上刊登的可以提升企业品牌形象和知名度，或可以促进企业销售的一些宣传性、阐释性文章，包括特定的新闻报道、深度文章、付费短文广告、案例分析等。随着自媒体时代的到来，软文更是通过互联网等方式快速传播，一个好的软文文案可以使企业不费吹灰之力就达到良好的宣传效果。因此，从文案的角度看，软文与广告语、广告图配文字、广告脚本等零散的形式不同之处在于，软文必须是一篇完整的文章，即包括需宣传的主要内容，如产品质量、客户服务、售后、主营业务等。

9.1.2 软文的作用

软文关键在一个"软"字，就好像绵里藏针、以柔克刚，追求的是春风化雨、润物无声，于无声处达到产品营销和传播的目的。软文妙在可以让顾客不受强制广告的宣传，文案与广告完美结合，进而达到吸引读者、推广品牌、宣传产品、促成销售的宣传效果。

特斯拉对电动汽车市场的开拓可谓是软文营销的经典范本。21 世纪初，当传统燃油车仍占据绝对主流时，特斯拉通过系列软性传播重构了公众对新能源车的认知。首先通过以下软文进行科技叙事构建认知高地。

《硅谷钢铁侠的能源革命》：借马斯克个人 IP，在《连线》《麻省理工科技评论》等平台讲述 SpaceX 火箭回收技术与特斯拉电池管理的技术同源性，将电动车与尖端航天科技产生联想。

《21 世纪移动生活实验室》：通过深度评测文章，将 Model S 的中控大屏、自动驾驶系统包装为"车轮上的智能终端"，在科技极客圈层引发裂变传播。

与此同时，特斯拉深入渗透生活方式场景，展现产品和服务。

《加州 1 号公路的晨曦》：以自驾游记形式，在汽车论坛、旅行杂志描绘特斯拉车主穿越海岸线的场景，强化"自由、科技、环保"三位一体的生活方式图景。

《超级充电站：重新定义里程焦虑》：通过记者实地体验报道，展现特斯拉充电网络如何改变长途出行习惯，将基础设施劣势转化为服务优势。

接着，特斯拉通过社会责任价值赋能品牌高度。

《每辆特斯拉每年减排 5 吨二氧化碳》：联合环保组织发布白皮书，在气候峰会期间形成媒体传播矩阵，将购车行为升华为环保行动。

《中国制造的绿色承诺》：针对上海超级工厂投产，通过央视《对话》栏目解读本土化供应链如何实现碳中和生产，塑造负责任的企业公民形象。

当市场教育成熟后，特斯拉启动硬广投放：地铁巨幕呈现"加速世界向可持续能源转变"的标语，社交媒体发起"#特斯拉生活实验室#"话题营销。这种软硬结合的打法创造了现象级效应——2020 年 Model 3 成为全球首款年销破 30 万辆的电动汽车，更重要的是，其通过内容营销构建的"科技环保先锋"形象，使品牌溢价远超传统车企。

9.1.3　软文的载体

软文可以发布在不同的平台，通过不同的载体进行传播，如网店、博客、微博、微信、论坛、QQ 空间等。一旦引起网友的兴趣，引发网友的点击量，就会出现可观的转发量和转载量，软文就会成为一篇具有传播力的文案。

1. 网站

软文的作用是推广宣传产品，当下电商网站就是非常好的载体，眼下热门的电商网站诸如京东、淘宝、当当等炙手可热。以下为淘宝网站上一家名为 daparo 的网店推出的宣传其产品胸针的软文文案：

（1）鹊翎之约（图 9-1）。

图 9-1　网站喜鹊胸针

人世与天空的界限
在黑与白的桥梁上打破
如同日月星光
遗憾与喜悦
深夜与白雪

周而复始

从来没有改变过

喜鹊是古老东方的神明之鸟，在有记载的历史中被赋予带来旷日持久的平和喜乐结对的使命。因为有喜鹊，仙与人的结合在传说中亦是成为可能。无论山野还是城市，只要有人生存的地方，就一直一直和它们共存。

（2）蔚蓝空海（图9-2）。

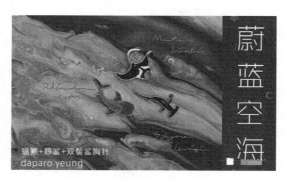

图9-2　网站双髻鲨胸针

蝠鲼在巨大的月夜中跃出发光的浪

风和海岸一起湮灭

八千八百个银河星光流淌的潮汐涨落里

鲸鲨的身体凝视日月照耀

空旷的海如同你也曾经与我一并不朽

鲸鲨是蓝色星球上最庞大的鱼类，是古老的洋流中流浪的泰坦，身上是银河倾入星光，带着星辰的祝福；蝠鲼在旧时的传言中被冠以魔鬼之名，实则亦是巨大的温柔鱼类集群翱翔在洋流中时，常常扇动翅膀跃出海面；双髻鲨是古老的软骨鱼类，成群游动在温暖的浅海，演化赋予它非凡的双目分离于扁平头部的两极，足以观察更为辽阔的空间。

（3）萤萤之火（图9-3）。

图9-3　网站萤火虫胸针

我在星光里诞生

从夏日腐朽的沼泽中升起

在自己的辉煌里最终死去

我是发光的梦想

我是萤火的光

该文案通过配图和诗歌赋予了产品浪漫主义的色彩，深入女性消费者的内心，激发了她们的浪漫情调。

2. 博客

博客一词是由英文单词 Blog 音译而来，意为网络日记。它是个人网站的一种形式，博主可以不定期在自己的博客上发表自己的心得体会、旅游日志、美食体验等各种各样主题的文章，供网友学习和交流，因此也是继 QQ、微信等社交方式之后的大型社交工具，具有一定的影响力和传播性，博客营销成功的案例比比皆是，例如这篇名为《Stormhoek 麻雀变凤凰》的博文就可以称之为博客营销的成功案例。

案例 1：Stormhoek 麻雀变凤凰

在葡萄酒的世界里，众多酒庄犹如繁星闪烁，然而，有一个酒庄的故事却格外引人注目，它就是 Stormhoek。这个曾经籍籍无名的酒庄，究竟经历了怎样的非凡历程，实现了从无人问津到享誉全球的华丽转身，宛如麻雀一夜之间变凤凰呢？

Stormhoek 酒庄位于南非西开普省的海岸产区，那里有着独特的风土条件。土壤、气候与阳光的完美交融，为葡萄的生长提供了理想环境。但在最初，即便拥有如此优越的自然条件，Stormhoek 却如同被遗落在角落的明珠，无人赏识。酒庄的葡萄酒品质虽佳，却在市场上毫无知名度，销售渠道狭窄，产品只能在本地一些小店铺中艰难求生，与那些早已声名远扬的传统酒庄相比，差距巨大。

转机出现在互联网蓬勃发展的时代。Stormhoek 的管理层敏锐地察觉到，互联网将是改变酒庄命运的关键契机。他们大胆地制定了一个前所未有的营销策略——利用新兴的博客平台来推广自家葡萄酒。在当时，这一举措可谓是极具开创性，几乎没有酒庄涉足这一领域。

2004 年，Stormhoek 发起了一场名为"只要你是一个活跃的博客作者，就可以免费申请一瓶 Stormhoek 葡萄酒"的活动。他们向全球范围内数千名活跃的博客作者发出邀请，只要博主在自己的博客上撰写关于 Stormhoek 葡萄酒的品酒体验，就能够免费获得一瓶葡萄酒。这一独特的活动瞬间吸引了众多博客作者的目光。

很快，来自世界各地的博主们纷纷响应。他们收到葡萄酒后，满怀好奇与期待开启品尝，并将自己最真实的感受和评价详细地记录在博客上。这些博客文章中，有的热情洋溢地称赞 Stormhoek 葡萄酒独特的口感，果香浓郁、口感醇厚；有的则细致描述葡萄酒在色泽、香气上的迷人之处。这些生动且充满个人色彩的评价，通过互联网迅速传播开来。越来越多的人开始关注到这个原本默默无闻的南非酒庄，博客上的讨论热度持续攀升，Stormhoek 葡萄酒的口碑也随之在网络世界中迅速发酵。

不仅如此，Stormhoek 还积极与博主们互动，认真回复他们的问题和反馈。这种真诚的沟通方式，进一步增强了博主们对酒庄的好感和认同感，他们也更加乐意主动宣传 Stormhoek 葡萄酒。随着口碑的不断积累，Stormhoek 葡萄酒开始受到专业葡萄酒评论家的关注。一些知名的葡萄酒杂志和网站纷纷对其进行报道和评测，给予了高度评价。这些专业媒体的认可，如同给 Stormhoek 葡萄酒注入了一剂强心针，使其在市场上的知名度和美誉度大幅提升。

仅仅在活动开展后的几个月内，Stormhoek 葡萄酒的销量便呈现出惊人的增长态势。原本积压的库存迅速清空，订单从世界各地如雪花般飞来。酒庄不得不扩大生产规模，以满足市场的需求。从最初在本地小范围销售，到如今产品畅销全球多个国家和地区，Stormhoek 成功地在竞争激烈的葡萄酒市场中站稳了脚跟，实现了华丽转身。

如今，Stormhoek 已成为葡萄酒行业的一个传奇典范。它的成功，不仅源于其对品质的执着追求，更得益于对创新营销方式的大胆尝试。通过巧妙借助互联网的力量，Stormhoek 打破了传统营销的局限，将自己的品牌推向了世界的舞台。当你品尝一杯 Stormhoek 葡萄酒时，品味到的不仅仅是那美妙的口感，更是一段充满勇气与智慧的传奇逆袭故事。

博客营销比普通销售有着更深远的意义，博客营销把消费者看作真正的人，而不是抽象的概念或者非人性化的销售目标，从而提升品牌形象。

3. 微博

微博（MicroBlog）是指一种基于用户关系信息分享、传播以及获取的通过关注机制分享简短实时信息的广播式的社交媒体、网络平台。微博允许用户通过 Web、Wap、Mail、App、IM、SMS 以及 PC、手机等多种移动终端接入，以文字、图片、视频等多媒体形式，实现信息的即时分享、传播互动。目前无论是个人还是团队，都可以通过微博来进行所见所闻所想的分享，一些平台和企业也利用微博的优势来推广宣传自己的产品。如图 9-4 所示，京东以"一平米"作为关键词为其即将到来的电脑数码超级品牌日做宣传。

图 9-4　微博软文

4. 微信

微信已经超越了 QQ，成为目前国内最大的社交软件，个人通过发朋友圈来自己的动态，微信的推广还催生了一个新职业的诞生——微商，微商也可以通过发朋友圈来分享自己产品的动态，还有一些品牌通过微信公众号推文宣传，后来微信又推出了视频号，定期推送自己的产品，以此来达到宣传的目的，如图 9-5 所示。

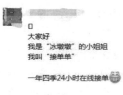

图 9-5　微信软文

该朋友圈为一名微商所发，蹭了当下最火最出圈的冬奥吉祥物冰墩墩的热度，化身"接单单"，以此来广而告之朋友圈的小伙伴："下单找我，24 小时持续接单中"。

除了个人微信软文的推送，一些企业和商家陆续推出了自己在微信上的公众号，通过公众号持续推送软文，来达到宣传推广自己的产品的目的。例如，T3 网约车在其公众号陆续推出的"了不起的 T3 师傅｜坚韧如蒲苇，看不服输的网约车女司机，如何乘风破浪？"通过讲故事的方式讲述了一位 T3 女司机面对生活的困难，保持良好的心态，迎难而上，乘风破浪，与 T3 一起再创生命的辉煌。这种叙事方式，可以与读者产生情感上的共鸣，同时又达到了宣传推广的目的。再如 T3 的另一篇推文"据说 T3 司机会被'神秘'保护，他是谁？"文章题目通过问题的方式引发读者的好奇，原来这个"他"就是平台车辆统一配置的车载摄像头，这样不仅可以有效保障司乘行车安全，避免带来麻烦，还可以在意外情况发生时，有效保护大家的合法权益。

9.2　设置软文关键词

软文关键词就是用户输入搜索引擎栏中的提示性文字或符号，包括字、词、句、数字、符号等。软文关键词的设置直接决定了用户能否在最短的时间内搜索到产品信息，因此，想要提升软文的曝光率，就要学会巧妙使用关键词，利用关键词吸引用户关注，提升软文的点击阅读量，从而提高转化率。

9.2.1　关键词的类型

常言道："胸中自有雄兵百万，才能沙场秋点兵。"想要用好关键词，需要对关键词做到充分了解，知道什么是关键词、关键词有哪些分类、如何放置关键词及如何设置最佳关键词等。只有做到了心中有数，才能在运用关键词的过程中做到胸有成竹。

1．按照关键词的热度进行划分

按照关键词的热度进行划分，关键词可以分为热门关键词、一般关键词以及冷门关键词三类。

（1）热门关键词：主要是搜索量或者搜索频率比较高的词汇，例如"风衣"。

（2）一般关键词：搜索量和搜索频率不太高的词汇，例如"女士长款风衣"。

（3）冷门关键词：冷门关键词是相对于热门关键词与一般关键词而言的，冷门关键词被搜索到的频率不高，搜索量也很小，除非是那些目的性非常强的用户有意搜索，否则很难搜索到，例如"太平鸟女士长款风衣"。

2．按照关键词的长度划分

也就是按照词语的长短进行划分，字数多词语就长，能够表达的意思也更具体详细，反之则较为宽泛笼统。

（1）短尾关键词：分类较为宽泛的词汇，一般是由 2～4 个字组成的比较短的词语。例如，手机。

（2）长尾关键词：描述更为清晰，分类更为具体的词汇，多在 4 个字以上。例如，男士商务手机。

一般来说，长尾更具有针对性，短尾具有更高的热度和使用量。

3．按照使用方法划分

按照使用方法划分，大致可以分为别名关键词、时间关键词、错别关键词和问答关键词。

（1）别名关键词：别名，就是同一个事物的不同称谓。如计算机又被称为电脑；西红柿又被称为番茄等。特别是随着地域的不同，同样的事物会有各种不同的叫法。

（2）时间关键词：就是在关键词前面加上时间，如最近、最新、2023 年夏等，这类关键词适用于消费需求和时间联系较为紧密的用户群体。例如，2023 年夏新款连衣裙。

（3）错拼关键词：就是利用输入法联想词或者错别字而产生的。就是在搜索某些关键词的时候，一些关键词可能会与所搜索的关键词同音或字形相似而被搜索到。如：迅雷（讯雷）、机票订购（机票定购）。

（4）问答关键词：就是在搜索框输入问题，而搜索结果页呈现带有关键词答案的关键词。这种关键词被运用得非常广泛。例如，在搜索框中输入"北京哪家英语培训班好？"，在结果页中就出现了"新东方英语培训班"等相关的机构。

9.2.2 关键词排名的优化

关键词排名优化，顾名思义就是将网站的关键词在算法可行范围内尽量将其排到搜索引擎的首页靠前的位置，让网站被更多的用户搜索到，获得更多的用户关注，提高点击访问量，从而实现在线销售的最终目的，也就是转化率。那么如何来进行关键词排名优化呢？

1. 关键词挖掘

提升关键词搜索排名，首要重任是要选择合适的关键词，要求它既能满足网站主题又可以符合用户的搜索习惯，这样优化出来的关键词才可以起到提升排名的效果。所以网站的关键词挖掘很重要，量要大还要精准。可以借助一些关键词挖掘工具丰富关键词列表，从而筛选出搜索量大、转化率高的关键词，因为关键词覆盖得越多，后期转化的机会才越大。

2. 关键词密度

关键词在软文中出现的次数，与全篇字数的比例就是关键词密度，这是搜索引擎抓取关键词衡量的一个关键指标。通常来说，关键词出现的频率越高，关键词密度也就越大。关键词密度越大，搜索引擎就会认为页面的内容与关键词有很高的相关性，使得页面在关键词搜索中排名更高。

但需要注意的是，关键词密度过高也会造成关键词的堆砌，使网页内容可读性降低，这样很容易影响阅读体验，引起用户的反感。一般来说，关键词密度控制在 2%～8%较为合理，5%左右最佳。过高或过低的关键词密度都可能导致搜索引擎认为网站存在刻意优化行为，从而降低网站排名。

3. 关键词布局

关键词布局是指在网站建设和优化过程中，合理地安排关键词的使用位置和数量，以提高网站在搜索引擎中的排名和曝光率，提高网站的流量。通常建议从以下五个方面着手关键词布局：标题中加入关键词；正文中合理分布关键词；制作搜索引擎优化（Search Engine Optimization，SEO）友好的 URL 链接；在图片 ALT 标签中加入关键词；利用页面内锚文本加入关键词。

4. 内容原创性

原创性的内容在搜索引擎中很受欢迎，如果网站保持一定的更新频率，原创性的文章就会经常被搜索引擎抓取，因为搜索引擎也喜欢活跃度高的网站，而原创性高、内容质量好的内容，也更受用户的欢迎，因此搜索引擎也会给予更多的机会。在创作时，需注意文章的标题、摘要、正文质量，以及图片和视频等多媒体素材的使用。同时，还要关注文章的排版和阅读体验等方面。

5. 内外部链接优化

内部链接就是网站内部各页面的相互链接。内部链接可以帮助搜索引擎更好地了解网站结构和内容，进而影响关键词排名优化。要合理地建立内部链接，将相关页面链接在一起，不仅方便用户浏览网站，也有利于提升网站的流量。

外部链接就是指在别的网站导入自己网站的链接。建立高质量的外部链接是提升关键词排名优化的有效方法之一。通过与其他相关网站进行链接合作、发布高质量的内容，可以获得更多的外部链接，从而提升网站权重和流量。

9.2.3　关键词设置方法与技巧

在经过关键词调研和关键词筛选之后，如何合理使用关键词十分关键。将确定的关键词和长尾关键词巧妙地融入软文标题、副标题、段落、图片等元素中，尽可能地让搜索引擎和读者更好地理解文章的主题和内容，并提高软文的曝光率和流量。根据用户的搜索习惯，可以尝试以下方法设置关键词：

1. 产品/服务+功能特点

这种设置可以是对产品的介绍或功能描述，也可以是对服务的内容、技术或流程的描述。图 9-6 所示的"菊花决明子枸杞金银花正品去火清火茶叶花茶男女养生养肝护肝茶包"标题中就使用了产品（菊花决明子枸杞金银花）+功能（养生养肝护肝）的形式来设置关键词；图 9-7 所示的"【节假日通用】单人超声波洁牙洗牙含抛光送全景片检查"就采用了服务（洁牙洗牙含抛光送全景片检查）+技术（超声波）的关键词设置方法。

图 9-6　产品+功能的关键词设置　　　　图 9-7　服务+技术的关键词设置

2. 产品/服务+搜索意图

在设置关键词之前，要站在用户的角度去思考用户平常是如何使用关键词的。研究显示，用户在搜索时很少使用单个词语，而是较多地使用短语或词组。例如，用户在搜索"洁牙"时，很少单独输入"洁牙"这两个字，而是会输入"洁牙到底好不好""洁牙多少钱""洁牙哪家好"之类表达，因此，在设置关键词时，可以根据产品或服务特点，进行关键词的组合或者延伸，从而提高被搜索到的概率。例子中的"到底好不好""多少钱""哪家好"等表达就是所谓的搜索意图了。图 9-8 为产品（连衣裙）+搜索意图（度假）关键词设置的例子。

图 9-8　产品+搜索意图的关键词设置

3. 产品/服务+流行风格/品牌名称

如果在某个行业中某个风格特别流行，或者某个品牌已经非常知名，那么在设置关键词时就可以加上该流行风格或者该知名品牌，借流行风格和知名品牌的人气来推广自己的网页和品牌。在图 9-9 所示的例子中，关键词设置分别使用到了产品（连衣裙）+流行风格（法式）和服务（染发）+品牌名称（欧莱雅）。

图 9-9　产品/服务+流行风格/品牌名称的关键词设置

4. 产品/服务+经营模式

经营模式通常是指零售、代理或加盟等。这种方式可以更精准地找到潜在客户，在关键词优化设置过程中可以体现出相关信息，如凸显出"代理""加盟""正品代购"等，如图 9-10 所示。

图 9-10　产品/服务+经营模式的关键词设置

5. 产品/服务+经营范围

在设置关键词时，还可以根据企业或者产品的经营方向，添加相关范围信息类词汇。例如，理发店的信息范围词就是"剪发""烫发""染发"。只要在网站设置好这几个关键词，就可以保证自己的网页或企业名称被用户搜索到。图 9-11 为在不同关键词搜索下，同一企业被搜索到的情况。

图 9-11　产品/服务+经营范围的关键词设置

9.3　软文正文文案写作

软文是营销推广领域中重要的手段之一，能够有效地传递品牌信息、增加曝光度、扩大受众范围，从而提高品牌知名度，达到销售的最终目的。软文正文是软文最核心的部分，掌握其写作相关知识有利于软文价值的实现。

9.3.1　软文正文文案布局

写作就如同盖房子，房子在修盖之前要先确定好图纸，才能保证房子建出来更漂亮、结构更合理。软文写作也是如此，在进行软文写作之前，要做到构局精妙，才能保证软文写作详略得当，引人入胜。软文布局就是将文章撰写所用到的材料、作者的认识等，围绕软文的中心思想进行排兵布阵，创造出一篇合理和谐、可读性强的完整软文。软文布局方式大概可以分为以下八种：

1. 并列式

并列式正文布局指正文的各部分是并列平行又相互独立的，同时又为说明中心论点服务。并列式正文布局的好处在于能更清晰全面地把产品或服务的卖点阐述清楚，这有利于增强读者的信任。并列式正文布局主要分为两种形式：一种是围绕中心论点，并列地阐述若干个分论点；另一种是围绕一个论点，并列列举若干个论据进行论证。

下文为太太口服液广告文案，该文案围绕秋天对女性肌肤的伤害这一主题，分别从"不让秋雨淋湿好心情""不让秋日带给女人一点点的伤""不让秋风吹干肌肤的水""不让秋夜成为失眠的开始"四个方面宣传产品功能和特点，突出了产品"呵护女性皮肤"这一特性，成功地塑造了品牌形象，顺利地推销了产品，该广告获得 2000 年全国报纸广告医药保健类铜奖。

不让秋雨淋湿好心情，

心情好，脸色自然的。

不让秋日带给女人一点点的伤，

没有黄褐斑，脸色是真的。

不让秋风吹干肌肤的水
肌肤充满水分，脸色更加好。
不让秋夜成为失眠的开始，
晚上睡得好，脸色才会好。

2. 层递式

层递式软文优点是逻辑严谨，思维严密，逐层深入，一环扣一环，按照某种顺序将内容一步步铺排，给人一气呵成的畅快感觉。其缺点也很明显，就是主题突出不够迅速，如果开头不能吸引读者，那后面的内容也失去了存在的意义了。层递式软文的布局，其着重点局在于层递式关系的呈现，主要结构可参考图9-12。

图9-12　层递式软文结构

例如，三联文房发布了一篇软文《你是否真正了解青花汉服》，文章从"服装"这一个大类入手，先讲述了服装不断发展演变的社会意义，指出服装是人们在社会活动中精神文明的重要体现；然后以服装中很独特的一个类别——"汉服"切入，一句"关于汉服你知道多少呢？青花汉服又是怎样来的呢？"，通过这样的设问，软文进入对"青花与汉服分别是什么"的介绍中，受众开始"熟悉青花汉服"；在详细讲述了"汉服"和"青花"两大概念以及其发展历史后，作者指出，汉服华丽、优雅、博大的气质和青花独特的制作工艺，是中华民族从政治经济到审美文化方方面面的体现，这使它们成了博大精深的中华文化的代表者，成了中华民族的血脉和象征。这时文章再介绍"为什么青花和汉服成了中华文化的代表"，此时，受众的心里开始"喜欢青花与汉服"；那这样具有独特魅力的两大元素"怎么样"了呢？作者讲述道，随着社会的快速发展，青花元素作为典型的中国传统元素的代表，在现代服装设计中越来越受到设计师们的关注，他们将青花纹饰与汉服有效结合，设计出青花汉服。这时，受众眼前一亮，心生欢喜，可能会有"这样独具魅力的汉服，为何不买来穿一穿呢"的想法，从而产生"购买青花汉服"的心理。

行文步步衔接，受众购买产品更是水到渠成，从"是什么"到"为什么"再到"怎么样"的梯度逻辑不仅实现了产品的宣传目的，还激起了受众对传统文化的热爱。这样的软文提升了自身的社会文化价值，堪称一篇高质量的软文。

3. 抑扬式

抑扬式核心理念是"欲扬之，却先抑之，欲抑之，却先扬之"，这种写法可以避免平铺直叙，做到千折百转，使软文产生诱人的艺术魅力，还能突出事物的特点或人物的思想情感发展的变化。通过欲扬先抑的写作形式可以塑造不一样的软文环境，显得曲折生动，可以给读者留下强烈的印象，增强文章的感染力，从而吸引住读者。

美国知名的广告大师大卫·奥格威创作的软文《穿哈撒韦衬衫的男人》，开篇即"抑"，提出美国社会存在的一个有趣现象——以高档西服配廉价衬衫，通过这一滑稽现象，制造认知冲突。然后通过"耐穿性、精致剪裁、全球珍稀面料"等细节，对哈撒韦衬衫进行了详细的介绍，突出产品优势，实现"扬"。最后结合历史与工艺，强化品牌的高端形象，实现宣传效果。

案例 2：穿哈撒韦衬衫的男人

美国人开始认识到：穿一套高档西服，却配以一件大量生产的廉价衬衫，既破坏整体效果，又滑稽透顶。因此，哈撒韦衬衫的日渐流行，正是它所处阶层的需要。

哈撒韦衬衫耐穿性极强——可以穿很多年。另外，因为哈撒韦衬衫精致裁剪的衣领，能使你看起来更年轻、更高贵。整件衬衫不惜工本的剪裁，会令你觉得更为舒适。下摆很长，可以深入你的裤腰。纽扣是用珍珠母做成的——非常大，也非常有男子气，甚至缝纫上也存在着一种南北战争前的高雅。

最重要的是哈撒韦衬衫使用从全世界各地进口的最有名的布料来缝制他们的衬衫——从英国来的棉毛混纺的斜纹布，从苏格兰奥斯特拉德来的毛织波纹绸。从西印度群岛来的手织绸，从英格兰曼彻斯特来的宽幅细毛布，从巴黎来的亚麻细布。穿着如此完美风格的衬衫，定会使您得到超乎衬衫本身的众多满足。

4. 逆向思维式

人们的习惯性思维是以积极的方向思考事物，寻找解决问题的办法，但有时以不同的思维方向解决问题可能更容易。逆向思维就是敢于"反其道而思之"，让思维向相反的方向发展，从问题的对立面进行深入的探索，树立新观念，创造新形象。逆向思维软文的写作不是按照通常的思维方式写文章，而是用逆向思维的方法去思考和探索。在编写逆向思维式软文时，有三种方式可以参考：

（1）反转型逆向思维：从已知事物的相反方向进行思考，简单理解就是直接反过来。

（2）转换型逆向思维：解决问题的手段受阻，转换成另一种手段或转换角度思考。

（3）缺点型逆向思维：思考是否能把缺点变成优点，化被动为主动，化不利为有利。

著名的 DDB 广告公司的创始人威廉·伯恩巴克曾经指出："广告必须与众不同，必须有自己的个性和风格。广告最重要的东西是要有原创性和新奇性"。而伯恩巴克也非常善于利用逆向思维解决问题，总能够另辟蹊径。在他诸多别出心裁的广告作品中，甲壳虫汽车和艾维斯的案例更是令人回味无穷。

甲壳虫汽车问世时，德国大众汽车公司（Volkswagen）最初希冀以它怪异的外形和更少的油耗打开美国市场，但事与愿违，美国消费者对之嗤之以鼻，因为他们早已习惯于购买豪华排场的大汽车。甲壳虫汽车因此变得"一无是处"：马力小、操作简单、档次低且形状古怪。面对几乎陷入绝境的甲壳虫汽车，伯恩巴克并没有急于去迎合美国人喜"大"好"奢"的心理，他经过考察，紧紧围绕甲壳虫汽车的自身特点，精心设计了一幅看上去呆头呆脑的宣传广告——Think Small（想想小的好）。

这则文案中文翻译如下：

我们的小车没有标新立异。

许多学院派对它不屑；加油站的小伙子也不会问它的油箱在哪里；

没有人注意它，甚至没人看它一眼。

但是，驾驶过它的人不这样认为。

因为它耗油低，不需防冻剂，能够用一套轮胎跑完 40000 英里。

这就是为什么你一旦用上我们的产品，就会对它爱不释手。

当你挤进一个狭小的停车场时，当更换你那笔少量的保险金时，当你支付那一小笔修理账单时，或者当你用旧大众换得一辆新大众时。

请想想小的好处。

没有色彩艳丽的图案，没有光鲜耀眼的模特，简单至极而又朴实无华，伯恩巴克准确地传达了甲壳虫汽车的特点："丑"但可靠。它像一颗重磅炸弹，推出后立即引起了巨大轰动，它运用逆向思维，改变了美国人的购车观念，帮助甲壳虫汽车扭转乾坤，成了商业广告的经典之作。

伯恩巴克为出租车公司艾维斯写的文案也是逆向思维式的成功之作。

文案标题：在出租车行业，艾维斯是第二位的。

正文文案：我们更努力，我们不会提供油箱不满、雨刷不好或没有清洗过的车子，我们要力求最好。我们会为您提供一部新车和一个愉快的微笑—与我们同行，我们不会让您久等。

既然大家都想去争第一，伯恩巴克就换了一个思维方向，不争第一，只做第二。艾维斯第二形象的推出，极大地吸引了广大消费者，艾维斯广告宣传中诚恳、自谦的精神有力地赢得了消费者的信任和赞扬。

5. 新闻式

新闻式软文是指通过模仿新闻媒体的口吻，进行文本的撰写，例如，公司内的大事、公益事业，都可以通过新闻式的形式写出来进行发布。在互联网时代，新闻式软文的主要优点是能够进行二次传播，也就是企业的新闻软文发布出来后，很容易被其他的网站或者平台进行转载。

在制作新闻软文时，企业或品牌应该注重内容的真实性和可信度，同时也要注意图片和视频的质量，以吸引公众的注意力。

6. 悬念式

所谓悬念式正文布局，是指通过设置疑团引起读者的好奇，让读者迫切地想要往下阅读找到答案，即把文章中最吸引人的情节前置设疑，然后在正文部分层层铺垫，慢慢解开答案。这类软文的主要表现形式是：一种是抛出一个让人感到惊讶或好奇的事件起因，不告诉其结果，即通过层层递进、一环扣一环的方式解开答案；另一种是告诉读者一个难以想象的结果，但对其过程原因不做交代，即通过倒叙的方式逐一揭开谜底。

一般可以采用的方法有：设疑，设置疑问后随着文章的展开而逐层剥开；倒叙，将最容易引起读者兴趣的东西先讲出来，但是不讲原因；隔断，应用于头绪较多的事情，一头引起读者兴趣，继续往下看时却戛然而止，再用另一头引起读者兴趣，直到找一个适当的时机将谜底揭开。这三种写作方式一般都可以轻松吊足读者胃口，诱导读者一步步阅读文章，体会谜底揭开那一刹那的豁然开朗之感。

例如，《老公别把你的专业，变成伤害我的工具！》这一软文标题堪称悬念式营销的典范。其巧妙地将"专业"与"伤害"这两个语义色彩截然相反的词汇进行并置，瞬间在读者认知中制造出强烈的冲突感。这种矛盾修辞如同一个未解的谜题，吸引读者带着"专业为何会演变为伤害工具？"的疑问进入阅读，既激发了读者的探究欲，又引导他们通过阅读验证自身猜想。同时，通过在软文之中融入产品，使读者在阅读过程中，自然而然地了解到产品功能。最终达到通过情感故事营销语音控制软件的目的。以下为软文全文：

这件奇怪的事，让我震撼之余，伤透了我的心。

那天晚上我收拾完厨房正进卧室，老公在卧室里用着电脑，我进去时就听见 QQ 的滴滴声，似乎是老公正跟人聊得火热，一见我进去，老公就说了句："破电脑老自动关机。"

可是，奇怪的事情就发生了，电脑这时真的关机了！我再怎么是"电脑白痴"，也不能不产生怀疑，因为明明听见是老公说了后电脑才关机的。我就问他怎么回事，结果他说，电脑可能有问题了，已经好几次了，所以他一看那个状况就知道又要关机了。

我也就没太在意了，因为我们的电脑毕竟是使用很长时间了，有故障很正常。可是后来，我发现越来越不对劲了。因为好几次，都是我在听到 QQ 不断的滴滴声时走进房间，随后就是老公说"关机"的声音。我就纳闷，老公是计算机专业出身的，如果是电脑有问题，他也应该想办法弄好啊？

因为老公平时工作都比较忙，一般也只有晚上才在家用电脑，而我在家时间都不怎么碰电脑。昨天晚上老公临时有事出去了，我闲着无聊，就打开电脑写东西。因为一个人实在闷，就开了音乐，戴上耳机（平时我一般都不喜欢戴耳机听音乐的）。正好这时一个朋友打电话来，因为我上次问他电脑无故关机的事，他问我都出现什么情况，我就说，也没什么，就是破电脑老自动关机。结果这时，电脑真关机了！我太奇怪了，我跟朋友反映的是老公碰到的情况，我几次使用都没出现，结果今天也被我碰上了！

我大喊了一声："真见鬼了！"朋友在电话那头可能被我吓了一跳，一个劲问怎么回事。我把情况说了后，朋友告诉我，应该是电脑里装了什么程序。他又问我上网时间什么的，也没有找到原因。因为他打电话过来时，我正在听歌，手里还拿着耳机，当时我把耳机放在了桌上，手肘顶在桌面接电话，朋友听到音乐声就问了，我说在听音乐，然后他就说知道了，电脑里有语音控制程序什么的。

说实话，我平时除了用电脑写写字，基本算是个电脑盲。按朋友说的语音程序，除了播放器有语音功能外，也没有发现什么其他异常的程序。电脑屏幕上只是千千静听的深黑界面，在放着音乐。此时我心里只是在想，老公到底有什么事需要这样隐瞒？居然还把自己的专业用上了！

想起我们刚恋爱的时候，老公曾说以后想为我做一款能自动听人语音记录文字的软件，这样我就不用天天对着电脑写，让眼睛受累了。当时的感动，现在还历历在目，可是我却没有想到，原来几年时间过去了，变成了这样的结果

怨恨之中，我一时冲动就把播放器给卸载了。然后冷静下来之后，理智告诉我这样做势必将引起我们之间更大的矛盾，何况这一切还只是我的怀疑，并没有任何可以指责老公的地方，我需要了解老公到底在做什么，而不是让我们的关系陷入僵局。

正在我准备要重装千千的时候，突然打开了一个页面，弹出卸载软件时经常会碰到的对话框：请问您卸载"××语音控制播放器"的原因是什么？下面是几个常规选项。我突然发现了不对，原来我刚卸载的并不是千千，而是和千千相同界面的一个播放器，是因为它支持语音功能，才使得老公在我走进房间的那一刻可以说一句"破电脑自动关机"，就让他正在做的一切都隐形了！

我突然感觉自己受到了欺骗，老公是特意下载这样一个软件来对付我！他不想让我知道他在做什么，隐瞒我到这种地步，不惜一遍遍地说着可笑的"破电脑自动关机"来让我的怀疑没有任何理由。也许此刻女性朋友都会有我同样的心情，那就是当你知道你的另一半是处心积虑地要将你排除在他的隐秘空间之外，你的心情，将会是怎样的失落和痛心！

　　在百度搜索里，我看到了这可恶的软件所支持的一切功能，强大到让"电脑盲"的我目瞪口呆。我所以为的可笑的"破电脑自动关机"这句命令，原来只要老公愿意，就可以到它的网站下载所谓的源代码，然后就可以轻易地把那句话改成"亲爱的""辛苦了"等任何一句让贴心的话，实现的却是他对你的欺骗！此刻我突然恐怖地想到，也许在平时生活中，他就曾用"亲爱的"来隐藏过他的居心不良，而我，还傻傻地把自己当成他疼爱的公主，做着那童话里的梦。

　　软件装回去了，可我的心却再也回不到自己的身体。我不知道他在隐瞒什么？我不知道我该怎么办？我不知道为什么要出现这么多像 3G 录制视频播放和这种软件一样的东西，来帮助男人实现他们的瞒天过海！

　　7. 故事式

　　在产品营销中，故事的力量绝对不容小觑，故事式的软文更加容易吸引人们的注意力，增强消费者的代入感，能够拉近品牌与消费者之间的距离，更有利于品牌的渗透传播，这是一个很重要的方式。故事式软文的写作手法就是利用讲故事的方式来激发大家的购买欲。

　　微博曾有一篇热门的长微博——《千万不要用猫设置手机解锁密码》，实则就是华为手机的一则软文广告。文章讲述主人公用猫设置手机解锁密码后遇到的一系列囧事，十分有趣，具有可读性，同时介绍了该手机的"刷指纹解锁、保密性高、手机不充电两天还有电"等功能。该微博转发、评论、点赞达 26 万，借助社交平台，传播效果极好。图 9-13 为《千万不要用猫设置手机解锁密码》原文：

@白娘娘 和@里八神 出去玩，把猫寄养在我家

一天晚上，我在无聊的玩手机，猫跑过来，
我突然想，可不可以却用猫的指纹设置手机的密码呢

因为我的手机是可以刷指纹解锁的那种
在手机的背面有一个刷指纹的地方

用手指头按这里就可以解锁

而且设置不同的指纹能进入不同的界面，
比如我用食指点一下，手机解锁后就会进入A界面，
如果用中指点一下，手机解锁后就会进入B界面，
可以防止熊孩子什么的。

那如果用猫的指纹来设置行不行呢？
为了验证我的想法，于是我就……

事实证明是可以的

把猫爪子放上去1秒钟就能解锁了……
然后我看到还能设置一个指纹密码用来支付
这个时候我又想，既然猫都能行，那用我的脚指纹
应该也没问题吧？于是搬起自己的脚趾头试了一下
（画面太恶心就不上图了）

事实证明也是可以的……

细想想真的太炫酷了，也就是说现在用猫能解开我的
手机而用我的脚丫子可以上网买东西了……

看到手机快没电了，已经两天没充电了
赶紧给手机插上数据线就去睡了。

图 9-13　故事式软文

9.3.2　软文正文文案写作技巧

现在很多企业都用软文来推广，就是因为软文能起到一个润物细无声的效果，在潜移默化中实现推介。要实现软文价值，就要熟悉并掌握一定的写作技巧。

1. 用户分析，精准定位

软文营销与传统的硬广撒网方式截然不同，它需要有针对性和定制化。在进行软文营销之前，企业必须对市场、竞争对手、目标受众等进行深入分析，从而精准地定位自己的产品，明确产品的独特卖点和优势。同时根据用户的阅读习惯、消费行为、消费心理、兴趣爱好等撰写有针对性的电商软文。

被誉为"文案之神"的尼尔·法兰奇曾为芝华士创作了一则经典文案，其内容中文翻译如下：

这是芝华士的广告。

假如你还需要看瓶子，那你显然不在恰当的社交圈里活动。

假如你还需要品尝它的味道，那你就没有经验去鉴赏它。

假如你还需要知道它的价格，翻过这一页吧，年轻人。

如果你还没认出它来，

那你可能还没准备好享受它。

芝华士就像品位，

如果你要问它是什么，那你就没有拥有它。

这一页献给我们当中那些已经学会了，

不看一眼商标就能识别品质的人。

很幸运，你已经有了鉴赏它的经验，

你应该买得起。

芝华士的广告说过，

它是精英们的品位，

少数的非多数的，

"已有"和"没有"的对抗，

确实如此。

你已经看到了瓶盖，

这是瓶盖的俯视，

很惬意吧！

知道你非常清楚下面水晶杯里苏格兰威士忌的品牌，

大部分的读者却不知道，

而且可能永远都不知道。

芝华士这则广告文案，用略带傲慢的语气将其品牌置于奢华情境中。文案没有半点"荣耀"之词，却自然流露出芝华士的经典醇厚和非凡贵气，使购买芝华士的消费者身份的尊贵感呼之欲出，其对于品牌的定位不言而喻。文案在夸赞芝华士老顾客眼光独到、魅力非凡的同时，挑逗了那些没有能力经常买芝华士的年轻人，刺激他们攀比、购买尝试的愿望。很显然，其目标受众是新老顾客。

2. 解决痛点，创造价值

好的产品一定是解决了用户的痛点，解决了某个问题才会被用户所需要。正确地找到用户的痛点，永远是公司的终极追求。从字面意义上来说，痛点就是"让用户感到痛苦的点"，也就是"阻碍用户达成其目标的原因"。解决了这种痛苦，就能获得忠实用户。

要想找到用户的痛点，其实就看用户关心什么。一般来说用户关心的是产品本身和用户自身。所谓产品本身，就是用户会对不同品牌的同一产品进行对比，以此来决定哪个更好。这需要企业对自身产品和对手产品有十分详细的了解，从中找到用户的痛点。所谓用户自身，就是用户在决定购买之前会考虑两点，其一这款产品是否有用，其二这款产品自己是否买得起。所以要想实现痛点营销，考虑用户切身实际的情况，至关重要。

下面是一篇曾经火爆朋友圈的软文《可以在租来的房子里结婚吗？》，"租来的房子""结婚"这两个词刺痛了多少年轻人的心，是一篇极度现实而有痛点的文章。可以说，它抓住了当下很多年轻人面临的问题，吸引了大量的点击量。它在文中告诉读者"嫁给对的人，比嫁给房子重要""租来的房子也应该把它打扮得漂漂亮亮的，你可以通过一些改造，去注入你的风格和品位。在被打扮过的房子里结婚，也照样甜蜜吧"，然后就顺理成章地推销家装美居产品，凸显了产品价值。

案例 3：可以在租来的房子里结婚吗？

在租来的房子里结婚丢脸吗？

昨天，一个粉丝问了我这个问题。

她是北京人，要和男朋友租房结婚了。身边的朋友都很同情她，觉得她好悲惨啊。她们说，现在谁结婚不找有车有房的，你疯了吗？没有房子，她爸妈也不让她结婚。可是她觉得，和一个对的人结婚，好过住在一个错的人房里吧？

她还是想结婚，于是问我，她这样做对吗？

我给她的答复是，你没有错。在租来的房子里结婚，也可以很幸福。当然，我不是鼓励大家有钱也别买房，有钱也要去租房。有房子的好处，谁都知道。然而不是每个人都买得起房，尤其是不是每个 20 多岁的人都买得起房的。尤其是房子越来越贵，贵到变态的当下，如果一个女生，非要嫁给一个有房子的男生，那么这不是给男生提要求，这是给男生的父母提要求。

如果执着于一套房子，那么你的婚姻就完全是嫁给房子了。

嫁给对的人，比嫁给房子重要。真的。

所以，我是觉得，如果你暂时买不起，或者买房会让你的生活质量大幅度下降，买房结婚并不是你唯一的选择。

是时候又出卖我的同事了。

黄小污，又是一个长不胖的"吃货"，她只有 80 斤。

她和男朋友从前年开始就准备买房结婚了，看中了他们出租屋对面的小区，买二手房的话，总价 200 多万元，首付需要 60 多万元。

他们开始存钱，一分一分地抠。那段时间最悲惨的事就是，作为两个吃货，他们必须要把长出来的食欲，硬生生地摁回去。

他们想吃虾蟹粥，那白嫩的蟹肉、金黄的蟹膏，口水都流出来了——忍。

他们想吃椰子鸡，鲜甜的汤，滑嫩的鸡，还有爽脆的竹荪——忍。

他们想吃客家黄牛肉，尤其是半夜十一点现杀的那种，叫天光牛肉，刚送到的牛肉，紧实、肥美以及年轻，香啊——忍。

太不人道了，黄小污说那段时间简直生不如死啊。他们每天只能去楼下苍蝇馆子里吃油腻腻的木桶饭，用的油很可疑，十次有八次都会拉肚子。

你们也知道，我们公司是编剧界的富士康，每天都是半夜一两点才下班，黄小污为了存钱买房子，又舍不得买护肤品，那段时间黑眼圈超级严重，面色憔悴得不行。

为了省钱，买衣服都是去白石洲那种两边大喇叭喊着"走过路过不要错过"的街上买，每次进去廉价衣服店之前，都要看一下四周，很怕遇到熟人。

那段时间，最伤感的是，因为省钱，都没法交朋友了，朋友聚会吃饭都去不了，AA 制都吃不起啊。

还好，在最苦最累的时候，黄小污和男朋友坐在出租屋的阳台上，看着对面的小区房，盘算了一下存款，互相鼓励，只要我们再省一年，就买得起好房子了。

有一天，他俩还跟着那个小区的住户，偷偷溜进去，想看看未来的家。

那时候，由衷地羡慕住在里面的人。还好，只要一想到，有一天能住在里面，就觉得一切都有希望。

去年初，过了一个年回来，楼下地产中介的橱窗上的房价开始疯狂上涨了。那个小区的价格从 200 多万元，涨到了 300 万元，后来涨到了将近 400 万元。

黄小污和男朋友站在橱窗面前，心都凉了。

以前觉得自己奋力奔跑，就可以赶上房价，现在知道了，就算脚底装上风火轮，也追不上了。

黄小污问，怎么办？

男朋友说，你想吃什么？

黄小污说，我想吃点好的，以前我们都是纪念日才舍得去吃，今天我也想去，我要去纪念我们买不起房的日子。

那天晚上，他们一口气点了平时根本舍不得点的两百多块钱的咖喱蟹、虾刺身、冬阴功汤……一个晚上吃了三顿晚餐，饱到走不动路。

不知道为什么，突然知道自己买不起房了，那根绷紧的弦反而松了。他们画风都变了，从苦大仇深变得随心所欲了。

反正怎么奋斗，短期内也买不起房了，何不享受当下呢？

他们终于过上了正常人的生活。每周去尝试一间新的餐厅。终于可以和朋友想去哪吃就去哪吃，周末还可以去杨梅坑骑自行车，玩水，吃海鲜。

黄小污还终于去商场买了人生中第一件超过 1000 块钱的衣服。她最喜欢的就是，周末和男朋友一起去菜市场，买新鲜的海鲜，做好了放在漂亮的盘子里，每一盘菜都认真地摆盘，每道菜都做得很好看。最开心的是，男朋友说很好吃，狼吞虎咽的时候，超有成就感。

有时候冬天下班回家，很晚，男朋友接她，一起去路边吃一份热腾腾的砂锅粥，有好吃的东西，有爱的人陪在身边，就觉得好幸福、好满足呀。

去年 10 月，我们公司搬到了北京，更令人感动的是，男朋友为了黄小污来了北京，他们现在已经准备结婚了。他们已经忘了要买房这件事了。

相比买房，你爱的人愿意陪在你身边，这不是更重要吗？

房子是没有温度的，但爱是有温度的。

他们在北京租了个温馨的一室一厅。黄小污喜欢日本电影《小森林》，她把出租屋装修成那种日系小清新风格，买了很多漂亮的抱枕，好看的床单，可爱的小台灯。

有人会说，没有房子为什么要结婚？为什么不能等到有房子了才结婚？可是你真的没有过"找到了对的人，想跟他过一辈子"那种感觉吗？感情水到渠成，就会想结婚的啊。难道因为买不起房，就不结婚了吗？

有人会说，在租来的房子里结婚，太寒碜了吧？

如果在租来的破破烂烂的房子里结婚，我也是不赞同的。至少，租来的房子也应该把它打扮得漂漂亮亮的，你可以通过一些改造，去注入你的风格和品位。在被打扮过的房子里结婚，也照样甜蜜吧。

如果不知道怎么打扮你的房子，可以去美家 App 看一看。这里都是努力生活的人们，他们无论是租房还是买房，他们都认认真真地布置，感受着生活的温暖、幸福的温度。

美家 App 是一个具有分享属性的社区，聚集了一批热爱生活的设计师、家居爱好者，还有摄影达人。很多人在这里分享自己装修的心得，有超级多超级有用的经验，以及很多很多美貌的家居用品，看了恨不得马上把我在北京租的房子也重新收拾一遍！家居小白们，赶紧去美家学习一下家居大神们是如何化腐朽为神奇，把家里打扮成电影画质的吧。在学习的过程中，要是有小心得，也记得分享给大家哦，比如新买了一个漂亮的抱枕，一个貌美的盘子，一些可爱的冰箱贴……

对了，下载注册后每天都能免费抽奖。如果能晒一晒你的家，图片被推荐，就可以获得额外的抽奖机会。被推荐几次，就可抽几次奖。一等奖：上海迪士尼两日一夜游套餐（最多可以去三个人噢）价值 4888 元，另外还有 MUJI 香薰机、Zara 香氛、Francfranc 兔子饭勺等一大波奖品等你拿！

3．情感碰撞，引发共鸣

产品是一个客观存在的物体，没有感情，也无法激发出任何共鸣。但人是感情动物，人之所以和动物及其他物体区分，核心的一点就在于人有丰富的情感。这种情感从出生那刻就具备，并能与万物相连相通。赋予软文一定的情感意义，才能与受众互联互通，才能有效地传递产品价值。

下面一篇名为《青春不终场，我们的故事未完待续》的文章是德芙创作的一部适合青年人情感和审美的软文，引起了观众的心灵共鸣。尽管文中德芙产品的信息不够清晰详尽，但其商标符号与内涵与"我们"的情感成长融为一体，并赋予其更多的情感印记，"不变的是德芙巧克力"，使读者在感动的同时，也会对德芙这一象征要素产生积极的情感，从而加深对品牌的好感和记忆。

案例 4：青春不终场，我们的故事未完待续

我能想到最浪漫的事，在徽州的水墨古镇中，看画中的风景画中的你。我能想到最浪漫的事，在香格里拉古城最大的转经筒下，与你转起那轮回的前世与今生。我能想到最浪漫的事，在镇远古镇的舞阳河畔，为你亲手放飞那满载我们深深心愿的孔明灯，执子之手，与子偕老。

17 岁，最美的年华遇见他

初二那年的秋天，和往常无异，过完暑假，同学们又回到学校。班主任突然带进来一个男同学，在讲台上简单地介绍了一下，从此以后，班级里多了一个转校生。我只是漫不经心地抬头看了一眼，然后目光继续收回到课本上，我那天天坐在课桌前应付考试的枯燥无味的生活仍然在继续着。

一整个学年，生活一如既往，平淡得像一杯白开水。初三伊始，学校的老师家长都紧张了起来。又一轮座位变动，我搬到了靠窗的位置。素来喜欢安静、偏居一隅的我，看书疲惫时，喜欢坐在窗边托着腮看着窗外的景物发呆。从那一刻起，陈晟睿这个毫不起眼的转校生开始慢慢地走进我的世界。

每天傍晚，他总是穿着他的 8 号球服出现在篮球场上，我喜欢看着他抢球的动作，运球的姿势，投篮的样子……这一切，成了我在令人窒息的初三生活中的一种独特享受。

我相信是缘分让我们相遇。那天放学后，我依旧和小婷一起骑自行车回家，好巧，在路上偶遇了他。小婷活泼开朗，碰到同班同学热情地打起了招呼，而我才惊觉我们的家竟在同一条路上。从此，每天回家的路途变成了三人行。平时长长的路，变得很短很短。

那时候的我比较沉默寡言，每天走在他们身边，听着他们相谈甚欢，他似乎没有注意过一边的我，而我也只是偶尔插上几句话，大多时候在一旁默契地配合着他们笑。

升学的压力使大家都投入紧张的复习中，无暇顾及其他。看书看累了，常常会想起他的笑容，抑或是一个微小的动作，然后自己不自觉地笑了。每天手机不离身，生怕错过他给的任何信息，无声模式的震动，我也为之心颤，该死的 10086 总是赠我空欢喜一场。我在日记本写下了对他的爱慕，在草稿纸上画着 8 号球服，以及穿着球服的他，只是这样静静地，默默地……那样的日子是充满期待而又难熬的。直到有一天，他找我借化学笔记，发现了我不小心写在书中某个角落里他的名字。

不会忘记，寒风彻骨的那天，在车棚里，他说：不做好朋友了，我们在一起。此后，落日余晖，昏黄路灯下，一长一短的身影，我们相笑回走。

2008 年的腊月，是个温暖的季节。

相持，相伴，相惜

没有忘记我们是初三学生的身份，我们说好一起努力。书香弥漫的一中，凤凰山下的学府是我们共同的目标。我们约好一起早起晨读，他好似一个魔术师，总能给我变出营养早餐，豆浆、鸡蛋、面包……然后，两个人一起背单词，读古诗。即使是周末，我们也背上书包到学校自习，复习得好时我们就放松一下犒劳自己，去买华莱士 3 个 12 块钱的汉堡，去吃佳客来的牛排，还有德新街的香酱饼。他踩着单车，讲着笑话，后座上的我笑得很开心，日子过得简单而又充实。

初秋香至，我们拿着一样的录取通知书来到了凤凰山下。不在同一个班级，但是一起上学放学的日子雷打不动，不管烈日还是暴雨，我们共撑着一把小花伞。

懵懂的年纪，因为太过在乎，所以太过计较，我们都会吵架。初中升高中的转折，子等学府，众多精英，成绩不理想，无法融入新集体，我看不见一点未来……我陷入了抑郁中。盯着刚发下来的数学试卷，密密麻麻的数字符号搅在一起，头痛欲裂。最脆弱的时候，我总是希望喜欢的人在身边，不用说话，哪怕只是一起坐着都好。我发了疯地跑向他的教室，他正在和前桌的女同学嬉笑攀谈，我瞬间感到失望。我自己一个人跑到天台，凛冽的风狠狠地割着我。

两个人在一起的意义在于陪伴，不只是分享快乐，更应该分担痛苦。如果在最需要的时候，仍是要一个人流着泪舔舐伤口，那么如何叫作"伴侣"？那天晚上，我打电话哭着和他分手，然后决绝地挂了。结果第三天一大早，他拿着一幅连续熬夜两天绣好的刺绣到我家楼下说对不起，看着他一脸疲惫的样子，我心疼不已。那是一幅一个男生双膝跪地向女生求婚的画面，我至今仍然保存着。那时候我们都不懂爱，但我们一起在学习"爱"这个课程。

默契随着在一起的时日，与日俱增。同学们说我们的运动服很搭，那是他省下妈妈给他买衣服的钱给我买的，所以我经常穿着，总觉得能闻到幸福的味道。双惜双伴三年，我送给他一幅刻有"sr永远一起走"的拼图，那是我发自内心的愿望。

因为一个人，爱上一座城

2011年的炎夏，我没有想象中的优秀，高考失利的我来到福建东部海域的孤岛，那里成了我四年的暂住地。我曾失望到想要复读或退学，不仅是因为异地恋的不可靠性，更因为梦想的坠落。他说：没关系，我们在一起。于是毅然放弃心中向往的厦门，拒绝家人要他去的北京，选择了福州。只这么一句，让我感动了许久。一同去取录取通知书那会，我们笑得比谁都疯。同一个城市，同一种心情，隔开我们的仅仅是闽江的宽度。我知道，我们相差61.3公里，每次进出岛的只有一班40路的公交车。承载着思念，天各一方，各自淡然，想念却从未搁浅。

只要一有空，我就去看他，即使晕船晕车，一见到他，所有的疲惫都会荡然无存。我们一起逛校园，一起吃遍他们校园周边的小吃，一起走街串巷。后来，他在学校附近租了一个小房子，我们就一起买菜做饭，做彼此喜欢的菜色。我的厨艺不佳，时而咸，时而淡。他总是嘲笑我，"如果我不要你，你可怎么嫁出去呀，上不了厅堂，下不了厨房"。吃完，他总是主动洗碗，说洗碗伤手，女孩子的手要好看。闲下来时，两人一起看电影或是我爱的综艺节目，吃着喜欢的零食。而我要的小幸福也就是这样而已。相聚总是短暂，每每在车站要分别时总是泪眼蒙眬，同一个城市，分别和相聚的戏码却在不断上演。

平日里，我们便靠着不长不短的"远近程"电话，或者平淡深蕴的短信联系着。偶尔会有快递来的惊喜、小玩偶或是小零食，花样不断。不变的是德芙巧克力，生理期时我经常痛得死去活来，听别人说吃巧克力能减轻痛苦，从那时起，他便没有忘记过。

现在，他到厦门的大学继续学习，而我也在厦门努力地寻找工作。爱上厦门的理由很简单，因为我爱的人在那里等着我。我们手牵着手一起去海滩上奔跑，任海风吹乱发髻；我们背靠背坐在海边，听海浪与风的耳语。我在沙滩上画下了一颗心，里面有他，有我，还有厦门这座城市。

17岁到23岁，2008年的腊月到2014年的炎夏，从懵懂青涩到相知相许。从在一起那天开始到现在，每天集一个带有我亲手刻上爱心的硬币如今已经装满了一盒香一盒，那是我们的宝藏。2500多天，不长不短的日日月月，曾经分分合合，幸而彼此都坚守着。因为彼此的陪伴，日子温润而美好。

牵起的手不轻易放开，我们还有无数个6年。青春不终场，我们的故事未完待续。

4. 善用数字，凸显品质

在文案内容中，数字格外显眼，更容易吸引眼球。有效利用数字，无论是从提升吸引力、增强阅读体验还是提升信任度上来说，都是非常有效的。数字在日常消费品广告中的频繁出现，实际上是对现代消费者理性消费情结的一种舒缓和释放。同时，数字在广告文案中的使用，加强了广告文案的诉求力，使广告信息的传达明确、清晰，也有利于凸显产品品质。

例如，马爹利酒的一则文案，巧妙运用数字，凸显了酒的品质。

左边这里是颗完美的葡萄。要 4000 颗一模一样的这种葡萄才能制成一瓶金牌马爹利。

换个说法：法国每年采收的上百亿颗葡萄中，只有极小一部分能用来制造干邑；然而其中 60 棵葡萄中又只有 1 颗才能酿造马爹利。

那么，想一想下面的事：

在一次大战将尽时节，在欧洲，在大部分本行文字的读者还没出生，电视还没有发明以前，在新加坡成为国家前 25 年，我们采摘葡萄酿制成酒，蒸馏这酒成干邑，这干邑在木桶静静躺卧，三代酿酒世家的酒窖主人小心守护，直到今年，这原初的葡萄才成为唯有非常幸运者才能享受的金牌马爹利。

不难理解，在这种情况之下，完美的代价昂贵。

5. 多角度切入，增强特色

软文的写作切入角度很多，包括企业的角度、品牌的角度、创始人的角度、产品的角度、消费者的角度、第三者的角度等。不同角度撰写的软文会产生不一样的效果。在进行品牌推广时，可以通过撰写不同角度的电商软文来达到吸引读者、宣传推广品牌、促成销售的目的。下面是从时间、品牌历史、产地三个角度切入的波旁酒文案。

（1）时间切入法。

来一瓶用 9 年时间酿造而来的美酒

听听它是怎么酿成的？

你有 9 年的时间吗？

藏在旧仓库的橡木桶里 9 年，我们的时间保证

9 年的时光已流逝，它刚刚面世

漫长的 9 年在桶中，一瞬的光彩在杯中

大陆漂移比这种酒的酿造还要快

母系社会产生了威士忌，父系社会将它酿成波旁酒

我只能慢慢做，别无它法

风儿雕刻山峰，时间雕刻波旁酒

每个月的十五号，我们会把编号 1394-M 的橡木桶向左旋转 15 度

我想你应该知道

年轮增加了，冰川融化了，而我们的波旁酒还在等

（2）品牌历史切入法。

第一瓶波旁酒问世时别的波旁酒只有一半高

第一瓶波旁酒问世时美国的历史才开始上演

第一瓶波旁酒问世时美国的历史还只被当做时事事件

第一瓶波旁酒问世时肯塔基还被称为西部

比那些年轻而又傲慢的波旁酒更顺口

1796 年，我们的波旁酒是最好的"中央热力设备"

我们的配方从 1796 年沿用至今

千万不要把它和冰镇薄荷酒等同视之

写信来，我们将免费告诉你如何使用冰镇酒桶

从 1796 年开始一直如此

（未包括 19 世纪 20 年代那段暂时的不愉快）

如果你一时想不起它的名字

请问问查斯特·亚瑟当总统时问世的第一瓶酒吧

都 110 岁了，还天天被关着

如果我们能够更"落伍"更"陈旧"，我们会想办法的

我们"落伍"了吗？

遥远的过去吹来一阵疾风

给父亲一些比他那条裤子还老的东西

第一瓶波旁酒面世时，告示板尚未面世

这瓶特酿的波旁酒是由牛拉着开始铺货的

上市 50 年才有冰块

（3）产地切入法。

与顶级的加拿大威士忌相似

只是这瓶波旁酒是由肯塔基制造的

很像肯塔基的骡子，古板、固执、爱踢人

它来自肯塔基的一个仓库的三层楼，那是一个天堂

现在在城里也能享受到的酒

如果叫它押韵的名字，那会是五弦琴协奏

它不只是以肯塔基的小溪命名

它是由那溪水中的水制成的

那是从肯塔基的一座山后流来的美丽小溪

像孕育它的大山一样古老

平滑、深沉、世间少有

像我们用来酿造的那条小溪一样

从肯塔基的桶中直接手工装瓶、打封

喝起来像看到肯塔基的落日

它在古老的肯塔基故乡是一个橡木桶

6. 逻辑清晰，用语通俗

一篇好的软文一定能被人轻松阅读并理解，逻辑清晰就是文章中心要统一，行文思路要有条理，确保文章具有可读性，语言的通俗化就是要能照顾到大多数读者的理解能力。电商软文的阅读者是普通的消费者，因此它不需要华丽辞藻的修饰，不需要专业词汇的堆砌，尽量用消费者听得懂的语言来有条有理地进行陈述。乳业品牌特仑苏在世界动物日发布的一则长文案《地球上没有没人比她过得好》，全文运用简单的语言，叙述着一个又一个场景，娓娓

道来，所有的受众不仅能读懂，还被牢牢抓住了好奇心，直到最后那一声"哞"字，才揭开谜底，让读者感受到了特仑苏专属奶源的特殊之处，无形之中增强了受众的认同感。

案例 5：地球上没有没人比她过得好

像她这种身份根本不需要上班。

别人为她工作，还是穿制服的那种。

那她整天干什么？

躺着。

怎么舒服怎么来。

每天躺 12 小时以上，可以说是宅女。

或者发呆，听音乐，从勃拉姆斯到燃烧我的卡路里。

为她采购食材的航班。

每个月从美国西海岸准时起飞，迎着太平洋的风，颠簸几千公里，远胜杨贵妃的荔枝。

除了躺就是吃，身体不会被掏空吗？

她的私家医生不止一个。

更让人嫉妒的是：她胸围惊人，不戴美瞳眼睛也显得很大。

毕加索画过她不止一次。

因为她慵懒迷人的气质，不次于《亚威农少女》。

她和黑白两道都有关系。

条件优越到这种地步。

自我很难不膨胀。

不顾服侍她的人的感受，偶尔耍小脾气也是有的，每当这时，她会娇滴滴地发出一声：

哞……

9.3.3　软文排版要求

好的软文必然是给读者带来良好的阅读体验的文章。读者点进一篇文章，首先看到的不是内容的好坏，而是整体的感觉，也就是排版是否美观。良好的排版和格式可以让文章更加美观、易读，提高其影响力和传播效果。以下是软文排版和格式的相关要求：

21 步排版出好看的文章

1. 标题醒目

首先，文章的标题应该醒目，简洁明了，能够准确概括文章内容，并且能够吸引读者的注意力。

2. 划分段落

文章应该采用分段落的排版方式，每一个段落应该有一个主题，段落之间的转换要流畅自然。同时，段落之间的空白也非常重要，使得整篇文章看起来更加清晰明了。

3. 结构清晰

每个段落应该有一个简洁明了的开头和结尾，文章的结构应该清晰明了，让读者能够快速了解文章的内容和结构。

4. 使用有效的排版元素

文章的排版元素包括标题、副标题、加粗、斜体、下划线、超链接等，应该合理使用，突出文章重点和亮点，提高阅读效果和体验。

5. 图文结合

文章中应该有图片和配图，以更好地吸引读者的关注和兴趣，并且突出文章的重点和信息。图片和配图要与文章内容相符合，清晰明了，且符合版权要求。

6. 语言简洁

文章的语言应该简洁明了，避免使用过于复杂的词汇和语言，让读者易于理解和领会文章的意思和信息。

7. 字体和字号统一

文章的字体和字号应该统一，保持一致性，排版清晰明了，让读者易于阅读和理解。移动互联网时代，大部分用户都在手机上阅读，根据手机屏幕字号选择 14～16 号为宜。行间距以 1.5～1.75 倍为佳，两端对齐为佳。字体颜色不要超过 3 种。

9.4 软文文案的风险防范

随着软文营销的发展越来越红火，软文营销的风险也逐渐凸显出来，了解软文文案的相关风险，及时防范与合理规避这些风险，才能最大限度地发挥软文的价值。

9.4.1 防范操作上的风险

操作风险是指因不完善或有问题的内部操作过程、人员、系统或外部事件而引发的直接或间接损失的风险。软文文案在操作上的风险主要集中在软文的创作以及发布上。主要包括过度包装、软文质量过低、软文发布渠道单一、爆料无原则、软文书写错误。

1. 过度包装

过度包装是指包装的耗材过多、分量过重、体积过大、成本过高、装潢过于华丽、用词过于溢美等。软文营销中的过度包装，除了对于产品的物理包装过度外，主要是指宣传产品、品牌或企业出现的夸大其词的现象，通过软文中弄虚作假的数据和哗众取宠的文字来误导消费者，让人产生软文在"吹牛"的感觉，营销效果适得其反。佳洁士某款美白牙膏广告文案"使用佳洁士双效炫白牙膏，只需一天，牙齿真的白了"，因夸大牙膏美白功效，构成虚假广告被处罚 603 万元，如图 9-14 所示。

图 9-14 过度包装的软文

2．软文质量过低

产品推广效果好不好和软文的质量有很大关系，软文的质量差会影响产品推广的效果。但软文质量过低这个风险普遍存在，尤其是在中小企业中，因为费用不足导致其软文质量不高。很多软文都是复制粘贴的，毫无逻辑和重点可言，这种低质量软文根本无法达到营销的效果。因为这种垃圾软文的特征明显，一眼就能辨认出，客户可能还会把软文附带的企业网站当作垃圾网站对待。

3．软文发布渠道单一

选择软文发布的媒体渠道时，最好进行组合发布，而且组合的结构也很重要，它关系到软文营销的效果。软文营销需要在明确客户需求定向的前提下，利用投放组合并定期变化来寻求最大的资源量，达到最佳的营销效果。

对于软文的发布渠道，只要是软文能够进行传播的途径都可以大胆地进行组合，即便是同类型媒体内部也可以尝试组合变化。在变化中寻找规律，在动态中寻找平衡，这才是软文发布的制胜之道。

4．爆料无原则

心理学研究表明，人们关于隐私性的内情总是充满极大的好奇心。爆料就是利用人们的好奇心，吸引消费者的注意的一种营销手段。很多企业尝试从行业内幕入手，撰写爆料软文进行营销推广，从而获得大量的关注。但是，对于这种类型的软文，应该坚持适度的原则，对于确实存在的内幕或问题可以进行适当爆料，而无中生有、诋毁同行的无底线爆料，则会让企业得不偿失。

5．软文书写错误

任何文章在最终发布到媒体之前，都要经过严格审核，保证文章书写内容的正确性和内容的逻辑性。如果是特大事件的描述，一旦出现错误，对于整个社会甚至是企业都会产生很大的影响，中小企业可能损失还小一些，大企业造成人力物力方面的损失不可估量。所以，在最终发布到媒体之前，一定要进行详细的校对。

9.4.2　防范道德上的风险

软文营销如果违背了基本的道德，就可能给消费者和社会造成恶劣的影响，甚至对消费者的身心造成巨大的伤害。在软文营销的过程中，要积极防范道德风险，防止给社会造成不良的影响。

例如：2023 年夏，肯德基一则广告文案引发了网友的热议。该广告文案的内容是"大叔，你是不是在偷拍我"，"起开点！姑娘！你挡住肯德基疯狂星期四的二维码了"。肯德基本想借助社会热点和自嘲式的幽默来提升自己的肯德基疯狂星期四活动的知名度和参与度。然而，肯德基这一广告文案并没有得到网友们的认可和赞赏，反而引起了网友们的不满和抵制，众多网友认为其利用公众的关注度和情绪来进行营销宣传，是一种恶意营销和蹭热点的行为。主要原因在于，肯德基没有考虑到偷拍事件的严重性和敏感性，以及受害者和公众的情绪和反应，如图 9-15 所示。

图 9-15　有道德风险的软文

9.4.3　防范法律上的风险

软文营销也存在一些法律风险，这些风险可能会给企业带来不必要的损失。目前比较普遍的法律风险主要体现在以下几个方面：

1．名誉权风险

《中华人民共和国民法典》第一千零二十四条规定："民事主体享有名誉权。任何组织或者个人不得以侮辱、诽谤等方式侵害他人的名誉权。"以书面、口头等形式宣扬他人的隐私，或者捏造事实公然丑化他人人格，以及用侮辱、诽谤等方式损害他人名誉，造成一定影响的，应当认定为侵害公民名誉权的行为；以书面、口头等形式诋毁、诽谤法人名誉，给法人造成损害的，应当认定为侵害法人名誉权的行为。因此在撰写软文过程中，不得随意宣扬他人隐私，筹划他人人格，侮辱、诋毁、诽谤他人。

2022 年一位专业自媒体从业人员，专门从事科技类公司资本市场研究，在行业内具有一定影响力。在微信公众号、凤凰网、腾讯新闻等多个平台发布了多篇关于"小米""雷军""小米科技"的评论文章及视频，包含诸多涉贬损性言辞。小米公司认为，上述行为侵害了其名誉权，故诉至法院，请求法院判令其停止侵权、赔礼道歉并赔偿损失。经过审理，法院依申请及时裁定上述媒体人立即删除侵权文章及视频，防止进一步扩大对民营企业名誉权的损害。

2．肖像权风险

侵犯肖像权是指未经本人同意，而使用他人的肖像，并且使用者在主观上，希望通过对他人的肖像的使用获得经济利益。所以，肖像权的风险需要认定是否"以营利为目的"，而且，不需要有营利事实，只要有营利的主观意图，有客观营利的行为，无论行为是否实现营利目的，都构成营利事实，都会受到法律的惩罚。

据统计数据，在营销推广的实践中，一般侵犯肖像权的情况都是因为软文中的配图而引起的，所以，建议软文中的配图尽量避免使用肖像，如果要使用肖像，必须获得本人的同意或授权，且软文的配文要有利于维护肖像权人的良好社会形象。

另外，美容、整形、减肥等行业进行软文营销时，特别喜欢使用明星照片作为配图，此时一定要防范产生肖像权风险，避免引起诉讼纠纷。

3．著作权风险

著作权俗称版权，是指作者对其创作的文学、艺术和科学技术作品所享有的专有权利。伪原创软文最容易产生著作权风险。而在实际营销过程中，一些中小企业或者软文营销团队因为侵权责任赔偿金额小，甚至还想借这种真实的诉讼纠纷来提高知名度。但是，这种不尊重他人劳动成果的恶意炒作是不可取的。

温州某科技公司在其微信公众号擅自使用"黑猫警长"的形象发表了一篇《这下知道黑猫警长单身 30 年的原因了》的软文，却不料被"黑猫警长"角色造型的著作权人上海美术电影制作厂以侵犯其著作权告上了法院，要求公开赔礼道歉并索赔经济损失 10 万元。最终，该科技公司被判定构成侵权，被判令立即停止侵权并删除这篇文章，另赔偿经济损失 2 万元。

4．不正当竞争

不正当竞争的表现形式有很多种，与软文营销相关的表现形式主要有两种。

第一种是编造和散布有损竞争者的商业信誉和产品信誉的不实信息，损害竞争者形象和利益。这种比较常见。第二种是侵犯其他企业的商业秘密，也就是说无论通过何种手段获取的商业秘密在软文营销过程中，披露、使用或者允许他人使用其所掌握的商业秘密，都有可能构成侵权。

例如：奶酪博士曾通过实际控制的 DrCheese666、DrCheese、DrCheese888 三个短视频账号发布自家"奶酪博士奶酪棒"产品的宣传视频。视频中，含有一些误导信息："你买过这种水酪棒吗？不要再买这种一晃就掉的奶酪棒了，里面大部分都是水，像我们奶酪博士的奶酪棒，口感就绵密多了。""原来奶酪棒之间的区别可以这么大，我以前吃的只能叫果冻吧，果冻在超市买都得这个价，你们再看看他的价格，真是没有对比就没有伤害。"同时展示了"百吉福棒棒奶酪"产品及棒体、"妙可蓝多奶酪棒"包装及价格标签。

市场监管部门调查认为奶酪博士编造、传播虚假信息或者误导性信息损害竞争对手的商业信誉、商品声誉，根据《中华人民共和国反不正当竞争法》有关规定决定对其罚款 10 万元。

进行软文营销时，企业应该恪守公平诚信原则，要对产品作好市场定位，以自身优良的产品和优质的服务拓展市场，赢得客户认可，避免恶性竞争。

📚课后练习

结合本章所学知识，为下面产品撰写一篇故事性软文。

施华蔻新推出了一款氨基酸极光瓶洗发水，该洗发水的研发源自护肤理念，通过敏感头皮×受损发质双效满意度测试，能给头皮头发至柔呵护：绵密泡沫，细腻均匀，净澈头皮；温和清洁，舒适洁净，呵护头皮；水养头皮，润泽发丝，拒绝干涩。

臻选三重凝萃菁华：红石榴精粹，葡萄籽精粹，麦卢卡蜂蜜，为头发提供所需营养，有助于修复受损头发，增加头发的弹性和光泽度。

携手国际知名调香公司联合创香，高定木香温和恬淡，前调清新、中调沉静、后调淡雅，留香持久。

参 考 文 献

[1] 安佳. 电商文案写作全能一本通[M]. 北京：人民邮电出版社，2018.

[2] 陈德人，白东蕊，高功步，等. 电子商务案例分析：微课版[M]. 北京：人民邮电出版社，2019.

[3] 川上徹也. 好文案一句话就够了[M]. 涂绮芳，译. 北京：北京联合出版公司，2018.

[4] 冯英健. 新网络营销：微课版[M]. 北京：人民邮电出版社，2018.

[5] 海天电商金融研究中心. 一本书玩转电商、微商软文营销[M]. 北京：清华大学出版社，2017.

[6] 廖敏慧，倪莉莉. 电子商务文案策划与写作：软文营销+内容营销+创意文案[M]. 北京：人民邮电出版社，2016.

[7] 刘艳. 营销文案写作技巧[M]. 武汉：华中科技大学出版社，2017.

[8] 宋俊骥，孔华. 电子商务文案：创意、策划、写作[M]. 北京：人民邮电出版社，2018.

[9] 孙清华. 超级转化力：电商爆品文案写作指南[M]. 北京：人民邮电出版社，2018.

[10] 孙清华. 引爆品牌卖点：解密电商爆品的策划思路[M]. 北京：人民邮电出版社，2017.

[11] 武永梅. 社群营销[M]. 天津：天津科学技术出版社，2017.

[12] 杨伟强，湛玉婕，刘莉萍. 电子商务数据分析：大数据营销+数据化运营+流量转化[M]. 2版. 北京：人民邮电出版社，2019.

[13] 喻红艳，陈庆盛. 电商文案创意与写作：文案策划+内容营销+品牌传播：微课版[M]. 北京：人民邮电出版社，2020.

[14] 张国文. 打动人心：电商文案策划与视觉营销[M]. 北京：人民邮电出版社，2017.

[15] 周展锋. 新媒体写作与运营：微课版[M]. 北京：人民邮电出版社，2019.